# 実践！
# Excel
# ビジネス活用ドリル

**2016 対応**

日経BP社

# はじめに

本書は、企業などで実際に使われているビジネス文書の作成問題をExcel 2016を使って解いていくことで、さまざまなビジネス文書の作成能力が身に付く問題集です。完成例はそのままテンプレートとしても利用可能です。
また、Excel 2013はExcel 2016と機能および操作方法にほとんど違いがないため、Excel 2016で追加された新機能を除き、Excel 2013を使ってほとんどの問題を解くことができます。

### 問題の種類
・問題は「基礎」と「応用」の2種類に分かれています。基礎問題では、入力例や完成例を参照しながら、手順に沿って問題を解いていきます。応用問題では、文章形式の問題から求められている指示を読み取り、必要な作業を自分で考えて問題を解いていきます。
・解答例は、模範解答です。作成した解答が解答例と異なっていても、問題の要求を満たしていれば「正解」です。

### 所要時間
・1問当たり15分～30分の実習を想定しています。

### 解答例の操作手順
・問題を解くうえでさまざまな操作法がある場合は、状況に合わせて効率的な方法を紹介しています。したがって、問題によっては異なった操作法を紹介している場合があります。

### 制作環境
本書は以下の環境で制作・検証しました。
■Windows 10 Pro（日本語版）をセットアップした状態。
※ほかのエディションやバージョンのWindowsでも、Office 2016が動作する環境であれば、ほぼ同じ操作で利用できます。
■Microsoft Office Professional 2016（日本語デスクトップ版）をセットアップし、Microsoftアカウントでサインインした状態。マウスとキーボードを用いる環境（マウスモード）。
■画面の解像度を1280×768ピクセルに設定し、ウィンドウを全画面表示にした状態。
※上記以外の解像度やウィンドウサイズで使用すると、リボン内のボタンが誌面と異なる形状で表示される場合があります。
■[アカウント]画面で[Officeテーマ]を[白]に設定した状態。
■プリンターをセットアップした状態。
※ご使用のコンピューター、プリンター、セットアップなどの状態によって、画面の表示が本書と異なる場合があります。

### 表記
・メニュー、コマンド、ボタン、ダイアログボックスなどで画面に表示される文字は、角かっこ（[ ]）で囲んで表記しています。ボタン名の表記がないボタンは、マウスでポイントすると表示されるポップヒントで表記しています。
・入力する文字は「」で囲んで表記しています。
・本書のキー表記は、どの機種にも対応する一般的なキー表記を採用しています。2つのキーの間にプラス記号（+）がある場合は、それらのキーを同時に押すことを示しています。

# 実習用データ

実習のために必要なファイルを、以下の方法でダウンロードしてご利用ください。

## ダウンロード方法

① 以下のサイトにアクセスします。
https://bookplus.nikkei.com/atcl/catalog/16/B33200/
② 関連リンクにある [実習用データのダウンロード] をクリックします。
③ 表示されたページにあるダウンロードのリンクをクリックして、適当なフォルダーにダウンロードします。ファイルのダウンロードには日経IDおよび日経BOOKプラスへの登録が必要になります（いずれも登録は無料）。
④ ダウンロードしたzip形式の圧縮ファイルを展開すると [ビジネスドリル_Excel2016] フォルダーが作成されます。
⑤ [ビジネスドリル_Excel2016] フォルダーを [ドキュメント] フォルダーなどに移動します。

## ダウンロードしたファイルを開くときの注意事項

・インターネット経由でダウンロードしたファイルを開く場合、「注意――インターネットから入手したファイルは、ウイルスに感染している可能性があります。編集する必要がなければ、保護ビューのままにしておくことをお勧めします。」というメッセージバーが表示されることがあります。その場合は、[編集を有効にする] をクリックして操作を進めてください。
・ダウンロードしたzipファイルを右クリックし、ショートカットメニューの [プロパティ] をクリックして、[全般] タブで [ブロックの解除] を行うと、上記のメッセージが表示されなくなります。
・Excelのセキュリティレベルを [警告を表示してすべてのマクロを無効にする]（規定値）または [デジタル署名されたマクロを除き、すべてのマクロを無効にする] に設定すると、マクロを含む完成例ファイルを開いたときにマクロが無効にされたことを示すセキュリティの警告メッセージが表示されます。このような場合は、セキュリティの警告メッセージの [コンテンツの有効化] をクリックして、マクロを有効にしてください。

## 実習用データの内容

| フォルダー名 | フォルダー名 | 内容 |
| --- | --- | --- |
| [ビジネスドリル_Excel2016] | [問題] | 問題で使用するファイル（問題ファイル、画像ファイルなど） |
| | [入力例] | 必要なテキストや数値が入力されたファイル（書式などは未設定） |
| | [完成例] | 模範解答例のファイル |

## ファイルの保存場所

・本文でファイルを開いたり保存したりするときは、具体的なフォルダーの場所を指示していません。実際に操作するときは、上記 [ビジネスドリル_Excel2016] フォルダーまたはその内容の移動先を指定してください。

---

**おことわり**
本書発行後の機能やサービスの変更により、誌面の通りに表示されなかったり操作できなかったりすることがあります。その場合は適宜別の方法で操作してください。

# 目次

はじめに .................................................. (2)
実習用データ .......................................... (3)

## 第1章 計算 ............................................. 1

ポイント解説 ............................................ 2

- 基礎問題 1 売上日報 .................................. 4
- 基礎問題 2 支店別売上実績表 ...................... 6
- 基礎問題 3 交通費精算書 ............................ 8
- 基礎問題 4 時間帯別客単価 ........................ 10
- 基礎問題 5 仕入予定表 .............................. 12
- 応用問題 6 売上予算管理 ............................ 14
- 応用問題 7 売価算定表（値入率計算） ........... 15
- 応用問題 8 新年度予算（季節指数計算） ........ 16
- 応用問題 9 在庫管理表（不足発注数量計算）... 17
- 応用問題 10 損益分岐点 ............................... 18
- 応用問題 11 月間勤務表 ............................... 19

## 第2章 集計 ............................................ 21

ポイント解説 .......................................... 22

- 基礎問題 12 在庫棚卸表 ............................... 24
- 基礎問題 13 販売店別機種別売上表 ................ 26
- 基礎問題 14 売上成績比較（クロス集計） ....... 28
- 基礎問題 15 顧客別売上集計表 ...................... 30
- 基礎問題 16 全店経費集計表（シートの統合） .. 32
- 基礎問題 17 研修会申込記録 ......................... 34
- 基礎問題 18 アンケート集計（クロス集計） .... 36
- 応用問題 19 店舗別売上日報 ......................... 38
- 応用問題 20 店舗別商品別売上集計（シートの統合）... 39
- 応用問題 21 贈答品売上集計（3次元クロス集計） ......... 40

## 第3章 グラフ作成 .................................. 41

ポイント解説 .......................................... 42

- 基礎問題 22 事業別売上高推移（棒グラフ） .... 44
- 基礎問題 23 商品別問合せ件数推移（折れ線グラフ）... 46
- 基礎問題 24 社員構成比率（円グラフ） .......... 48
- 応用問題 25 月別分野別売上集計（積み上げ横棒グラフ）... 50
- 応用問題 26 上半期売上実績 ......................... 51
- 応用問題 27 第2四半期売上集計（グラフ上での絞り込み）... 52
- 応用問題 28 買上率（複合グラフ） ................ 53
- 応用問題 29 海外売上比率推移（複合グラフ） .. 54
- 応用問題 30 予算実績比較と将来予測 ............. 55
- 応用問題 31 TOEICスコア分布（ヒストグラム）... 56
- 応用問題 32 不良品発生原因（パレート図） .... 57

## 第4章 自動化・マクロ ............................ 59

ポイント解説 .......................................... 60

- 基礎問題 33 受注一覧（自動入力） ................ 62
- 基礎問題 34 発注一覧（自動入力） ................ 64
- 基礎問題 35 会議室予約表（マクロの記録／登録）... 66
- 基礎問題 36 顧客満足度調査 ......................... 68
- 応用問題 37 出荷伝票（自動入力） ................ 70
- 応用問題 38 支払予定一覧表 ......................... 71
- 応用問題 39 DVD売上ベスト10自動抽出（マクロ）... 72

## 第5章 データベース ............................... 73

ポイント解説 .......................................... 74

| 基礎問題 40 社員名簿 ..................................... 76
| 基礎問題 41 宿泊施設一覧 ............................... 78
| 基礎問題 42 売上台帳 ..................................... 80
| 応用問題 43 売上分析（条件抽出）................. 82
| 応用問題 44 社員満足度調査 ........................... 83
| 応用問題 45 受講履歴管理 ............................... 84

## 第6章 文書作成 ............................................. 85

ポイント解説 ..................................................... 86

| 基礎問題 46 見積書 ......................................... 88
| 基礎問題 47 納品書 ......................................... 90
| 基礎問題 48 請求書 ......................................... 92
| 応用問題 49 請求明細書 ................................. 94
| 応用問題 50 請求明細書（マクロ）................. 95

## 解答集 ............................................................. 97

# 第1章

# 計算

問題1　［基礎］売上日報
問題2　［基礎］支店別売上実績表
問題3　［基礎］交通費精算書
問題4　［基礎］時間帯別客単価
問題5　［基礎］仕入予定表
問題6　［応用］売上予算管理
問題7　［応用］売価算定表（値入率計算）
問題8　［応用］新年度予算（季節指数計算）
問題9　［応用］在庫管理表（不足発注数量計算）
問題10　［応用］損益分岐点
問題11　［応用］月間勤務表

# 第1章

# 計算

計算機能は、Excelの最も基本となる機能です。セルの値同士を足す・引く・掛ける・割る、セルの値に特定の値を足す・引く・掛ける・割る、といった四則演算はもちろん、関数を使えば、平均・最大値・最小値・四捨五入など、さまざまな式が簡単に設定できます。式を他のセルにコピーする機能も上手に使って、効率的に作成しましょう。

## Point 1　絶対参照と相対参照を上手に使い分ける

セルに式を設定するとき、計算対象となるセルの指定方法は絶対参照と相対参照があります。「何列目何行目のセル」と固定的にセルを指定する絶対参照と、計算式を設定しようとしているセルを基準に指定する相対参照を使い分けることで、Point2で解説する「式のコピー」を使って、思いどおりの式が効率的に設定できます。標準は相対参照なので、絶対参照にしたいときは、行の番号や列のアルファベットの前に「$」を付けます。

問題1　問題8

## Point 2　ドラッグで式をコピーする

式を設定したセルをクリックしてフィルハンドルをポイントし、マウスポインターの形が＋になったのを確認してドラッグすると、ドラッグした先のセルに式をコピーできます。このとき、式のなかで絶対参照している部分は他のセルに式をコピーしても常に固定で変更されませんが、相対参照している部分は、式をコピーしたセルの位置に合わせて自動的に変更されます。

問題1〜4　問題6〜9　問題11

## Point 3 関数を上手に使うと式がシンプルになる

合計、平均、四捨五入など、よく行う計算は関数が用意されています。例えば、B列の6行目から10行目のセルの値を合計するなら、「=B6+B7+B8+B9+B10」とするより、「=SUM(B6:B10)」としたほうが簡単に設定できます。また、6～10行目の間に行を追加しても、関数を使ってセルB6～B10を範囲指定していれば、行が追加になったときに自動的に式を「=SUM(B6:B11)」に変更してくれます。

問題 1～11

## Point 4 式内で使う値は別のセルに書くと変更が楽

式内で使う値があるとき、計算式に値を記述せず、別のセルに値を書いておき、そのセルを絶対参照で指定して使う方法があります。例えば左記の消費税率のように今後変更される可能性がある値の場合、別のセルに書いたほうが変更が楽です。消費税率が変わったら、セルF2の値を直すだけで済みます。

問題 1

## 基礎問題 1 売上日報

1日の売上金額を集計しましょう。

■入力例■

| | A | B | C | D | E | F | G |
|---|---|---|---|---|---|---|---|
| 1 | 売上日報 | | | | 日付 | | |
| 2 | | | | | 消費税率 | | |
| 3 | 商品コード | 商品名 | 単価（円） | 数量 | 金額（円） | 税込金額（円） | |
| 4 | 100 | システム手帳（複合型） | 5700 | 47 | | | |
| 5 | 200 | システム手帳（シンプル型） | 4560 | 25 | | | |
| 6 | 300 | パスケース（本革製品） | 3570 | 12 | | | |
| 7 | 400 | パスケース（合皮製品） | 2800 | 35 | | | |
| 8 | 500 | パスケース（ビニール製品） | 1280 | 28 | | | |
| 9 | 600 | クリアケース（A4サイズ） | 1980 | 37 | | | |
| 10 | 700 | クリアケース（B5サイズ） | 1350 | 46 | | | |
| 11 | 800 | キーケース（本革製品） | 2980 | 24 | | | |
| 12 | 900 | キーケース（ビニール製品） | 2100 | 32 | | | |
| 13 | 1000 | 携帯ケース | 2500 | 50 | | | |
| 14 | | | 合計 | | | | |

Excelファイルを新規作成し、入力例を参考にデータを入力しましょう。

●Excelでは入力した数字は数値として処理されます。コード番号が「0」で始まる場合、セルに入力すると0を除いた状態で表示されます。「00010」のようにゼロ詰めで表示するには、［ホーム］タブの［数値の書式］ボタンをクリックし、［その他の表示形式］をクリックします。［セルの書式設定］ダイアログボックスの［表示形式］タブの［分類］ボックスの［ユーザー定義］をクリックし、［種類］ボックスに商品コードと同じ桁数の0を、「00000;-00000」のように正と負の値で指定します。

> 商品にコードを付けることで、正確で効率的な情報管理ができます。

**1.** セルA1の「売上日報」の書式を24ポイント、太字、フォントの色を［テーマの色］の［緑、アクセント6、黒＋基本色25％］に設定し、セルA1とB1を結合して中央揃えにしましょう。

**2.** 完成例を参考に罫線を設定しましょう。

**3.** セルA3～F3とセルC14の書式を太字、塗りつぶしの色を［標準の色］の［薄い緑］、フォントの色を［テーマの色］の［白、背景1］に設定し、セル内で中央に配置しましょう。

> セルへの色の設定は、単なる装飾ではなく区別のために行います。文字が読みづらくならないようにしましょう。また、セルに色を設定し、モノクロのプリンターで出力すると文字が読みにくいことがあります。

**4.** A列～F列の列幅を自動調整しましょう。

**5.** セルE1とE2の文字をセル内で右に配置しましょう。

**6.** セルF1に関数を使って本日の日付を表示し、完成例を参考に日付の表示形式を変更しましょう。

**7.** セルF2に消費税率8％を入力しましょう。

**8.** セルE4に数式を使って金額（単価×数量）を求め、オートフィル機能でセルE13までコピーしましょう。

**9.** セルF4に数式を使って税込金額を求め、オートフィル機能でセルF13までコピーしましょう。

**10.** セルD14に関数を使って数量の合計を求めましょう。

**11.** セルE14とF14に金額の合計を求めましょう。

**12.** 単価と金額の書式を桁区切りスタイルにしましょう。

「問題01-2E」という名前で保存しましょう。

■完成例■

| | A | B | C | D | E | F |
|---|---|---|---|---|---|---|
| 1 | | 売上日報 | | | 日付 | 2016年5月7日 |
| 2 | | | | | 消費税率 | 8% |
| 3 | 商品コード | 商品名 | 単価（円） | 数量 | 金額（円） | 税込金額（円） |
| 4 | 00100 | システム手帳（複合型） | 5,700 | 47 | 267,900 | 289,332 |
| 5 | 00200 | システム手帳（シンプル型） | 4,560 | 25 | 114,000 | 123,120 |
| 6 | 00300 | パスケース（本革製品） | 3,570 | 12 | 42,840 | 46,267 |
| 7 | 00400 | パスケース（合皮製品） | 2,800 | 35 | 98,000 | 105,840 |
| 8 | 00500 | パスケース（ビニール製品） | 1,280 | 28 | 35,840 | 38,707 |
| 9 | 00600 | クリアケース（A4サイズ） | 1,980 | 37 | 73,260 | 79,120 |
| 10 | 00700 | クリアケース（B5サイズ） | 1,350 | 46 | 62,100 | 67,068 |
| 11 | 00800 | キーケース（本革製品） | 2,980 | 24 | 71,520 | 77,241 |
| 12 | 00900 | キーケース（ビニール製品） | 2,100 | 32 | 67,200 | 72,576 |
| 13 | 01000 | 携帯ケース | 2,500 | 50 | 125,000 | 135,000 |
| 14 | | | 合計 | 336 | 957,660 | 1,034,271 |

## 基礎問題 2　支店別売上実績表

支店別に、前年度売上高、今年度計画、今年度実績、前年度比、予算比を一覧する表を作成しましょう。

■入力例■

| | A | B | C | D |
|---|---|---|---|---|
| 1 | | | | |
| 2 | 支店別売上実績表 | | | |
| 3 | | | | |
| 4 | | 2014年度売上高 | 2015年度予算 | 2015年度実績 |
| 5 | 札幌 | 15335 | 17000 | 16355 |
| 6 | 仙台 | 9866 | 10300 | 10428 |
| 7 | 名古屋 | 12667 | 12400 | 12556 |
| 8 | 大阪 | 21451 | 23500 | 20842 |
| 9 | 福岡 | 19771 | 21000 | 21496 |

Excelファイルを新規作成し、入力例を参考にデータを入力しましょう。

1. セルA2の「支店別売上実績表」の書式を太字、16ポイントにしましょう。

2. セルE1に「日付：」と入力し、右揃えにしましょう。

3. セルF1に「2016/5/20」と入力して、表示形式を「○月○日」に設定しましょう。

4. セルE4に「前年度比」、セルF4に「予算比」、セルA10に「合計」と入力し、列番号B〜列番号Fの列幅を14.00にしましょう。

5. セルB4〜F4とセルA5〜A10を、セル内で中央に配置しましょう。

6. 完成例を参考に罫線を設定しましょう。

7. セルA4〜F4とセルA5〜A10の塗りつぶしの色を[テーマの色]の[緑、アクセント6、白+基本色60%]に設定しましょう。

8. セルF3に「(単位：千円)」と入力し、書式を右揃えにしましょう。

9. セルB10に合計を求め、オートフィル機能でセルD10までコピーしましょう。

10. セルE5に前年度比（2015年度実績÷2014年度売上高）を求め、オートフィル機能でセルE10までコピーしましょう。

11. セルF5に予算比（2015年度実績÷2015年度予算）を求め、オートフィル機能でセルF10までコピーしましょう。

12. 2014年度売上高、2015年度予算、2015年度実績のデータの書式を桁区切りスタイルにしましょう。

13. 前年度比と予算比の書式をパーセントスタイルにし、小数点第1位まで表示するようにしましょう。

「問題02-2E」という名前で保存しましょう。

■完成例■

| | A | B | C | D | E | F |
|---|---|---|---|---|---|---|
| 1 | | | | | 日付： | 5月20日 |
| 2 | 支店別売上実績表 | | | | | |
| 3 | | | | | | (単位：千円) |
| 4 | | 2014年度売上高 | 2015年度予算 | 2015年度実績 | 前年度比 | 予算比 |
| 5 | 札幌 | 15,335 | 17,000 | 16,355 | 106.7% | 96.2% |
| 6 | 仙台 | 9,866 | 10,300 | 10,428 | 105.7% | 101.2% |
| 7 | 名古屋 | 12,667 | 12,400 | 12,556 | 99.1% | 101.3% |
| 8 | 大阪 | 21,451 | 23,500 | 20,842 | 97.2% | 88.7% |
| 9 | 福岡 | 19,771 | 21,000 | 21,496 | 108.7% | 102.4% |
| 10 | 合計 | 79,090 | 84,200 | 81,677 | 103.3% | 97.0% |

## 基礎問題 3　交通費精算書

既存の交通費精算書の書式に支払金額や合計金額などを求める数式を追加し、テンプレートとして保存しましょう。

ファイル「問題03」を開きましょう。

**1.** セルJ4にIF関数とTODAY関数を使って所属部署が空白の場合は日付を表示しないで、それ以外の場合に本日の日付を表示しましょう。

**2.** セルB14～B23の日付の書式を「○/○」の表示形式に変更し、セル内で中央に配置しましょう。

**3.** セルC14～D23、I14～I23の書式を長い文字が入力された場合を考慮して、縮小して全体を表示するように設定しましょう。

**4.** セルH14にIF関数とAND関数を使って鉄道、バス、タクシーの金額が入力されない場合は「0」を表示しないようにして鉄道、バス、タクシーの合計を求めましょう。オートフィル機能でセルH23まで書式なしでコピーしましょう。

**5.** セルE24にIF関数を使って鉄道の合計が「0」の場合は「0」を表示しないようにして、鉄道の合計を求めましょう。オートフィル機能でセルH24までコピーしましょう。

**6.** セルI26に金額の合計の値を参照するように設定しましょう。

**7.** セルI28にIF関数を使って仮払金額が入力されない場合は「0」を表示しないようにして、払戻金額（仮払金額-合計金額）を求めましょう。ただし、仮払金額が合計金額以下の場合は、払戻金額を0円と表示するようにします。

**8.** セルC10にIF関数を使って合計金額が入力されない場合は空白を表示するようにして、支払金額（合計金額-仮払金額）を求めましょう。

**9.** セルC10、I26～I28の書式を通貨スタイルにしましょう。

**10.** ワークシートの中でユーザーが入力する必要のあるセルを除いて、その他のセルが編集できないように、ワークシートの保護を設定しましょう。
●セルC4～C6、B14～G23、I14～I23、I27のセルのロックを解除してからワークシートの保護を設定します。

**11.** ワークシートの枠線を非表示にしましょう。

**12.** セルC4～C6、B14～G21の数値を削除しましょう。

「問題03-2E」という名前でワークシートをテンプレートとして保存しましょう。

---

テンプレートとは、申請書フォームや経費精算書など、一般的によく使われるドキュメントを作る際に、毎回最初から作成する手間を省くために、完成一歩手前の「ひな形」として保存しておくファイルのことをいいます。これを利用すると作業を効率化できます。作成したテンプレートは、次の方法で利用できます。
＜［ファイル］タブをクリックし、［新規］をクリックして、［個人用］をクリック＞

■完成例■

# 交通費精算書

|  | 所属部署　： |  |  |  | 申請日： |  |
|---|---|---|---|---|---|---|
|  | 社員番号　： |  |  |  |  |  |
|  | 氏　　名　： |  |  |  | 経理担当 | 所属部門長 | 申請者 |

支払金額

| 日付 | 訪問先/訪問目的 | 行先－経路 | 交通費 | | | 金額 | 備考 |
|---|---|---|---|---|---|---|---|
|  |  |  | 鉄道 | バス | タクシー |  |  |
|  |  |  |  |  |  |  |  |
|  |  |  |  |  |  |  |  |
|  |  |  |  |  |  |  |  |
|  |  |  |  |  |  |  |  |
|  |  |  |  |  |  |  |  |
|  |  |  |  |  |  |  |  |
|  |  |  |  |  |  |  |  |
|  |  |  |  |  |  |  |  |
|  |  |  |  |  |  |  |  |
|  | 合計 |  |  |  |  |  |  |

| 合計金額 |  |
|---|---|
| 仮払金額 |  |
| 払戻金額 |  |

## 基礎問題 4 時間帯別客単価

時間帯別の客単価を算出して、分析を行いましょう。

■入力例■

| | A | B | C | D |
|---|---|---|---|---|
| 1 | 時間帯別売上と客単価 | | | |
| 2 | | | | |
| 3 | 営業時間帯 | 売上金額 | 買上客数 | 客単価 |
| 4 | 10:00～11:00 | 32421 | 27 | |
| 5 | 11:01～12:00 | 62688 | 44 | |
| 6 | 12:01～13:00 | 92101 | 58 | |
| 7 | 13:01～14:00 | 62879 | 41 | |
| 8 | 14:01～15:00 | 25047 | 28 | |
| 9 | 15:01～16:00 | 20925 | 18 | |
| 10 | 16:01～17:00 | 18238 | 17 | |
| 11 | 17:01～18:00 | 101231 | 29 | |
| 12 | 18:01～19:00 | 337428 | 36 | |
| 13 | 19:01～20:00 | 337428 | 59 | |
| 14 | 20:01～21:00 | 237428 | 38 | |
| 15 | 21:01～22:00 | 100121 | 29 | |
| 16 | 合計 | | | |
| 17 | 平均 | | | |

Excelファイルを新規作成し、入力例を参考にデータを入力しましょう。

**1.** セルA1の「時間帯別売上と客単価」の書式を16ポイント、太字、フォントの色を［テーマの色］の［オレンジ、アクセント2］にし、セルA1～D1を結合して中央に配置しましょう。

**2.** 完成例を参考に罫線を設定しましょう。

**3.** セルA3～D3、A4～A17の書式を中央揃え、塗りつぶしの色を［テーマの色］の［オレンジ、アクセント2、白＋基本色40％］に設定しましょう。

**4.** セルB16に関数を使って合計を求め、オートフィル機能でセルC16までコピーしましょう。

**5.** セルB17に関数を使って平均を求め、オートフィル機能でセルC17までコピーしましょう。

**6.** セルB4～B17、D4～D17の数値の書式を通貨スタイルにしましょう。

**7.** セルC17の平均の数値を整数だけが表示されるように桁下げしましょう。

**8.** セルD4にROUND関数を使って小数点以下の数値を四捨五入し、整数だけが表示されるよう売上金額/買上客数を求め、オートフィル機能でセルD17までコピーしましょう。

「問題04-2E」という名前で保存しましょう。

客単価とは、買上客1人あたりの購入金額のことです。この表では時刻によって買上客数に増減があるだけでなく、客単価にも波があることがわかります。

■完成例■

| | A | B | C | D |
|---|---|---|---|---|
| 1 | 時間帯別売上と客単価 | | | |
| 2 | | | | |
| 3 | 営業時間帯 | 売上金額 | 買上客数 | 客単価 |
| 4 | 10:00～11:00 | ¥32,421 | 27 | ¥1,201 |
| 5 | 11:01～12:00 | ¥62,688 | 44 | ¥1,425 |
| 6 | 12:01～13:00 | ¥92,101 | 58 | ¥1,588 |
| 7 | 13:01～14:00 | ¥62,879 | 41 | ¥1,534 |
| 8 | 14:01～15:00 | ¥25,047 | 28 | ¥895 |
| 9 | 15:01～16:00 | ¥20,925 | 18 | ¥1,163 |
| 10 | 16:01～17:00 | ¥18,238 | 17 | ¥1,073 |
| 11 | 17:01～18:00 | ¥101,231 | 29 | ¥3,491 |
| 12 | 18:01～19:00 | ¥337,428 | 36 | ¥9,373 |
| 13 | 19:01～20:00 | ¥337,428 | 59 | ¥5,719 |
| 14 | 20:01～21:00 | ¥237,428 | 38 | ¥6,248 |
| 15 | 21:01～22:00 | ¥100,121 | 29 | ¥3,452 |
| 16 | 合計 | ¥1,427,935 | 424 | ¥3,368 |
| 17 | 平均 | ¥118,995 | 35 | ¥3,368 |

## 基礎問題 5　仕入予定表

適切な仕入数が自動的に算出されるようにしましょう。

「仕入予定表」は、商品仕入を計画的に管理するための表です。現在庫数が適正在庫数より少ない場合は、適正在庫数となるように商品を仕入れます。

| | A | B | C | D | E | F | G | H |
|---|---|---|---|---|---|---|---|---|
| 1 | 仕入予定表 | | | | | | | |
| 2 | | | | | | | | |
| 3 | 番号 | 品番 | 商品名 | 単価 | 適正在庫数 | 現在庫数 | 仕入予定数 | 仕入予定金額 |
| 4 | 1 | F-5018-12 | 綿敷パッド（S） | 1500 | 650 | 372 | | |
| 5 | 2 | B-3182-24 | 低反発マット | 2500 | 300 | 183 | | |
| 6 | 3 | R-2058-08 | ボア敷パッド（W） | 2800 | 800 | 905 | | |
| 7 | 4 | B-3180-24 | 冷却シーツ | 2500 | 300 | 500 | | |
| 8 | 5 | P-7023-10 | ワンタッチシーツ（S） | 2000 | 350 | 207 | | |
| 9 | 6 | F-5016-12 | 綿敷パッド（W） | 3700 | 650 | 718 | | |
| 10 | 7 | F-5017-12 | 綿敷パッド（SW） | 2100 | 650 | 840 | | |
| 11 | 8 | B-3181-24 | 冷却敷パッド | 2500 | 300 | 344 | | |
| 12 | 9 | R-2055-12 | 蓄熱ひざ掛け | 1800 | 500 | 518 | | |
| 13 | 10 | A-8911-06 | 平織ボックスシーツ（SW） | 2050 | 700 | 413 | | |
| 14 | 11 | R-2057-10 | 除菌消臭枕パッド | 2700 | 800 | 622 | | |
| 15 | 12 | R-2056-10 | ガーゼ枕パッド | 980 | 450 | 589 | | |
| 16 | 13 | A-8912-08 | 平織ボックスシーツ（S） | 1700 | 850 | 674 | | |
| 17 | 14 | R-2059-08 | ボア敷パッド（S） | 1480 | 600 | 685 | | |
| 18 | 15 | A-8910-06 | 平織ボックスシーツ（W） | 2800 | 750 | 842 | | |
| 19 | 16 | F-5019-12 | 竹材マット | 3200 | 700 | 556 | | |
| 20 | 17 | P-7021-06 | ワンタッチシーツ（W） | 2400 | 700 | 632 | | |
| 21 | 18 | P-7022-06 | ワンタッチシーツ（SW） | 1500 | 700 | 720 | | |
| 22 | | | | | | | 仕入予定金額合計 | |

ファイル「問題05」を開きましょう。

**1.** セルG4に仕入予定数（適正在庫数－現在庫数）を算出しましょう。ただし、現在庫数が適正在庫数以上の場合はIF関数を使って空白を表示します。オートフィル機能でセルG21までコピーしましょう。

**2.** セルH4に仕入予定金額（単価×仕入予定数）を算出しましょう。ただし、仕入予定がない場合はIF関数を使って空白を表示します。オートフィル機能でセルH21までコピーしましょう。

**3.** H22に関数を使って合計を求めましょう。

**4.** セルD4～D21、H4～H22の数値の書式を通貨スタイルにしましょう。

**5.** 同じ種類の商品が並ぶように、並べ替え機能を使って［品番］の［昇順］に並べ替えましょう。

**6.** 類似商品の仕入予定を把握するために、フィルター機能を使って［商品名］に「敷パッド」という文字列を含む商品だけを表示してみましょう。

**7.** フィルターを解除しましょう。

「問題05-2E」という名前で保存しましょう。

> 仕入計画では、常に適正在庫をキープすることが重要です。適正在庫数と現在庫数を比較して、適正在庫数より少ない場合は仕入れを行います。適正在庫数よりも極端に在庫数が多い「過剰在庫」もチェックすることができます。

■フィルターの適用例■

| | A | B | C | D | E | F | G | H |
|---|---|---|---|---|---|---|---|---|
| 1 | 仕入予定表 | | | | | | | |
| 2 | | | | | | | | |
| 3 | 番号 | 品番 | 商品名 | 単価 | 適正在庫数 | 現在庫数 | 仕入予定数 | 仕入予定金額 |
| 8 | 8 | B-3181-24 | 冷却敷パッド | ¥2,500 | 300 | 344 | | |
| 10 | 6 | F-5016-12 | 綿敷パッド（W） | ¥3,700 | 650 | 718 | | |
| 11 | 7 | F-5017-12 | 綿敷パッド（SW） | ¥2,100 | 650 | 840 | | |
| 12 | 1 | F-5018-12 | 綿敷パッド（S） | ¥1,500 | 650 | 372 | 278 | ¥417,000 |
| 20 | 3 | R-2058-08 | ボア敷パッド（W） | ¥2,800 | 800 | 905 | | |
| 21 | 14 | R-2059-08 | ボア敷パッド（S） | ¥1,480 | 600 | 685 | | |

■完成例■

| | A | B | C | D | E | F | G | H |
|---|---|---|---|---|---|---|---|---|
| 1 | 仕入予定表 | | | | | | | |
| 2 | | | | | | | | |
| 3 | 番号 | 品番 | 商品名 | 単価 | 適正在庫数 | 現在庫数 | 仕入予定数 | 仕入予定金額 |
| 4 | 15 | A-8910-06 | 平織ボックスシーツ（W） | ¥2,800 | 750 | 842 | | |
| 5 | 10 | A-8911-06 | 平織ボックスシーツ（SW） | ¥2,050 | 700 | 413 | 287 | ¥588,350 |
| 6 | 13 | A-8912-08 | 平織ボックスシーツ（S） | ¥1,700 | 850 | 674 | 176 | ¥299,200 |
| 7 | 4 | B-3180-24 | 冷却シーツ | ¥2,500 | 300 | 500 | | |
| 8 | 8 | B-3181-24 | 冷却敷パッド | ¥2,500 | 300 | 344 | | |
| 9 | 2 | B-3182-24 | 低反発マット | ¥2,500 | 300 | 183 | 117 | ¥292,500 |
| 10 | 6 | F-5016-12 | 綿敷パッド（W） | ¥3,700 | 650 | 718 | | |
| 11 | 7 | F-5017-12 | 綿敷パッド（SW） | ¥2,100 | 650 | 840 | | |
| 12 | 1 | F-5018-12 | 綿敷パッド（S） | ¥1,500 | 650 | 372 | 278 | ¥417,000 |
| 13 | 16 | F-5019-12 | 竹材マット | ¥3,200 | 700 | 556 | 144 | ¥460,800 |
| 14 | 17 | P-7021-06 | ワンタッチシーツ（W） | ¥2,400 | 700 | 632 | 68 | ¥163,200 |
| 15 | 18 | P-7022-06 | ワンタッチシーツ（SW） | ¥1,500 | 700 | 720 | | |
| 16 | 5 | P-7023-10 | ワンタッチシーツ（S） | ¥2,000 | 350 | 207 | 143 | ¥286,000 |
| 17 | 9 | R-2055-12 | 蓄熱ひざ掛け | ¥1,800 | 500 | 518 | | |
| 18 | 12 | R-2056-10 | ガーゼ枕パッド | ¥980 | 450 | 589 | | |
| 19 | 11 | R-2057-10 | 除菌消臭枕パッド | ¥2,700 | 800 | 622 | 178 | ¥480,600 |
| 20 | 3 | R-2058-08 | ボア敷パッド（W） | ¥2,800 | 800 | 905 | | |
| 21 | 14 | R-2059-08 | ボア敷パッド（S） | ¥1,480 | 600 | 685 | | |
| 22 | | | | | | 仕入予定金額合計 | | ¥2,987,650 |

## 応用問題 6 売上予算管理

達成率や次年度の売上予算を算出しましょう。

ファイル「問題06」を開きましょう。「問題06」は営業所別の過去3年間の売上総額を入力した表です。

| | A | B | C | D | E | F | G |
|---|---|---|---|---|---|---|---|
| 1 | 営業所別パソコン売上実績 | | | | | | |
| 2 | | | | | | | 単位：千円 |
| 3 | 営業所 | 2013年 | 2014年 | | 2015年 | | 2016年 |
| 4 | | 実績 | 予算 | 実績 | 予算 | 実績 | 予算 |
| 5 | 北品川 | 3053 | 3145 | 4354 | 4485 | 4602 | |
| 6 | 東品川 | 3852 | 3968 | 4012 | 4132 | 4352 | |
| 7 | 銀座中央 | 3711 | 3822 | 3911 | 4028 | 4199 | |
| 8 | 八重洲 | 3874 | 3990 | 4019 | 4140 | 4307 | |
| 9 | 芝浦港口 | 4480 | 4614 | 4715 | 4856 | 4985 | |
| 10 | 田町 | 3805 | 3919 | 3800 | 3914 | 3976 | |
| 11 | 西麻布 | 4135 | 4259 | 4458 | 4592 | 4512 | |
| 12 | 南麻布 | 5033 | 5184 | 5312 | 5471 | 5425 | |

- 2014年と2015年それぞれに予算達成率を算出する列を挿入しましょう。
- 2014年と2015年の予算達成率を算出しましょう。
- 過去の予算設定方法を参考に2016年の売上予算を算出し、表に追加しましょう。
- 数値の書式を整えましょう。
- 2015年の予算達成率の高い順に表を並べ替えましょう。
- 2015年の予算達成率を評価するように強調表示しましょう。

「問題06-2E」という名前で保存しましょう。

> この例のように、単位が千、百万、十億の場合は数値に3桁の桁区切り記号を付けます。単位が百、万など、3桁の区切り目ではない場合は、桁区切りを付けないようにします。これは表の内容だけでなく、グラフの数値などでも同様です。

## 応用問題 7　売価算定表（値入率計算）

仕入原価と値入率から、売価、売上高、粗利益高を算出しましょう。

ファイル「問題07」を開きましょう。「問題07」はメーカーの仕入原価と値入率を入力した表です。

| | A | B | C | D |
|---|---|---|---|---|
| 1 | 売価算定表 | | | |
| 2 | 5月30日 | | | |
| 3 | 品番 | 仕入原価 | 値入率 | 販売数量 |
| 4 | A-2703001 | 12600 | 20% | 800 |
| 5 | A-2703002 | 23100 | 18% | 500 |
| 6 | A-2703003 | 47250 | 20% | 1400 |
| 7 | A-2703004 | 16800 | 22% | 850 |
| 8 | C-2703010 | 40425 | 23% | 550 |
| 9 | C-2703010 | 65625 | 25% | 350 |
| 10 | C-2703010 | 47250 | 30% | 800 |
| 11 | D-2703100 | 26250 | 28% | 1000 |
| 12 | D-2703101 | 33600 | 25% | 1200 |
| 13 | D-2703102 | 48300 | 28% | 1000 |
| 14 | 合計 | | | |

・売価、売上高、粗利益高を算出し、売価算定表を完成させましょう。
・日付の表示形式（例　○○年○月度実績）を設定し、入力の方法を促す任意のコメントを挿入しましょう。
・表に書式を設定して外観を整えましょう。

「問題07-2E」という名前で保存しましょう。

---

値入率とは、売価に対する値入高の割合のことで、値入高を売価で割った数値を百分率で表し、次のような式で算出します。

　値入率（％）＝（売価－仕入原価）÷売価×100

たとえば、200円で仕入れた商品の売価を250円とすると、その差額の50円が値入高となり、値入率は20％となります。
仕入原価と値入率を使った売価の算出方法は次のようになります。

$$売価 = \frac{仕入原価}{1-値入率}$$

粗利益とは、売上高から売上原価（小売業の場合は仕入原価）を差し引いた利益のことをいいます。売上総利益または荒利益ともいい、算出方法は次のようになります。

　粗利益（売上総利益）＝売上高－売上原価

これに販売数量を掛けて、粗利益高を算出します。

## 応用問題 8 新年度予算（季節指数計算）

過去の実績から季節指数を算出し、新年度の予算を立てましょう。

ファイル「問題08」を開きましょう。「問題08」は2013年から2015年の月別売上高を示す表です。

| | A | B | C | D | E | F | G | H | I | J | K | L | M | N |
|---|---|---|---|---|---|---|---|---|---|---|---|---|---|---|
| 1 | 年度別月別売上高 | | | | | | | | | | | | | |
| 2 | | | | | | | | | | | | | | 単位：千円 |
| 3 | | 1月 | 2月 | 3月 | 4月 | 5月 | 6月 | 7月 | 8月 | 9月 | 10月 | 11月 | 12月 | 年間計 |
| 4 | 2013年実績 | 4,097 | 3,210 | 5,427 | 5,341 | 6,175 | 4,594 | 3,492 | 4,926 | 5,492 | 4,293 | 6,442 | 4,156 | 57,645 |
| 5 | 2014年実績 | 3,810 | 3,881 | 6,023 | 4,700 | 6,298 | 3,299 | 2,100 | 4,692 | 4,064 | 4,510 | 5,965 | 3,352 | 52,694 |
| 6 | 2015年実績 | 3,695 | 3,101 | 6,143 | 5,510 | 6,864 | 3,451 | 2,222 | 4,109 | 4,511 | 4,880 | 6,635 | 4,820 | 55,941 |

・過去3年間の売上データを基に季節指数を算出しましょう。
・季節指数を使って2016年の予算を算出しましょう。2016年の売上目標は、2015年の5％増です。
・季節指数の推移がわかるようなグラフを作成しましょう。

「問題08-2E」という名前で保存しましょう。

> 季節指数とは、過去のデータを基に季節によって変化するデータの変動を指数で示したものです。衣料品や飲料品、エアコンなど、季節の影響を受けやすい商品の売上予測によく使われます。
> 季節指数は、過去のデータから月別累計売上高と年間累計売上高を算出した後、年間累計に対する月別累計の比率を百分率で算出します。

## 応用問題 9 在庫管理表（不足発注数量計算）

不足発注数量が自動的に算出されるようにしましょう。

ファイル「問題09」を開きましょう。「問題09」は、ある文具小売店の月次の在庫状況を分析するための管理表です。

| | A | B | C | D | E | F | G | H | I | J | K |
|---|---|---|---|---|---|---|---|---|---|---|---|
| 1 | 月次在庫管理表 | | | | | | | | | | |
| 2 | | | | | | | | | 単位：ケース | | |
| 3 | 商品コード | | 商品名 | 前月在庫数量 | 当月入庫数量 | 当月出庫数量 | 当月在庫数量 | 仕入単価（円）| 在庫金額（円）| 適正在庫数量 | 不足発注数量 |
| 4 | A100 | | 接着テープ | 40 | 90 | 50 | | 16800 | | 80 | |
| 5 | A101 | | リングファイル | 200 | 230 | 200 | | 28000 | | 250 | |
| 6 | A102 | | 名刺ホルダー | 120 | 50 | 45 | | 22000 | | 150 | |
| 7 | A103 | | 修正テープ | 310 | 340 | 275 | | 18000 | | 345 | |
| 8 | A104 | | クリアホルダー | 120 | 600 | 245 | | 28600 | | 500 | |
| 9 | A105 | | ボールペン | 160 | 450 | 128 | | 15500 | | 470 | |
| 10 | A106 | | 複合ペン | 110 | 250 | 190 | | 25500 | | 140 | |
| 11 | A107 | | ボードマーカー | 80 | 100 | 100 | | 32000 | | 100 | |
| 12 | | | 合計 | 1140 | 2110 | 1233 | | | | | |

- 本日の作成日付が表示されるようにし、表示形式（例　○○年○月現在）を設定しましょう。
- 商品ごとの当月在庫数量と在庫金額（円）を算出しましょう。
- 商品ごとの不足発注数量を算出しましょう。当月在庫数量が適正在庫数量より少ない場合に、適正在庫数量となるように不足分を発注します。
- 当月在庫数量と在庫金額（円）の合計を算出しましょう。
- 当月在庫数量と適正在庫数量を比較するグラフを作成しましょう。
- 入力する必要のないセルが編集できないように設定しましょう。

「問題09-2E」という名前で保存しましょう。

> 在庫管理とは、常に変動する需要（出庫数量）を満足するように入庫数量を確保するものです。在庫を抱えすぎるということは、販売しきれずに売れ残った製品が倉庫のスペースを圧迫し、流通や他製品の保管などのコスト要因になるため、在庫管理ではできるだけ在庫を少なく抑えることが目標になります。
> ところが、在庫が不足すると販売機会を喪失する、いわゆる「品薄」の状態となりサービスレベルが低下する可能性があります。在庫を持つことに伴う在庫コストと、サービスレベルのバランスが重要とされています。

## 応用問題 10 損益分岐点

損益分岐点売上数と損益分岐点売上高を算出しましょう。

1台16万円のパソコンを新規に販売することになりました。ひと月に何台販売すれば、利益を出すことができるか新規のExcelファイルを作成し、利益を出すために必要なひと月あたりの販売台数と売上高を算出しましょう。
販売にかかる経費の内訳は次のとおりです。

| 固定費（月あたり） | | 変動費（1台あたり） | |
|---|---|---|---|
| 人件費 | 650,000 | 仕入価格 | 102,000 |
| 賃貸料 | 230,000 | 運送費 | 2,000 |
| 水道光熱費 | 30,000 | 梱包費 | 1,000 |
| 通信費 | 40,000 | | |
| 販促費 | 100,000 | | |

「問題10-2E」という名前で保存しましょう。

---

損益分岐点とは、収支がプラスマイナスゼロ、つまり売上額とかかった経費が同じで損益がゼロになる売上数や売上高のことです。一般に前者のことを損益分岐点売上数、後者を損益分岐点売上高といいます。新しい事業を始めるときや新製品を発売するときには、この損益分岐点を上回ることがひとつの目安になります。

損益分岐点（売上高＝総費用）　　黒字（売上高＞総費用）　　赤字（売上高＜総費用）

「固定費」は、売上数に関係なく発生する費用で常に一定です。「変動費」は、売上数に比例して変化する費用です。この固定費と変動費を合計したものを「総費用」といいます。売上高が総費用より多い場合は黒字、少ない場合は赤字になります。
損益分岐点売上数を算出するには、次の式を使います。

　　損益分岐点売上数＝固定費÷（売上高（販売価格）－変動費）

損益分岐点売上高を算出するには、次の式を使います。

　　損益分岐点売上高＝固定費÷（1－変動費率）

変動費率を算出するには、次の式を使います。

　　変動費率（％）＝（変動費÷売上高（販売価格））×100

また、損益分岐点売上高は「損益分岐点売上数×価格」、損益分岐点売上数は「損益分岐点売上高÷価格」という計算式を使って算出することもできます。
たとえば、1個100円の商品を販売する場合、1日の固定費が10,000円、1個あたりの変動費が30円なら、変動費率は30％（30÷100×100＝30）、損益分岐点売上高は14,286円（10000÷（1－0.3）＝14285.71…）、損益分岐点売上数は143個（10000÷（100－30）＝142.85…）となり、1日に143個以上売り上げれば利益が出ることになります。

## 応用問題 11 月間勤務表

毎月の勤務状況を報告する勤務表を作成しましょう。

ファイル「問題11」を開きましょう。「問題11」は月間の勤務表です。

| | | | | | | | | | | |
|---|---|---|---|---|---|---|---|---|---|---|
| | | | | | | | | | 管理責任者 | 勤務者 |

**月間勤務表**

| | 社員番号 | | | | | 開始日 | |
|---|---|---|---|---|---|---|---|
| | 氏　名 | | | | | 締め日 | |

| 日付 | 曜日 | 出社時間 | 退社時間 | 休憩時間 | 勤務時間 | | | 備考 |
|---|---|---|---|---|---|---|---|---|
| | | | | | 定時 | 早出・残業 | 深夜 | |

（11行目～41行目：空欄）

| 出勤日数合計 | | | | | | | | |

- 開始日と締め日を入力すると、自動的に日付と曜日欄にその日から締め日までのカレンダーが表示され、土曜日、日曜日の行を色分けして表示するように設定します。
- セルB6とB7には、締め日のセルを参照して［○○○○年］と［○月度］を表示しましょう。
- 日付欄は、開始日のセルを参照して開始日から締め日までの日付を自動的に表示するようにしましょう。
- 曜日欄は、日付に対応する曜日の文字列を表示するようにしましょう。
- 条件付き書式を使って土曜日と日曜日の行にセルの塗りつぶしの色を設定しましょう。

> 曜日を表示するには、TEXT関数を使って日付を曜日に変換します。
> 書式：TEXT（値 , 表示形式）
> 値：数値、戻り値が数値となる数式、または数値を含むセルの参照を指定します。
> 表示形式：数値形式を引用符で囲んだ文字列として指定します。日本語の曜日に変換するには "aaaa" を、「Sunday」などのような英文字の曜日に変換するには "dddd" を使います。

- 出社時間、退社時間、休憩時間を入力すると、自動的に勤務時間の定時、早出・残業、深夜が表示され、月間の合計値が表示されるように設定します。
- 出社時間に時間が記入されたら、自動的に定時欄に「8:00」が表示されるようにしましょう。
- 出社時間、退社時間から勤務時間を計算し、8時間を差し引いた時間で早出・残業欄が自動計算されるように設定しましょう。
- 休憩時間を入力すると、勤務時間から差し引かれるようにしましょう。
- 深夜は「22:00」以降の場合に自動計算されるように設定しましょう。
- 出勤日数を算出するとともに、定時、早出・残業、深夜のそれぞれの合計時間を算出しましょう。
- ワークシートの中でユーザーが入力する必要のあるセルを除いて、その他のセルが編集できないように、ワークシートの保護を設定しましょう。
- ワークシートの枠線を非表示にしましょう。
- 社員番号、氏名、出社時間、退社時間、休憩時間、備考に適当な数値／文字列を入力してみましょう。

「問題11-2E」という名前で保存しましょう。

# 第2章

# 集計

問題12 ［基礎］在庫棚卸表
問題13 ［基礎］販売店別機種別売上表
問題14 ［基礎］売上成績比較（クロス集計）
問題15 ［基礎］顧客別売上集計表
問題16 ［基礎］全店経費集計表（シートの統合）
問題17 ［基礎］研修会申込記録
問題18 ［基礎］アンケート集計（クロス集計）
問題19 ［応用］店舗別売上日報
問題20 ［応用］店舗別商品別売上集計（シートの統合）
問題21 ［応用］贈答品売上集計（3次元クロス集計）

# 第2章 集計

数値データを目的に合わせて整理して集計する――。Excelが得意なことのひとつです。合計はSUM関数があり、[ホーム]タブの[合計]ボタンとして使いやすいように用意されています。カテゴリ別の小計や合計を算出する、カテゴリ分けを変えて分析するなど、高度な集計も可能です。集計機能は複数用意されているので、どういう集計をしたいかによって使い分けましょう。

## Point 1 小計・合計はアウトラインで簡単操作

特定の列を基準に集計したい場合、[データ]タブの[小計]を使うと簡単です。例えば、売上日、販売店、商品番号、商品名、単価、売上数、売上金額を一覧にした表で、販売店別に売上数と売上金額を集計したいなら、[グループの基準]を[販売店]にすれば自動集計できます。左端のアウトラインを使って畳んだり展開したり、内訳の確認も容易です。

問題13 問題15 問題19

## Point 2 ピボットテーブルで複雑な集計も楽々

複数の切り口で集計したい場合は、ピボットテーブルを使います。例えば、左記は営業部員別の売上数と売上額を、四半期ごとに集計したピボットテーブルです。営業部員別、かつ、四半期別という複数の切り口の組み合わせです。クロス集計ウィザードを使えば、設定も簡単です。

問題14 問題18 問題21

## Point 3 条件付きで集計するなら関数を使う

「…の条件に合うものだけ集計したい」という場合は、関数で条件を指定できます。
例えば、「○が記入されているセルだけ数えたい」なら、COUNTIF関数を使って「もしセルの値が○だったら…」という条件を指定します。

**問題 17**

## Point 4 バラバラのフォームはシート統合でスッキリ

表の位置、項目数、項目の並び順が異なる表をひとつにまとめるには、シート統合機能を使います。例えば、支店別商品別の月度売上高を四半期分集計するとき、月によってフォームがバラバラだったり、販売した商品リストが異なると、それを手作業でまとめるのは大変です。シート統合を使えば、簡単に自動的にまとめてくれます。

**問題 16**　**問題 20**

## 基礎問題 12 在庫棚卸表

商品カテゴリー別に在庫金額を集計し、在庫の棚卸をしましょう。

| | A | B | C | D | E | F |
|---|---|---|---|---|---|---|
| 1 | 在庫棚卸表 | | | | | |
| 2 | カテゴリー | 商品コード | 商品名 | 個数 | 単価 | 金額（円） |
| 3 | ファイル | A001 | クリアファイル | 154 | 450 | |
| 4 | | A002 | フラットファイル | 380 | 140 | |
| 5 | | A003 | レターファイル | 225 | 580 | |
| 6 | | A004 | リングファイル | 95 | 380 | |
| 7 | | A005 | ドキュメントファイル | 447 | 250 | |
| 8 | | A006 | パイプ式ファイル | 670 | 750 | |
| 9 | | 小計 | | | | |
| 10 | 筆記具 | B101 | ボールペン | 2560 | 120 | |
| 11 | | B102 | サインペン | 1887 | 110 | |
| 12 | | B103 | 蛍光ペン | 6430 | 130 | |
| 13 | | B104 | マジック | 3376 | 120 | |
| 14 | | B105 | シャープペンシル | 4520 | 300 | |
| 15 | | B106 | 鉛筆 | 8821 | 90 | |
| 16 | | B107 | 万年筆 | 870 | 2500 | |
| 17 | | 小計 | | | | |
| 18 | テープ | C201 | セロテープ | 670 | 100 | |
| 19 | | C202 | ガムテープ | 223 | 350 | |
| 20 | | C203 | クラフトテープ | 510 | 250 | |
| 21 | | C204 | ビニールテープ | 790 | 120 | |
| 22 | | C205 | マスキングテープ | 237 | 200 | |
| 23 | | 小計 | | | | |
| 24 | | 合計 | | | | |

ファイル「問題12」を開きましょう。

**1.** セルA1の「在庫棚卸表」の書式を太字、16ポイントにし、セルA1～F1を結合して中央に配置しましょう。

**2.** セルA2～F2を中央に配置しましょう。

**3.** セルA3～A9、A10～A17、A18～A23、B9～E9、B17～E17、B23～E23、A24～E24を結合して中央に配置しましょう。

**4.** セルA2～F2、A3～A18、B9～F9、B17～F17、B23～F23、A24～F24の書式を太字にしましょう。

**5.** セルA2～F2、B9～F9、B17～F17、B23～F23の塗りつぶしの色を［テーマの色］の［緑、アクセント6、白＋基本色60％］に、セルA24～F24の塗りつぶしの色を［テーマの色］の［緑、アクセント6、黒＋基本色25％］に設定し、セルA24～F24のフォントの色を［テーマの色］の［白、背景1］に設定しましょう。

**6.** セルF3に金額（個数×単価）を求め、オートフィル機能でセルF22までコピーしましょう。

**7.** セルF9、F17、F23に小計を求めましょう。

**8.** セルF24に合計を求めましょう。

**9.** セルD3～E8、D10～E16、D18～E22、F3～F24の表示形式を桁区切りスタイルにしましょう。

「問題12-2E」という名前で保存しましょう。

■完成例■

| | A | B | C | D | E | F |
|---|---|---|---|---|---|---|
| 1 | 在庫棚卸表 ||||||
| 2 | カテゴリー | 商品コード | 商品名 | 個数 | 単価 | 金額（円） |
| 3 | ファイル | A001 | クリアファイル | 154 | 450 | 69,300 |
| 4 | | A002 | フラットファイル | 380 | 140 | 53,200 |
| 5 | | A003 | レターファイル | 225 | 580 | 130,500 |
| 6 | | A004 | リングファイル | 95 | 380 | 36,100 |
| 7 | | A005 | ドキュメントファイル | 447 | 250 | 111,750 |
| 8 | | A006 | パイプ式ファイル | 670 | 750 | 502,500 |
| 9 | 小計 ||||| 903,350 |
| 10 | 筆記具 | B101 | ボールペン | 2,560 | 120 | 307,200 |
| 11 | | B102 | サインペン | 1,887 | 110 | 207,570 |
| 12 | | B103 | 蛍光ペン | 6,430 | 130 | 835,900 |
| 13 | | B104 | マジック | 3,376 | 120 | 405,120 |
| 14 | | B105 | シャープペンシル | 4,520 | 300 | 1,356,000 |
| 15 | | B106 | 鉛筆 | 8,821 | 90 | 793,890 |
| 16 | | B107 | 万年筆 | 870 | 2,500 | 2,175,000 |
| 17 | 小計 ||||| 6,080,680 |
| 18 | テープ | C201 | セロテープ | 670 | 100 | 67,000 |
| 19 | | C202 | ガムテープ | 223 | 350 | 78,050 |
| 20 | | C203 | クラフトテープ | 510 | 250 | 127,500 |
| 21 | | C204 | ビニールテープ | 790 | 120 | 94,800 |
| 22 | | C205 | マスキングテープ | 237 | 200 | 47,400 |
| 23 | 小計 ||||| 414,750 |
| 24 | 合計 ||||| 7,398,780 |

## 基礎問題 13 販売店別機種別売上表

売上年月日順に入力されている売上表のデータを、販売店、機種のグループごとに数量や売上額を集計しましょう。

| | A | B | C | D | E | F | G | H | I | J |
|---|---|---|---|---|---|---|---|---|---|---|
| 1 | 売上表（第1四半期） | | | | | | | | | |
| 2 | | | | | | | | | | |
| 3 | No. | 売上年月日 | 販売店コード | 販売店 | 担当者コード | 担当者 | 機種 | 販売単価 | 数量 | 売上額 |
| 4 | 1 | 2016/4/1 | 1002 | 渋谷 | 502 | 吉岡隆 | Ｄ９０３ | ¥12,300 | 20 | ¥246,000 |
| 5 | 2 | 2016/4/1 | 1002 | 渋谷 | 502 | 吉岡隆 | Ｎ９０４ | ¥7,500 | 10 | ¥75,000 |
| 6 | 3 | 2016/4/1 | 1002 | 渋谷 | 503 | 小野恵 | Ｆ９０３ | ¥24,500 | 7 | ¥171,500 |
| 7 | 4 | 2016/4/1 | 1002 | 渋谷 | 503 | 小野恵 | Ｄ９０３ | ¥12,300 | 15 | ¥184,500 |
| 8 | 5 | 2016/4/1 | 1002 | 渋谷 | 503 | 小野恵 | Ｎ９０４ | ¥7,500 | 10 | ¥75,000 |
| 9 | 6 | 2016/4/1 | 1003 | 新宿 | 504 | 横尾元 | Ｆ９０３ | ¥24,500 | 10 | ¥245,000 |
| 10 | 7 | 2016/4/1 | 1003 | 新宿 | 504 | 横尾元 | Ｄ９０３ | ¥12,300 | 11 | ¥135,300 |
| 11 | 8 | 2016/4/1 | 1003 | 新宿 | 504 | 横尾元 | Ｎ９０４ | ¥7,500 | 10 | ¥75,000 |
| 12 | 9 | 2016/4/1 | 1003 | 新宿 | 506 | 山下貞夫 | Ｆ９０３ | ¥24,500 | 10 | ¥245,000 |
| 13 | 10 | 2016/4/1 | 1003 | 新宿 | 506 | 山下貞夫 | Ｄ９０３ | ¥12,300 | 15 | ¥184,500 |
| 14 | 11 | 2016/4/1 | 1003 | 新宿 | 506 | 山下貞夫 | Ｎ９０４ | ¥7,500 | 5 | ¥37,500 |
| 15 | 12 | 2016/4/1 | 1001 | 秋葉原 | 507 | 鈴木太郎 | Ｆ９０３ | ¥24,500 | 25 | ¥612,500 |
| 16 | 13 | 2016/4/1 | 1001 | 秋葉原 | 507 | 鈴木太郎 | Ｄ９０３ | ¥12,300 | 15 | ¥184,500 |
| 17 | 14 | 2016/4/1 | 1001 | 秋葉原 | 507 | 鈴木太郎 | Ｎ９０４ | ¥7,500 | 10 | ¥75,000 |
| 18 | 15 | 2016/4/1 | 1001 | 秋葉原 | 508 | 佐々木千明 | Ｆ９０３ | ¥24,500 | 13 | ¥318,500 |
| 19 | 16 | 2016/4/1 | 1001 | 秋葉原 | 508 | 佐々木千明 | Ｄ９０３ | ¥12,300 | 17 | ¥209,100 |
| 20 | 17 | 2016/4/1 | 1001 | 秋葉原 | 508 | 佐々木千明 | Ｎ９０４ | ¥7,500 | 10 | ¥75,000 |
| 21 | 18 | 2016/4/1 | 1001 | 秋葉原 | 509 | 山口隆司 | Ｆ９０３ | ¥24,500 | 20 | ¥490,000 |
| 22 | 19 | 2016/4/1 | 1001 | 秋葉原 | 509 | 山口隆司 | Ｄ９０３ | ¥12,300 | 20 | ¥246,000 |
| 23 | 20 | 2016/4/1 | 1001 | 秋葉原 | 509 | 山口隆司 | Ｎ９０４ | ¥7,500 | 7 | ¥52,500 |
| 24 | 21 | 2016/4/1 | 1002 | 渋谷 | 501 | 長谷部修一 | Ｆ９０３ | ¥24,500 | 16 | ¥392,000 |
| 25 | 22 | 2016/4/1 | 1002 | 渋谷 | 501 | 長谷部修一 | Ｄ９０３ | ¥12,300 | 20 | ¥246,000 |
| 26 | 23 | 2016/4/1 | 1002 | 渋谷 | 501 | 長谷部修一 | Ｎ９０４ | ¥7,500 | 3 | ¥22,500 |
| 27 | 24 | 2016/4/2 | 1002 | 渋谷 | 502 | 吉岡隆 | Ｆ９０３ | ¥24,500 | 10 | ¥245,000 |
| 28 | 25 | 2016/4/2 | 1002 | 渋谷 | 502 | 吉岡隆 | Ｄ９０３ | ¥12,300 | 18 | ¥221,400 |

ファイル「問題13」を開きましょう。

**1.** 売上表（第1四半期）の任意のセルをクリックして、次の優先順位にデータを並べ替えましょう。
　　　［販売店］の昇順
　　　［機種］の昇順
　　　●データの項目に「番号」の項目を設けておくと、番号の昇順に並べ替えることで、いったん並べ替えた表を元に戻すことができます。

**2.** 販売店ごとに数量と売上額の合計を集計しましょう。
　　　●集計行のセルには、SUBTOTAL関数が自動的に設定されます。
　　　　　書式：SUBTOTAL（集計方法,範囲）
　　集計方法：集計方法に応じて関数を番号で指定します。
　　　　　1:AVERAGE関数
　　　　　2:COUNT関数
　　　　　3:COUNTA関数
　　　　　4:MAX関数
　　　　　5:MIN関数
　　　　　9:SUM関数
　　　範囲：集計する表の範囲を指定します。

**3.** 販売店ごとの売上表に、さらに機種ごとの数量と売上額の合計を追加して集計しましょう。

**4.** アウトラインのレベル記号を使って、販売店と機種ごとの集計行と総計行だけを表示しましょう。

**5.** 表示された各販売店の集計行が見やすいように、塗りつぶしの色を［テーマの色］の［緑、アクセント6、白＋基本色80％］に設定しましょう。

**6.** 表示された総計行が見やすいように、塗りつぶしの色を［テーマの色］の［緑、アクセント6、白＋基本色40％］に設定しましょう。

**7.** セルA1のタイトルを「販売店別・機種別売上表（第1四半期）」に変更しましょう。

「問題13-2E」という名前で保存しましょう。

■完成例■

| | A | B | C | D | E | F | G | H | I | J |
|---|---|---|---|---|---|---|---|---|---|---|
| 1 | 販売店別・機種別売上表（第1四半期） | | | | | | | | | |
| 2 | | | | | | | | | | |
| 3 | No. | 売上年月日 | 販売店コード | 販売店 | 担当者コード | 担当者 | 機種 | 販売単価 | 数量 | 売上額 |
| 189 | | | | | | | D903 集計 | | 2,419 | ¥29,753,700 |
| 258 | | | | | | | F903 集計 | | 911 | ¥22,319,500 |
| 444 | | | | | | | N904 集計 | | 1,873 | ¥14,047,500 |
| 562 | | | | | | | S905 集計 | | 1,584 | ¥31,521,600 |
| 563 | | | | 秋葉原 集計 | | | | | 6,787 | ¥97,642,300 |
| 759 | | | | | | | D903 集計 | | 2,198 | ¥27,035,400 |
| 831 | | | | | | | F903 集計 | | 755 | ¥18,497,500 |
| 1027 | | | | | | | N904 集計 | | 1,715 | ¥12,862,500 |
| 1151 | | | | | | | S905 集計 | | 1,251 | ¥24,894,900 |
| 1152 | | | | 渋谷 集計 | | | | | 5,919 | ¥83,290,300 |
| 1346 | | | | | | | D903 集計 | | 2,313 | ¥28,449,900 |
| 1417 | | | | | | | F903 集計 | | 784 | ¥19,208,000 |
| 1611 | | | | | | | N904 集計 | | 1,676 | ¥12,570,000 |
| 1735 | | | | | | | S905 集計 | | 1,360 | ¥27,064,000 |
| 1736 | | | | 新宿 集計 | | | | | 6,133 | ¥87,291,900 |
| 1737 | | | | 総計 | | | | | 18,839 | ¥268,224,500 |

## 基礎問題 14　売上成績比較（クロス集計）

売上記録から各担当者の売上数と売上額を、四半期ごとに集計しましょう。

売上表を基にして、新規ワークシートに担当者ごとおよび四半期ごとに全体の売上数と売上額の合計が見られるピボットテーブルを作成します。

| | A | B | C | D | E | F |
|---|---|---|---|---|---|---|
| 1 | 売上表 | | | | | |
| 2 | | | | | | |
| 3 | 四半期 | 月 | 部署 | 担当者 | 売上数 | 売上額 |
| 4 | 第1四半期 | 4月 | 第1営業 | 椎名市郎 | 2675 | 6,298,940 |
| 5 | 第1四半期 | 5月 | 第1営業 | 椎名市郎 | 2007 | 4,699,320 |
| 6 | 第1四半期 | 6月 | 第1営業 | 椎名市郎 | 2573 | 6,121,910 |
| 7 | 第2四半期 | 7月 | 第1営業 | 椎名市郎 | 2214 | 4,891,750 |
| 8 | 第2四半期 | 8月 | 第1営業 | 椎名市郎 | 2530 | 5,958,930 |
| 9 | 第2四半期 | 9月 | 第1営業 | 椎名市郎 | 3183 | 7,106,278 |
| 10 | 第3四半期 | 10月 | 第1営業 | 椎名市郎 | 1830 | 4,366,230 |
| 11 | 第3四半期 | 11月 | 第1営業 | 椎名市郎 | 2263 | 4,854,060 |
| 12 | 第3四半期 | 12月 | 第1営業 | 椎名市郎 | 1459 | 3,330,350 |
| 13 | 第4四半期 | 1月 | 第1営業 | 椎名市郎 | 2018 | 4,843,960 |
| 14 | 第4四半期 | 2月 | 第1営業 | 椎名市郎 | 1082 | 2,564,230 |
| 15 | 第4四半期 | 3月 | 第1営業 | 椎名市郎 | 3220 | 7,375,090 |
| 16 | 第1四半期 | 4月 | 第1営業 | 加藤達男 | 1508 | 3,627,180 |
| 17 | 第1四半期 | 5月 | 第1営業 | 加藤達男 | 2726 | 6,647,960 |
| 18 | 第1四半期 | 6月 | 第1営業 | 加藤達男 | 1487 | 3,699,170 |
| 19 | 第2四半期 | 7月 | 第1営業 | 加藤達男 | 1077 | 2,690,433 |
| 20 | 第2四半期 | 8月 | 第1営業 | 加藤達男 | 605 | 1,275,970 |
| 21 | 第2四半期 | 9月 | 第1営業 | 加藤達男 | 2063 | 4,893,600 |
| 22 | 第3四半期 | 10月 | 第1営業 | 加藤達男 | 2447 | 5,546,450 |
| 23 | 第3四半期 | 11月 | 第1営業 | 加藤達男 | 1995 | 4,425,397 |
| 24 | 第3四半期 | 12月 | 第1営業 | 加藤達男 | 1511 | 3,244,000 |
| 25 | 第4四半期 | 1月 | 第1営業 | 加藤達男 | 1400 | 2,811,080 |
| 26 | 第4四半期 | 2月 | 第1営業 | 加藤達男 | 2076 | 3,973,814 |
| 27 | 第4四半期 | 3月 | 第1営業 | 加藤達男 | 1471 | 3,549,740 |
| 28 | 第1四半期 | 4月 | 第2営業 | 星野隆 | 2349 | 5,103,070 |
| 29 | 第1四半期 | 5月 | 第2営業 | 星野隆 | 1987 | 3,806,330 |
| 30 | 第1四半期 | 6月 | 第2営業 | 星野隆 | 1850 | 3,504,290 |

ファイル「問題14」を開きましょう。

**1.** 売上表内のセルをクリックし、［ピボットテーブルの作成］ダイアログボックスを表示して、次のようにピボットテーブルの詳細設定をしましょう。

・分析するデータ：テーブルまたは範囲を選択
・テーブル/範囲：売上表の範囲（問題14売上表!$A$3:$F$51）
・ピボットテーブルレポートを配置する場所：新規ワークシート

**2.** ピボットテーブルのフィールド作業ウィンドウを利用し、行ラベルに［担当者］、列ラベルに［四半期］、値に［売上数］と［売上額］の各フィールドを配置しましょう。

**3.** 列ラベルの値フィールドを行ラベルに移動して、ピボットテーブルを見やすいレイアウトに変更しましょう。

・行ラベル：［売上数］
・行ラベル：［売上額］

**4.** ［売上数］と［売上額］の集計結果の書式を桁区切りスタイルにして、列の幅を自動調整しましょう。

**5.** ピボットテーブルにスタイル［ピボットスタイル（淡色）17］を設定して、見やすい書式に変更しましょう。

「問題14-2E」という名前で保存しましょう。

■完成例■

| | A | B | C | D | E | F |
|---|---|---|---|---|---|---|
| 1 | | | | | | |
| 2 | | | | | | |
| 3 | | 列ラベル | | | | |
| 4 | 行ラベル | 第1四半期 | 第2四半期 | 第3四半期 | 第4四半期 | 総計 |
| 5 | 加藤達男 | | | | | |
| 6 | 合計 / 売上数 | 5,721 | 3,745 | 5,953 | 4,947 | 20,366 |
| 7 | 合計 / 売上額 | 13,974,310 | 8,860,003 | 13,215,847 | 10,334,634 | 46,384,794 |
| 8 | 進藤則子 | | | | | |
| 9 | 合計 / 売上数 | 5,609 | 6,530 | 7,248 | 8,141 | 27,528 |
| 10 | 合計 / 売上額 | 10,687,982 | 13,182,790 | 14,517,560 | 16,426,090 | 54,814,422 |
| 11 | 星野隆 | | | | | |
| 12 | 合計 / 売上数 | 6,186 | 8,781 | 6,793 | 7,330 | 29,090 |
| 13 | 合計 / 売上額 | 12,413,690 | 19,078,660 | 15,249,870 | 16,329,820 | 63,072,040 |
| 14 | 椎名市郎 | | | | | |
| 15 | 合計 / 売上数 | 7,255 | 7,927 | 5,552 | 6,320 | 27,054 |
| 16 | 合計 / 売上額 | 17,120,170 | 17,956,958 | 12,550,640 | 14,783,280 | 62,411,048 |
| 17 | 全体の 合計 / 売上数 | 24,771 | 26,983 | 25,546 | 26,738 | 104,038 |
| 18 | 全体の 合計 / 売上額 | 54,196,152 | 59,078,411 | 55,533,917 | 57,873,824 | 226,682,304 |

## 基礎問題 15　顧客別売上集計表

8月度売上台帳の集計結果を基にして、顧客別売上表を完成させましょう。

|   | A | B | C | D | E | F | G | H |
|---|---|---|---|---|---|---|---|---|
| 1 |   |   |   |   |   |   |   |   |
| 2 |   | 顧客別売上集計表 |   |   |   |   |   |   |
| 3 |   |   |   |   |   |   |   | 単位：円 |
| 4 |   | 顧客NO | 顧客名 | 前月売上 | 当月売上 | 累計売上 | 累計売上比率 | 前月比 |
| 5 |   |   |   |   |   |   |   |   |
| 6 |   |   |   |   |   |   |   |   |
| 7 |   |   |   |   |   |   |   |   |
| 8 |   |   |   |   |   |   |   |   |
| 9 |   |   |   |   |   |   |   |   |
| 10 |   |   |   |   |   |   |   |   |
| 11 |   |   |   |   |   |   |   |   |
| 12 |   |   | 合 計 |   |   |   |   |   |

ファイル「問題15」を開きましょう。

1. ワークシート［顧客別売上集計表］を選択し、セルC5にIF関数とVLOOKUP関数を使ってセルB5に顧客NOを入力すると、セルC4に顧客名が表示されるようにし、それ以外は空白を表示しましょう。オートフィル機能でセルC11までコピーしましょう。

    ●顧客名のリストは、ワークシート［顧客リスト］を参照しましょう。

2. 次のデータを入力しましょう。

    ■入力データ
    | セルB5 | 3001 | セルD5 | 8930558 |
    | セルB6 | 3002 | セルD6 | 8098241 |
    | セルB7 | 3003 | セルD7 | 10687937 |
    | セルB8 | 3004 | セルD8 | 6578392 |
    | セルB9 | 3005 | セルD9 | 7258621 |
    | セルB10 | 3006 | セルD10 | 8078633 |
    | セルB11 | 3007 | セルD11 | 10576979 |

3. ワークシート［8月度売上台帳］を選択し、データを顧客NOの昇順に並べ替えましょう。

4. 顧客別の売上金額の合計を集計しましょう。

5. アウトラインのレベル記号を使って、顧客ごとの売上金額の集計行と総計行だけを表示しましょう。

6. ワークシート［8月度売上台帳］の顧客ごとの売上合計を、ワークシート［顧客別売上集計表］のセルE5～E11にコピーしましょう。

    ●可視セルだけを選択する方法を使うと、アウトラインで折りたたまれた表の表示されているセルを基に、コピーしたりグラフを作成したりすることができます。

7. 顧客別売上集計表のセルF5に、累計売上（前月売上＋当月売上）を求めましょう。オートフィル機能でセルF11までコピーしましょう。

**8.** 顧客別売上集計表のセルD12に、前月売上の合計を求めましょう。オートフィル機能でセルF12までコピーしましょう。

**9.** 顧客別売上集計表のセルG5に累計売上比率（累計売上÷累計売上の合計）を求めましょう。オートフィル機能でセルG11までコピーしましょう。

**10.** 顧客別売上集計表のセルH5に前月売上比率（当月売上/前月売上）を求めましょう。オートフィル機能でセルH11までコピーしましょう。

**11.** 累計売上比率と前月売上比率の書式をパーセントスタイルで小数点第1位まで表示するようにしましょう。

**12.** 前月売上、当月売上、累計売上のデータの書式を桁区切りスタイルにしましょう。

「問題15-2E」という名前で保存しましょう。

■完成例■

| | A | B | C | D | E | F | G | H |
|---|---|---|---|---|---|---|---|---|
| 1 | | | | | | | | |
| 2 | | 顧客別売上集計表 | | | | | | |
| 3 | | | | | | | | 単位：円 |
| 4 | | 顧客NO | 顧客名 | 前月売上 | 当月売上 | 累計売上 | 累計売上比率 | 前月比 |
| 5 | | 3001 | 株式会社ゼネラル・カメラ | 8,930,558 | 7,211,775 | 16,142,333 | 13.8% | 80.8% |
| 6 | | 3002 | 星野電機株式会社 | 8,098,241 | 7,989,975 | 16,088,216 | 13.7% | 98.7% |
| 7 | | 3003 | 島電気商会株式会社 | 10,687,937 | 8,317,050 | 19,004,987 | 16.2% | 77.8% |
| 8 | | 3004 | ネットハウス高田株式会社 | 6,578,392 | 8,443,680 | 15,022,072 | 12.8% | 128.4% |
| 9 | | 3005 | ベスト電化株式会社 | 7,258,621 | 6,975,150 | 14,233,771 | 12.1% | 96.1% |
| 10 | | 3006 | マックス電機株式会社 | 8,078,633 | 9,439,190 | 17,517,823 | 14.9% | 116.8% |
| 11 | | 3007 | ＴＫ電気株式会社 | 10,576,979 | 8,700,610 | 19,277,589 | 16.4% | 82.3% |
| 12 | | | 合計 | 60,209,361 | 57,077,430 | 117,286,791 | | |

## 基礎問題 16 全店経費集計表（シートの統合）

項目や期間が異なるデータを集計しましょう。

■大宮支店■

| | A | B | C | D | E | F | G | H | I |
|---|---|---|---|---|---|---|---|---|---|
| 1 | | | | | | | | | |
| 2 | | 大宮支店経費一覧 | | | | | | | |
| 3 | | | | | | | | | |
| 4 | | | 10月 | 11月 | 12月 | 1月 | 2月 | 3月 | 合計 |
| 5 | | 給料・手当 | 920,000 | 920,000 | 3,600,000 | 920,000 | 1,100,000 | 1,100,000 | 8,560,000 |
| 6 | | 旅費交通費 | 12,900 | 5,200 | 14,080 | 4,980 | 5,230 | 5,700 | 48,090 |
| 7 | | 広告宣伝費 | 40,000 | 40,000 | 40,000 | 40,000 | 30,000 | 30,000 | 220,000 |
| 8 | | 地代家賃 | 300,000 | 300,000 | 300,000 | 300,000 | 300,000 | 300,000 | 1,800,000 |
| 9 | | 修繕費 | 0 | 0 | 0 | 500 | 400 | 200 | 1,100 |
| 10 | | 消耗品費 | 28,000 | 28,000 | 28,000 | 28,000 | 28,000 | 28,000 | 168,000 |
| 11 | | 通信費 | 56,020 | 55,020 | 50,100 | 49,800 | 53,200 | 54,000 | 318,140 |
| 12 | | 水道光熱費 | 13,800 | 13,800 | 13,800 | 13,800 | 13,800 | 13,800 | 82,800 |
| 13 | | 接待交際費 | 10,000 | 6,000 | 80,500 | 3,000 | 2,000 | 3,000 | 104,500 |
| 14 | | 福利厚生費 | 5,000 | 800 | 12,000 | 5,000 | 9,000 | 8,000 | 39,800 |
| 15 | | 図書研修費 | 14,000 | 50,000 | 1,900 | 0 | 3,200 | 4,000 | 73,100 |
| 16 | | 雑費 | 2,700 | 1,210 | 3,600 | 2,700 | 2,700 | 2,700 | 15,610 |
| 17 | | 累計 | 1,402,420 | 2,822,450 | 6,966,430 | 8,334,210 | 9,881,740 | 11,431,140 | 11,431,140 |

■横浜支店■

| | A | B | C | D | E | F | G | H | I | J |
|---|---|---|---|---|---|---|---|---|---|---|
| 1 | | | | | 横浜支店経費一覧 | | | | | |
| 2 | | | | | | | | | | |
| 3 | | 7月 | 8月 | 9月 | 10月 | 11月 | 12月 | 1月 | 2月 | 3月 |
| 4 | 給料・手当 | 1,100,000 | 1,100,000 | 1,100,000 | 1,100,000 | 1,100,000 | 1,100,000 | 1,100,000 | 1,100,000 | 1,100,000 |
| 5 | 旅費交通費 | 4,900 | 3,500 | 2,700 | 4,800 | 4,060 | 4,900 | 4,200 | 3,200 | 3,100 |
| 6 | 広告宣伝費 | 40,000 | 40,000 | 20,000 | 20,000 | 20,000 | 20,000 | 20,000 | 20,000 | 20,000 |
| 7 | 地代家賃 | 300,000 | 300,000 | 300,000 | 300,000 | 300,000 | 300,000 | 300,000 | 300,000 | 300,000 |
| 8 | 修繕費 | 2,900 | 0 | 1,210 | 900 | 0 | 5,600 | 5,600 | 0 | 0 |
| 9 | 消耗品費 | 7,000 | 0 | 1,650 | 1,280 | 680 | 900 | 0 | 2,300 | 2,400 |
| 10 | 通信費 | 59,300 | 51,100 | 58,600 | 57,200 | 58,000 | 57,200 | 49,500 | 57,460 | 56,020 |
| 11 | 水道光熱費 | 15,000 | 15,000 | 15,000 | 15,000 | 15,000 | 15,000 | 15,000 | 15,000 | 15,000 |
| 12 | 接待交際費 | 10,000 | 6,000 | 5,000 | 5,000 | 3,000 | 74,000 | 4,000 | 2,000 | 3,000 |
| 13 | 福利厚生費 | 9,000 | 1,000 | 1,000 | 1,000 | 1,000 | 15,000 | 8,000 | 2,000 | 1,000 |
| 14 | 図書研修費 | 100,000 | 0 | 0 | 0 | 0 | 0 | 0 | 0 | 0 |
| 15 | 雑費 | 1,720 | 1,300 | 2,040 | 1,950 | 1,630 | 1,890 | 700 | 1,450 | 1,530 |
| 16 | 累計 | 1,649,820 | 3,167,720 | 4,674,920 | 6,182,050 | 7,685,420 | 9,279,910 | 10,786,910 | 12,290,320 | 13,792,370 |

■丸の内支店■

| | A | B | C | D | E | F | G | H | I | J | K | L | M |
|---|---|---|---|---|---|---|---|---|---|---|---|---|---|
| 1 | | | | | | | | | | | | | |
| 2 | | | | | | | | | | | | | |
| 3 | 丸の内本店経費一覧 | | | | | | | | | | | | |
| 4 | | | | | | | | | | | | | |
| 5 | | 4月 | 5月 | 6月 | 7月 | 8月 | 9月 | 10月 | 11月 | 12月 | 1月 | 2月 | 3月 |
| 6 | 給料・手当 | 800,000 | 800,000 | 3,200,000 | 800,000 | 800,000 | 800,000 | 730,000 | 730,000 | 2,920,000 | 730,000 | 730,000 | 730,000 |
| 7 | 旅費交通費 | 12,100 | 21,800 | 4,950 | 5,820 | 5,700 | 6,040 | 4,200 | 4,980 | 5,120 | 4,780 | 3,200 | 3,980 |
| 8 | 広告宣伝費 | 40,000 | 40,000 | 40,000 | 40,000 | 40,000 | 40,000 | 40,000 | 40,000 | 40,000 | 40,000 | 40,000 | 40,000 |
| 9 | 修繕費 | 1,000 | 0 | 200 | 0 | 400 | 0 | 500 | 500 | 0 | 0 | 0 | 500 |
| 10 | 消耗品費 | 12,500 | 13,200 | 16,800 | 17,800 | 2,050 | 14,200 | 7,980 | 13,200 | 19,520 | 6,050 | 11,200 | 13,400 |
| 11 | 通信費 | 68,950 | 57,200 | 54,600 | 53,280 | 30,240 | 56,480 | 68,020 | 56,700 | 55,240 | 49,480 | 40,230 | 30,540 |
| 12 | 水道光熱費 | 12,700 | 12,700 | 12,700 | 12,700 | 12,700 | 12,700 | 12,700 | 12,700 | 12,700 | 12,700 | 12,700 | 12,700 |
| 13 | 接待交際費 | 10,000 | 0 | 6,000 | 95,500 | 0 | 2,300 | 3,000 | 9,000 | 102,530 | 23,000 | 0 | 10,000 |
| 14 | 福利厚生費 | 900 | 1,000 | 900 | 900 | 900 | 900 | 900 | 900 | 15,000 | 900 | 900 | 900 |
| 15 | 雑費 | 1,200 | 1,320 | 800 | 1,420 | 1,350 | 600 | 1,050 | 2,150 | 3,200 | 1,080 | 1,150 | 1,320 |
| 16 | 累計 | 959,350 | 1,906,570 | 5,243,520 | 6,270,940 | 7,164,280 | 8,097,500 | 8,965,850 | 9,835,980 | 13,009,290 | 13,877,280 | 14,716,660 | 15,560,000 |

ファイル「問題16」を開きましょう。

1. 新規にワークシートを1枚挿入しましょう。

2. ワークシートの名前を「全支店合計」と入力し、シート見出しの色を [標準の色] の [オレンジ] に設定しましょう。

3. ワークシート [全支店合計] のセルA1に「経費　年次集計（全支店）」と入力し、セルA1～N1を横方向に結合しましょう。

4. セルA3に「大宮支店」、「横浜支店」、「丸の内本店」の経費一覧の合計を統合しましょう。

5. セルN3「合計」と入力し、セルN4に4月～3月の合計を算出しましょう。オートフィル昨日でセルN16までコピーしましょう。

6. 表全体の列幅を自動調整しましょう。

7. セルA3～N3、A4～A16の塗りつぶしの色を [テーマの色] の [ゴールド、アクセント4、白+基本色80％] に設定しましょう。

8. 既存のセルのスタイルを使って、セルA1にタイトル、セルA16～N16に集計行として、それぞれ見やすい表示に設定しましょう。

> 複数の書式を一度に適用し、セルの書式を統一するには、セルのスタイルを使います。セルのスタイルとは、フォントやフォントサイズ、表示形式、罫線、網かけなど、セルに対する一連の書式です。Excelには数種類のスタイルが組み込まれており、これらのスタイルを適用または変更できます。既存のスタイルを変更または複製して独自のスタイルを作成することもできます。

9. 次の内容をブックのプロパティ情報として入力しましょう。
   ・作成者の名前：User00
   ・ブックのタイトル：経費　年次集計
   ・分類：経理部

「問題16-2E」という名前で保存しましょう。

■完成例■

| | A | B | C | D | E | F | G | H | I | J | K | L | M | N |
|---|---|---|---|---|---|---|---|---|---|---|---|---|---|---|
| 1 | 経費　年次集計（全支店） | | | | | | | | | | | | | |
| 2 | | | | | | | | | | | | | | |
| 3 | | 4月 | 5月 | 6月 | 7月 | 8月 | 9月 | 10月 | 11月 | 12月 | 1月 | 2月 | 3月 | 合計 |
| 4 | 給料・手当 | 800,000 | 800,000 | 3,200,000 | 1,900,000 | 1,900,000 | 1,900,000 | 2,750,000 | 2,750,000 | 7,620,000 | 2,750,000 | 2,930,000 | 2,930,000 | 32,230,000 |
| 5 | 旅費交通費 | 12,100 | 21,800 | 4,950 | 10,720 | 9,200 | 8,740 | 21,900 | 14,240 | 24,100 | 13,960 | 11,630 | 12,780 | 166,120 |
| 6 | 広告宣伝費 | 40,000 | 40,000 | 40,000 | 80,000 | 80,000 | 60,000 | 100,000 | 100,000 | 100,000 | 100,000 | 90,000 | 90,000 | 920,000 |
| 7 | 地代家賃 | | | | 300,000 | 300,000 | 300,000 | 600,000 | 600,000 | 600,000 | 600,000 | 600,000 | 600,000 | 4,500,000 |
| 8 | 修繕費 | 1,000 | 0 | 200 | 2,900 | 400 | 1,210 | 1,400 | 500 | 5,600 | 6,100 | 400 | 700 | 20,410 |
| 9 | 消耗品費 | 12,500 | 13,200 | 16,800 | 24,800 | 2,050 | 15,850 | 37,260 | 41,880 | 48,420 | 34,050 | 41,500 | 43,800 | 332,110 |
| 10 | 通信費 | 68,950 | 57,200 | 54,600 | 112,580 | 81,340 | 115,080 | 181,240 | 169,720 | 162,540 | 148,780 | 150,890 | 140,560 | 1,443,480 |
| 11 | 水道光熱費 | 12,700 | 12,700 | 12,700 | 27,700 | 27,700 | 27,700 | 41,500 | 41,500 | 41,500 | 41,500 | 41,500 | 41,500 | 370,200 |
| 12 | 接待交際費 | 10,000 | | 6,000 | 105,500 | 6,000 | 7,300 | 18,000 | 18,000 | 257,030 | 30,000 | 4,000 | 16,000 | 477,830 |
| 13 | 福利厚生費 | 900 | 1,000 | 900 | 9,900 | 1,900 | 1,900 | 6,900 | 2,700 | 42,000 | 13,900 | 11,900 | 9,900 | 103,800 |
| 14 | 図書研修費 | | | | 100,000 | 0 | 0 | 14,000 | 50,000 | 1,900 | 0 | 3,200 | 4,000 | 173,100 |
| 15 | 雑費 | 1,200 | 1,320 | 800 | 3,140 | 2,650 | 2,640 | 5,700 | 4,990 | 8,690 | 4,480 | 5,300 | 5,550 | 46,460 |
| 16 | 累計 | 959,350 | 1,906,570 | 5,243,520 | 7,920,760 | 10,332,000 | 12,772,420 | 16,550,320 | 20,343,850 | 29,255,630 | 32,998,400 | 36,888,720 | 40,783,510 | 215,955,050 |

## 基礎問題 17 研修会申込記録

申込受付の記録と同時に集計ができる表を作成しましょう。

| | A | B | C | D | E | F | G | H |
|---|---|---|---|---|---|---|---|---|
| 1 | 研修会申込状況 | | | | | | | |
| 2 | | | | | | | | |
| 3 | 会社名 | 氏名 | 申込案内メール | | 返信内容 | | メール | 備考 |
| 4 | | | 送信日 | 返信日 | 参加 | 不参加 | | |
| 5 | ICテクノロジー（株） | 小室　翔大 | 4月10日 | 5月8日 | ○ | | komuro@example.com | |
| 6 | ICテクノロジー（株） | 望月　達也 | 4月10日 | 5月8日 | ○ | | mochizuki@example.com | |
| 7 | ICテクノロジー（株） | 林　裕介 | 4月10日 | 5月8日 | ○ | | hayashi@example.com | |
| 8 | サイエンスブック（株） | 加藤　泉美 | 4月10日 | | | | katou@example1.jp | |
| 9 | サイエンスブック（株） | 鈴木　知範 | 4月10日 | 5月11日 | ○ | | suzuki@example1.jp | |
| 10 | （株）アイ・サービス | 金木　克也 | 4月10日 | 5月9日 | | ○ | kkaneki@example.net | |
| 11 | （株）アイ・サービス | 矢野　啓祐 | 4月10日 | 5月9日 | ○ | | kyano@example.net | |
| 12 | 杉浦開発（株） | 関本　英敏 | 4月10日 | 5月7日 | ○ | | esekimot@example.co.jp | |
| 13 | 杉浦開発（株） | 赤羽　撤兵 | 4月10日 | 5月7日 | | ○ | takabane@example.co.jp | |
| 14 | 杉浦開発（株） | 石田　智也 | 4月10日 | 5月7日 | ○ | | tishida@example.co.jp | |
| 15 | 杉浦開発（株） | 宮本　明布 | 4月10日 | 5月7日 | | ○ | amiyamot@example.co.jp | |
| 16 | LSIマガジン（株） | 飯塚　紘一郎 | 4月10日 | 5月11日 | | ○ | iizuka@example2.jp | |
| 17 | BSK（株） | 大内　一平 | 4月10日 | 5月8日 | ○ | | oouchi@example.org | |
| 18 | （株）内田サービス | 吉田　明広 | 4月10日 | 5月11日 | ○ | | yoshida@example3.jp | |
| 19 | （株）GBS出版 | 菊地　浩 | 4月10日 | 5月8日 | ○ | | kikuchi@example.ne.jp | |
| 20 | （株）GBS出版 | 塩澤　佳典 | 4月10日 | 5月8日 | ○ | | shiozawa@example.ne.jp | |
| 21 | | | | | | | | |
| 22 | 合計 | | | | | | | |
| 23 | 参加者数 | | | | | | | |
| 24 | 不参加数 | | | | | | | |
| 25 | 返信者数 | | | | | | | |
| 26 | 未返信者数 | | | | | | | |

ファイル「問題17」を開きましょう。

**1.** セルA1のフォントサイズを16ポイントに設定しましょう。

**2.** 列幅を次のような設定で変更しましょう。
・A〜B列：自動調整
・G列：メールアドレスを入力するので列幅「25.00」
・H列：備考を入力するので列幅「20.00」

**3.** 完成例を参考に罫線を設定しましょう。
・罫線の色：[テーマの色] の [青、アクセント5]

**4.** セルA3〜H4、A22、A23〜A26の塗りつぶしの色を [テーマの色] の [薄い灰色、背景2、黒＋基本色10％] に設定しましょう。

**5.** セルB23に関数を使って参加者数を求めましょう。

**6.** セルB24に関数を使って不参加者数を求めましょう。

空白ではないセルの数を求めるにはCOUNTA関数を使います。

**7.** セルB25に関数を使って返信の数を求めましょう。

> 数値や日付のデータが入力されているセルの数を求めるには COUNT 関数を使います。

**8.** セルB26に関数を使ってまだ返信していない参加予約者の数を求めましょう。

> 空白のセルの数を求めるには COUNTBLANK 関数を使います。

**9.** サイエンスブック（株）の加藤さんから5月12日に「参加」の返信がありました。返信日欄、返信内容欄に記入し、下の合計欄が更新されたことを確認しましょう。

「問題17-2E」という名前で保存しましょう。

■完成例■

| | A | B | C | D | E | F | G | H |
|---|---|---|---|---|---|---|---|---|
| 1 | 研修会申込状況 | | | | | | | |
| 2 | | | | | | | | |
| 3 | 会社名 | 氏名 | 申込案内メール | | 返信内容 | | メール | 備考 |
| 4 | | | 送信日 | 返信日 | 参加 | 不参加 | | |
| 5 | ICテクノロジー（株） | 小室 翔大 | 4月10日 | 5月8日 | ○ | | komuro@example.com | |
| 6 | ICテクノロジー（株） | 望月 達也 | 4月10日 | 5月8日 | ○ | | mochizuki@example.com | |
| 7 | ICテクノロジー（株） | 林 裕介 | 4月10日 | 5月8日 | ○ | | hayashi@example.com | |
| 8 | サイエンスブック（株） | 加藤 泉美 | 4月10日 | 5月12日 | ○ | | katou@example1.jp | |
| 9 | サイエンスブック（株） | 鈴木 知範 | 4月10日 | 5月11日 | ○ | | suzuki@example1.jp | |
| 10 | （株）アイ・サービス | 金木 克也 | 4月10日 | 5月9日 | | ○ | kkaneki@example.net | |
| 11 | （株）アイ・サービス | 矢野 啓祐 | 4月10日 | 5月9日 | ○ | | kyano@example.net | |
| 12 | 杉浦開発（株） | 関本 英敏 | 4月10日 | 5月7日 | ○ | | esekimot@example.co.jp | |
| 13 | 杉浦開発（株） | 赤羽 撤兵 | 4月10日 | 5月7日 | | ○ | takabane@example.co.jp | |
| 14 | 杉浦開発（株） | 石田 智也 | 4月10日 | 5月7日 | ○ | | tishida@example.co.jp | |
| 15 | 杉浦開発（株） | 宮本 明布 | 4月10日 | 5月7日 | | ○ | amiyamot@example.co.jp | |
| 16 | LSIマガジン（株） | 飯塚 紘一郎 | 4月10日 | 5月11日 | | ○ | iizuka@example2.jp | |
| 17 | BSK | 大内 一平 | 4月10日 | 5月8日 | ○ | | oouchi@example.org | |
| 18 | （株）内田サービス | 吉田 明広 | 4月10日 | 5月11日 | ○ | | yoshida@example3.jp | |
| 19 | （株）GBS出版 | 菊地 浩 | 4月10日 | 5月8日 | ○ | | kikuchi@example.ne.jp | |
| 20 | （株）GBS出版 | 塩澤 佳典 | 4月10日 | 5月8日 | ○ | | shiozawa@example.ne.jp | |
| 21 | | | | | | | | |
| 22 | 合計 | | | | | | | |
| 23 | 参加者数 | 12 | | | | | | |
| 24 | 不参加数 | 4 | | | | | | |
| 25 | 返信者数 | 16 | | | | | | |
| 26 | 未返信者数 | 0 | | | | | | |

## 基礎問題 18 アンケート集計（クロス集計）

社内パソコン研修アンケートのリストから「理解度」と「よく使う機能」を職種別に集計しましょう。

社内パソコン研修アンケートのリストを基にして、新規ワークシートに職種ごとに「理解度」と「よく使う機能」が見られるピボットテーブルを作成しましょう。

| | A | B | C | D | E | F | G | H | I |
|---|---|---|---|---|---|---|---|---|---|
| 1 | 社内パソコン研修アンケート | | | | | | | | |
| 2 | | | | | | | | | |
| 3 | NO | 職種 | 所属 | 性別 | 理解度 | 講師の教え方 | 使用テキスト | よく使う機能 | 次回セミナーの参加 |
| 4 | 1 | 営業 | 大阪支店 | 男 | 理解できた | わかりやすい | 普通 | 表計算 | 参加する |
| 5 | 2 | 経理・財務 | 大阪支店 | 男 | 理解できた | わかりやすい | 普通 | 表計算 | 参加しない |
| 6 | 3 | 人事・総務 | 東京本社 | 男 | 理解できた | 大変わかりやすい | 大変わかりやすい | 表計算 | わからない |
| 7 | 4 | 一般事務 | 大阪支店 | 男 | 理解できた | 大変わかりやすい | わかりやすい | 表計算 | 参加する |
| 8 | 5 | 営業 | 大阪支店 | 男 | 理解できた | わかりやすい | 普通 | プレゼンテーション | 参加する |
| 9 | 6 | 一般事務 | 大阪支店 | 男 | 理解できた | わかりやすい | 普通 | 表計算 | 参加する |
| 10 | 7 | 営業 | 大阪支店 | 男 | 普通 | 大変わかりやすい | 大変わかりやすい | プレゼンテーション | 参加しない |
| 11 | 8 | 経理・財務 | 大阪支店 | 男 | 理解できた | 大変わかりやすい | 大変わかりやすい | 表計算 | わからない |
| 12 | 9 | 営業 | 大阪支店 | 男 | 理解できた | 大変わかりやすい | 大変わかりやすい | プレゼンテーション | 参加する |
| 13 | 10 | 人事・総務 | 東京本社 | 男 | 普通 | 大変わかりやすい | わかりやすい | データベース | 参加する |
| 14 | 11 | 販売 | 大阪支店 | 男 | 理解できた | わかりやすい | 大変わかりやすい | プレゼンテーション | わからない |
| 15 | 12 | 販売 | 大阪支店 | 男 | 普通 | わかりやすい | 普通 | プレゼンテーション | 参加する |
| 16 | 13 | 一般事務 | 大阪支店 | 男 | 普通 | わかりやすい | 普通 | 文書作成 | 参加する |
| 17 | 14 | 人事・総務 | 東京本社 | 男 | 普通 | わかりやすい | 大変わかりやすい | データベース | 参加する |
| 18 | 15 | 営業 | 大阪支店 | 男 | 理解できた | わかりやすい | 大変わかりやすい | プレゼンテーション | 参加しない |
| 19 | 16 | 販売 | 大阪支店 | 男 | 普通 | 大変わかりやすい | わかりやすい | プレゼンテーション | わからない |
| 20 | 17 | 経理・財務 | 大阪支店 | 男 | 普通 | 大変わかりやすい | わかりやすい | 表計算 | 参加する |
| 21 | 18 | 経理・財務 | 大阪支店 | 男 | 普通 | わかりやすい | 普通 | 文書作成 | 参加しない |
| 22 | 19 | 営業 | 大阪支店 | 男 | 理解できた | わかりやすい | 普通 | 表計算 | わからない |
| 23 | 20 | 経理・財務 | 大阪支店 | 男 | 普通 | 大変わかりやすい | 大変わかりやすい | 文書作成 | 参加する |
| 24 | 21 | 販売 | 大阪支店 | 男 | 普通 | 大変わかりやすい | 大変わかりやすい | プレゼンテーション | 参加する |
| 25 | 22 | 販売 | 大阪支店 | 男 | 普通 | 大変わかりやすい | わかりやすい | プレゼンテーション | 参加する |
| 26 | 23 | 経理・財務 | 大阪支店 | 男 | 普通 | 大変わかりやすい | 大変わかりやすい | 表計算 | 参加しない |
| 27 | 24 | 経理・財務 | 東京本社 | 男 | 大変難しかった | わかりやすい | 普通 | 表計算 | わからない |
| 28 | 25 | 販売 | 大阪支店 | 男 | 理解できた | わかりやすい | 普通 | プレゼンテーション | 参加する |
| 29 | 26 | 販売 | 大阪支店 | 男 | 理解できた | わかりやすい | 大変わかりやすい | プレゼンテーション | 参加する |
| 30 | 27 | 一般事務 | 大阪支店 | 男 | 良く理解できた | わかりやすい | 大変わかりやすい | プレゼンテーション | 参加する |
| 31 | 28 | 一般事務 | 大阪支店 | 男 | 普通 | わかりやすい | 普通 | データベース | 参加する |
| 32 | 29 | 営業 | 大阪支店 | 男 | 普通 | 大変わかりやすい | わかりやすい | プレゼンテーション | 参加する |
| 33 | 30 | 一般事務 | 大阪支店 | 男 | 普通 | 大変わかりやすい | わかりやすい | データベース | 参加する |
| 34 | 31 | 営業 | 大阪支店 | 男 | 理解できた | わかりやすい | 大変わかりやすい | プレゼンテーション | 参加しない |
| 35 | 32 | 一般事務 | 大阪支店 | 男 | 良く理解できた | わかりやすい | 大変わかりやすい | 文書作成 | わからない |

ファイル「問題18」を開きましょう。

**1.** リスト内のセルをクリックし、[ピボットテーブルの作成] ダイアログボックスを表示して、次のようにピボットテーブルの詳細設定をしましょう。

　・分析するデータ：テーブルまたは範囲を選択
　・テーブル/範囲：売上表の範囲（アンケート調査結果!$A$3:$I$105）
　・ピボットテーブルレポートを配置する場所：新規ワークシート

**2.** ピボットテーブルのフィールドリストを利用し、レポートフィルターに [所属]、行ラベルに [職種]、[理解度]、列ラベルに [よく使う機能]、値に [NO] の各フィールドを配置しましょう。

**3.** [値] フィールドの [NO] の名前を「回答数」に変更し、集計の方法も回答数を表すように変更しましょう。

**4.** 空白のセルに「0」を表示しましょう。

**5.** ピボットテーブルのレイアウトをアウトライン形式で表示しましょう。

**6.** [理解度]、[よく使う機能]のフィールドを降順に並べ替えましょう。

**7.** ピボットテーブルにスタイル[ピボットスタイル(中間)2]を設定し、各列幅を16.00に変更して、ワークシートの見出しを「アンケート集計」にしましょう。

**8.** 所属別のピボットテーブルをワークシートごとに表示しましょう。

「問題18-2E」という名前で保存しましょう。

■完成例■

| | A | B | C | D | E | F | G |
|---|---|---|---|---|---|---|---|
| 1 | 所属 | (すべて) | | | | | |
| 2 | | | | | | | |
| 3 | 回答数 | | | よく使う機能 | | | |
| 4 | 職種 | 理解度 | 文書作成 | 表計算 | プレゼンテーション | データベース | 総計 |
| 5 | ⊟一般事務 | | 8 | 5 | 0 | 10 | 23 |
| 6 | | 良く理解できた | 1 | 1 | 0 | 5 | 7 |
| 7 | | 理解できた | 3 | 2 | 0 | 3 | 8 |
| 8 | | 普通 | 2 | 1 | 0 | 2 | 5 |
| 9 | | 難しかった | 1 | 1 | 0 | 0 | 2 |
| 10 | | 大変難しかった | 1 | 0 | 0 | 0 | 1 |
| 11 | ⊟営業 | | 4 | 5 | 16 | 6 | 31 |
| 12 | | 良く理解できた | 2 | 0 | 1 | 1 | 4 |
| 13 | | 理解できた | 0 | 4 | 6 | 3 | 13 |
| 14 | | 普通 | 1 | 1 | 4 | 1 | 7 |
| 15 | | 難しかった | 1 | 0 | 3 | 1 | 5 |
| 16 | | 大変難しかった | 0 | 0 | 2 | 0 | 2 |
| 17 | ⊟経理・財務 | | 4 | 10 | 0 | 0 | 14 |
| 18 | | 良く理解できた | 1 | 3 | 0 | 0 | 4 |
| 19 | | 理解できた | 1 | 3 | 0 | 0 | 4 |
| 20 | | 普通 | 2 | 3 | 0 | 0 | 5 |
| 21 | | 大変難しかった | 0 | 1 | 0 | 0 | 1 |
| 22 | ⊟人事・総務 | | 1 | 6 | 0 | 6 | 13 |
| 23 | | 良く理解できた | 0 | 1 | 0 | 1 | 2 |
| 24 | | 理解できた | 0 | 1 | 0 | 1 | 2 |
| 25 | | 普通 | 0 | 2 | 0 | 4 | 6 |
| 26 | | 難しかった | 1 | 1 | 0 | 0 | 2 |
| 27 | | 大変難しかった | 0 | 1 | 0 | 0 | 1 |
| 28 | ⊟販売 | | 3 | 6 | 12 | 0 | 21 |
| 29 | | 良く理解できた | 1 | 0 | 2 | 0 | 3 |
| 30 | | 理解できた | 1 | 0 | 4 | 0 | 5 |
| 31 | | 普通 | 0 | 2 | 4 | 0 | 6 |
| 32 | | 難しかった | 1 | 1 | 1 | 0 | 3 |
| 33 | | 大変難しかった | 0 | 3 | 1 | 0 | 4 |
| 34 | 総計 | | 20 | 32 | 28 | 22 | 102 |

## 応用問題19 店舗別売上日報

売上一覧の要点だけを把握できるように集計しましょう。

ファイル「問題19」を開きましょう。「問題19」はあるスーパーにおける店舗ごとのギフト商品の売上を記録した表です。

| | A | B | C | D | E | F | G | H |
|---|---|---|---|---|---|---|---|---|
| 1 | | ギフト商品　店舗別売上日報 | | | | | | |
| 2 | | | | | | | | |
| 3 | | 売上日 | 販売店 | 商品番号 | 商品名 | 単価(円) | 売上数(箱) | 売上金額(円) |
| 4 | | 7月1日 | 上野店 | A100 | ビール詰め合わせ | 5,000 | 45 | 225,000 |
| 5 | | 7月1日 | 上野店 | A500 | プレミアムコーヒーセット | 4,000 | 30 | 120,000 |
| 6 | | 7月1日 | 上野店 | A200 | 海洋深層水セット | 3,500 | 35 | 122,500 |
| 7 | | 7月1日 | 上野店 | A300 | 名湯入浴剤詰め合わせ | 3,000 | 30 | 90,000 |
| 8 | | 7月1日 | 上野店 | A400 | 銘柄豚特選ハムセット | 4,500 | 35 | 157,500 |
| 9 | | 7月1日 | 品川店 | A100 | ビール詰め合わせ | 5,000 | 10 | 50,000 |
| 10 | | 7月1日 | 品川店 | A600 | 厳選日本酒セット | 3,000 | 22 | 66,000 |
| 11 | | 7月1日 | 日本橋店 | A100 | ビール詰め合わせ | 5,000 | 13 | 65,000 |
| 12 | | 7月1日 | 日本橋店 | A500 | プレミアムコーヒーセット | 4,000 | 35 | 140,000 |
| 13 | | 7月1日 | 日本橋店 | A200 | 海洋深層水セット | 3,500 | 45 | 157,500 |
| 14 | | 7月1日 | 代々木店 | A200 | 海洋深層水セット | 3,500 | 24 | 84,000 |
| 15 | | 7月1日 | 代々木店 | A400 | 銘柄豚特選ハムセット | 4,500 | 18 | 81,000 |
| 16 | | 7月2日 | 上野店 | A200 | 海洋深層水セット | 3,500 | 25 | 87,500 |
| 17 | | 7月2日 | 上野店 | A300 | 名湯入浴剤詰め合わせ | 3,000 | 32 | 96,000 |
| 18 | | 7月2日 | 日本橋店 | A100 | ビール詰め合わせ | 5,000 | 25 | 125,000 |
| 19 | | 7月2日 | 日本橋店 | A500 | プレミアムコーヒーセット | 4,000 | 45 | 180,000 |
| 20 | | 7月2日 | 日本橋店 | A400 | 銘柄豚特選ハムセット | 4,500 | 13 | 58,500 |
| 21 | | 7月3日 | 上野店 | A500 | プレミアムコーヒーセット | 4,000 | 27 | 108,000 |
| 22 | | 7月3日 | 日本橋店 | A300 | 名湯入浴剤詰め合わせ | 3,000 | 25 | 75,000 |
| 23 | | 7月3日 | 日本橋店 | A400 | 銘柄豚特選ハムセット | 4,500 | 22 | 99,000 |
| 24 | | 7月3日 | 代々木店 | A500 | プレミアムコーヒーセット | 4,000 | 25 | 100,000 |
| 25 | | 7月7日 | 上野店 | A200 | 海洋深層水セット | 3,500 | 13 | 45,500 |
| 26 | | 7月7日 | 上野店 | A400 | 銘柄豚特選ハムセット | 4,500 | 45 | 202,500 |
| 27 | | 7月7日 | 上野店 | A400 | 銘柄豚特選ハムセット | 4,500 | 35 | 157,500 |
| 28 | | 7月7日 | 品川店 | A200 | 海洋深層水セット | 3,500 | 23 | 80,500 |
| 29 | | 7月7日 | 日本橋店 | A100 | ビール詰め合わせ | 5,000 | 45 | 225,000 |
| 30 | | 7月7日 | 日本橋店 | A200 | 海洋深層水セット | 3,500 | 55 | 192,500 |

・この表から、店舗ごとの商品名別の売上数と売上金額を集計しましょう。
　まず店舗ごとの売上数と売上金額を集計し、その集計結果に商品名ごとの売上数と売上金額の集計を追加します。
・集計結果として、店舗ごとの商品名別の集計行だけを表示しましょう。

「問題19-2E」という名前で保存しましょう。

## 応用問題 20 店舗別商品別売上集計（シートの統合）

データの並びや位置が異なる表を集計しましょう。

ファイル「問題20」を開きましょう。「問題20」は、7月、8月、9月の各ワークシートに分かれた形式の異なる売上表です。

■[7月] シート■

| | A | B | C | D | E | F | G | H |
|---|---|---|---|---|---|---|---|---|
| 1 | | | | | | | | |
| 2 | | | 季節の贈答用フルーツ売上（7月） | | | | | |
| 3 | | | | | | | | 単位：円 |
| 4 | | | | 浦和店 | 池袋店 | 新宿店 | 渋谷店 | 合計 |
| 5 | | | デコポン | 98,000 | 102,000 | 128,000 | 75,000 | 403,000 |
| 6 | | | 国産マンゴー | 115,000 | 95,400 | 86,000 | 54,900 | 351,300 |
| 7 | | | 小玉スイカ | 0 | 29,000 | 79,000 | 66,200 | 174,200 |
| 8 | | | 完熟梅 | 76,000 | 68,900 | 75,900 | 45,200 | 266,000 |
| 9 | | | 合計 | 289,000 | 295,300 | 368,900 | 241,300 | 1,194,500 |

■[8月] シート■

| | A | B | C | D | E | F |
|---|---|---|---|---|---|---|
| 1 | | | | | | |
| 2 | | | | | | |
| 3 | | | 季節の贈答用フルーツ売上（8月） | | | |
| 4 | | | | | | 単位：円 |
| 5 | | | 渋谷店 | 池袋店 | 新宿店 | 合計 |
| 6 | | 国産マンゴー | 128,000 | 98,800 | 137,600 | 364,400 |
| 7 | | 小玉スイカ | 97,500 | 110,500 | 89,800 | 297,800 |
| 8 | | 幸水梨 | 54,000 | 45,000 | 42,500 | 141,500 |
| 9 | | 二十世紀梨 | 32,000 | 29,500 | 22,800 | 84,300 |
| 10 | | 合計 | 311,500 | 283,800 | 292,700 | 888,000 |

■[9月] シート■

| | A | B | C | D | E | F | G |
|---|---|---|---|---|---|---|---|
| 1 | | | 季節の贈答用フルーツ売上　9月 | | | | |
| 2 | | | | | | | 単位：円 |
| 3 | | | 浦和店 | 池袋店 | 新宿店 | 渋谷店 | 合計 |
| 4 | | ぶどう | 115,000 | 128,700 | 98,900 | 102,000 | 444,600 |
| 5 | | メロン | 87,000 | 95,000 | 78,900 | 82,000 | 342,900 |
| 6 | | 柿 | 64,000 | 59,800 | 32,800 | 43,000 | 199,600 |
| 7 | | 幸水梨 | 51,000 | 42,500 | 41,000 | 29,000 | 163,500 |
| 8 | | 二十世紀梨 | 87,000 | 59,800 | 78,900 | 19,000 | 244,700 |
| 9 | | 洋梨 | 32,500 | 29,800 | 19,700 | 22,000 | 104,000 |
| 10 | | 合計 | 436,500 | 415,600 | 350,200 | 297,000 | 1,499,300 |

・これを1つにまとめて、新たなシート[7-9月集計]にデータの合計を計算しましょう。
・集計したワークシート[7-9月集計]に、一括して任意の書式を設定しましょう。
　●テーブルスタイルを使うと、表に罫線やその他の書式のデザインを一括して適用できます。

「問題20-2E」という名前で保存しましょう。

## 応用問題 21  贈答品売上集計（3次元クロス集計）

贈答品売上一覧（上半期）から3次元のクロス集計表を作成しましょう。

ファイル「問題21」を開きましょう。「問題21」はある百貨店の上半期の贈答品売上を集計した表です。

| | A | B | C | D | E | F | G | H |
|---|---|---|---|---|---|---|---|---|
| 1 | | | | | | | | |
| 2 | 贈答品売上一覧（上半期） | | | | | | | |
| 3 | | | | | | | | |
| 4 | 日付 | 担当 | 商品区分 | 商品名 | 販売区分 | 数量 | 単価 | 売上合計 |
| 5 | 1月10日 | 片岡 | キッチン用品 | キッチンマット | 通信販売 | 5 | 1,890 | 9,450 |
| 6 | 1月12日 | 宮下 | インテリア雑貨 | 電波時計 | 通信販売 | 5 | 5,000 | 25,000 |
| 7 | 1月23日 | 河本 | インテリア雑貨 | フォトフレーム | 通信販売 | 3 | 2,800 | 8,400 |
| 8 | 1月23日 | 上原 | キッチン用品 | 卓上クッキングヒーター | 店頭販売 | 12 | 23,000 | 276,000 |
| 9 | 1月24日 | 宮下 | インテリア雑貨 | フォトフレーム | 通信販売 | 4 | 2,800 | 11,200 |
| 10 | 1月24日 | 片岡 | インテリア雑貨 | フォトフレーム | 通信販売 | 5 | 2,800 | 14,000 |
| 11 | 1月29日 | 河本 | 生活雑貨 | ボディソープセット | オンラインショッピン | 6 | 3,000 | 18,000 |
| 12 | 1月30日 | 河本 | 特選和洋食器 | ペアワイングラス | 店頭販売 | 70 | 5,000 | 350,000 |
| 13 | 2月5日 | 上原 | インテリア雑貨 | ボヘミア一輪差し | 通信販売 | 4 | 10,200 | 40,800 |
| 14 | 2月5日 | 宮下 | 生活雑貨 | フェイスタオル | オンラインショッピン | 7 | 2,400 | 16,800 |
| 15 | 2月10日 | 片岡 | 特選和洋食器 | ペアワイングラス | 店頭販売 | 70 | 5,000 | 350,000 |
| 16 | 2月15日 | 上原 | 生活雑貨 | ハーブ化粧石けんセット | オンラインショッピン | 5 | 2,000 | 10,000 |
| 17 | 2月18日 | 宮下 | インテリア雑貨 | 電波時計 | 店頭販売 | 9 | 5,000 | 45,000 |
| 18 | 2月19日 | 片岡 | キッチン用品 | 卓上クッキングヒーター | 店頭販売 | 12 | 23,000 | 276,000 |
| 19 | 2月22日 | 河本 | キッチン用品 | 両手鍋 | 通信販売 | 45 | 2,800 | 126,000 |
| 20 | 2月22日 | 上原 | 生活雑貨 | フェイスタオル | オンラインショッピン | 20 | 2,400 | 48,000 |
| 21 | 2月22日 | 片岡 | 特選和洋食器 | 銀スプーン＆トレーセット | 通信販売 | 15 | 18,000 | 270,000 |
| 22 | 2月25日 | 上原 | 特選和洋食器 | お名前入り小皿 | 通信販売 | 10 | 5,000 | 50,000 |
| 23 | 3月3日 | 宮下 | キッチン用品 | 両手鍋 | 通信販売 | 5 | 2,800 | 14,000 |
| 24 | 3月5日 | 河本 | インテリア雑貨 | 電波時計 | 店頭販売 | 3 | 5,000 | 15,000 |
| 25 | 3月6日 | 上原 | 特選和洋食器 | お名前入り小皿 | 店頭販売 | 50 | 5,000 | 250,000 |

・月ごとに、各商品区分の売上高を販売区分別に集計しましょう。集計の方法として、総計に対する売上の比率を表示しましょう。
・スライサーを挿入して、ピボットテーブルで集計しているデータを商品名で絞り込み、商品区分別の集計を表示しましょう。
・担当者別のピボットテーブルをワークシートごとに表示しましょう。
・タイムラインを挿入して、指定した月（たとえば3月〜6月）のデータを絞り込めるようにしましょう。

「問題21-2E」という名前で保存しましょう。

# 第3章

# グラフ作成

問題22 [基礎] 事業別売上高推移（棒グラフ）
問題23 [基礎] 商品別問合せ件数推移（折れ線グラフ）
問題24 [基礎] 社員構成比率（円グラフ）
問題25 [応用] 月別分野別売上集計（積み上げ横棒グラフ）
問題26 [応用] 上半期売上実績
問題27 [応用] 第2四半期売上集計（グラフ上での絞り込み）
問題28 [応用] 買上率（複合グラフ）
問題29 [応用] 海外売上比率推移（複合グラフ）
問題30 [応用] 予算実績比較と将来予測
問題31 [応用] TOEICスコア分布（ヒストグラム）
問題32 [応用] 不良品発生原因（パレート図）

# 第3章 グラフ作成

数値データの傾向をビジュアル化して、わかりやすく伝えるのがグラフです。細かい数値を読ませるときは表形式のほうが向いていますが、全体の傾向をアピールするならグラフが適しています。Excelでは、縦棒/横棒グラフ、折れ線/面グラフ、円/ドーナツグラフ、階層構造グラフ、統計グラフ、散布図/バブルチャート、ウォーターフォール、株価チャート、複合グラフ、等高線グラフ、レーダーチャートなどが用意されています。

## Point 1 目的に合ったグラフを選ぶ

グラフは、何を見せたいのか、目的によって選びます。例えば、数量を比較して見せたいなら棒グラフ、数量の推移を見せたいなら折れ線グラフ、比率を見せたいなら円グラフです。グラフにしたいセルを選択して［挿入］タブの［おすすめグラフ］をクリックすると、適したグラフの候補を出してくれるので便利です。

問題 22～32

## Point 2 複合グラフで複数の事象の関連を考える

複数の事象を一緒に説明したいときは、複合グラフが便利です。例えば、年度別に世界の地域別売上高を積み上げ棒グラフにして、全体の売上高が増加傾向にあるのを説明するとともに、海外売上比率が伸びていることをアピールしたいなら、海外売上比率の折れ線グラフを加えます。「売上高が増加傾向なのは海外売上が伸びているから」というメッセージを強調できます。

問題 28　問題 29

## Point 3 ピボットグラフで集計シミュレーション

ピボットテーブルをもとにグラフを作成するピボットグラフ機能を使うと、ピボットテーブルと連動しているので、集計方法をあれこれ変更しながら集計シミュレーションができます。例えば、特定の支店だけ見るとどうか、特定の商品だけ見るとどうかなど、条件を変えて分析できます。

問題 27

## Point 4 条件付き書式で表にグラフを組み入れる

グラフを作成しなくても、条件付き書式のデータバー機能で、数量や推移をセルの中に表示して傾向をアピールできます。細かい数字を読ませるほうが重要で、傾向のアピールは補助的な場合は、この方法を使うとよいでしょう。グラフでもデータラベルによって数値を見せることができますが、細かい数字を読ませるには表形式のほうが適しています。

| 7月売上数 | 8月売上数 | 9月売上数 | 推移 | 売上数合計 | 売上金額（円） |
|---|---|---|---|---|---|
| 820 | 770 | 815 |  | 4,721 | 7,848,663 |
| 460 | 465 | 472 |  | 2,720 | 5,673,920 |
| 650 | 659 | 650 |  | 3,952 | 4,357,080 |
| 469 | 486 | 490 |  | 2,713 | 4,291,966 |
| 250 | 255 | 260 |  | 1,519 | 2,210,601 |
| 468 | 512 | 468 |  | 2,937 | 1,942,826 |
| 289 | 315 | 355 |  | 1,918 | 1,899,779 |
| 175 | 185 | 175 |  | 1,054 | 1,803,921 |
| 428 | 457 | 428 |  | 2,673 | 1,650,310 |
| 920 | 925 | 926 |  | 5,516 | 7,784,179 |
| 505 | 510 | 522 |  | 2,902 | 4,387,824 |
| 552 | 531 | 552 |  | 3,219 | 3,853,143 |
| 760 | 785 | 785 |  | 4,694 | 1,738,188 |
| 110 | 125 | 130 |  | 737 | 1,328,443 |
| 805 | 845 | 850 |  | 4,922 | 1,068,074 |
| 85 | 88 | 90 |  | 479 | 741,013 |

問題 26

## 基礎問題22 事業別売上高推移（棒グラフ）

過去10年間の事業別売上データを基に、売上高推移を積み上げ棒グラフで作成しましょう。

ファイル「問題22」を開きましょう。

1. 事業別売上高推移を基に、次の設定でグラフを作成しましょう。
   データの範囲：セルA3～G13
   グラフの種類：積み上げ縦棒
   グラフタイトル：事業別売上高推移

2. グラフエリアのサイズをセルA15～G33に配置されるように調整しましょう。

3. グラフタイトルのフォントサイズを16ポイント、太字に設定しましょう。

4. 縦軸ラベルを追加し、「単位：万円」に書き換えて、縦軸の「250,000」の上に配置しましょう。

5. グラフの凡例を右横に配置しましょう。

6. グラフに区分線を追加しましょう。

7. 積み上げ縦棒の間隔を50％に設定しましょう。

8. グラフの色を［カラフル］の［色2］に設定しましょう。

「問題22-2E」という名前で保存しましょう。

■完成例■

| | A | B | C | D | E | F | G |
|---|---|---|---|---|---|---|---|
| 1 | 事業別売上高推移 | | | | | | |
| 2 | | | | | | | 単位:万円 |
| 3 | | ビル管理事業 | ファクトリーオートメーション事業 | エネルギー事業 | 公共交通事業 | 自動車機器事業 | ITソリューション事業 |
| 4 | 2006年度 | 64,700 | 30,800 | 10,300 | 24,500 | 14,500 | 2,300 |
| 5 | 2007年度 | 65,100 | 28,000 | 12,600 | 26,500 | 16,200 | 4,500 |
| 6 | 2008年度 | 69,800 | 30,500 | 14,700 | 24,900 | 15,200 | 6,900 |
| 7 | 2009年度 | 69,000 | 31,400 | 17,800 | 25,800 | 16,900 | 9,060 |
| 8 | 2010年度 | 70,300 | 31,100 | 20,700 | 27,100 | 15,900 | 12,200 |
| 9 | 2011年度 | 71,100 | 31,900 | 23,900 | 26,900 | 16,100 | 19,600 |
| 10 | 2012年度 | 73,800 | 32,000 | 28,100 | 27,300 | 17,300 | 24,000 |
| 11 | 2013年度 | 72,600 | 32,700 | 35,700 | 29,000 | 16,800 | 29,400 |
| 12 | 2014年度 | 73,400 | 31,800 | 39,400 | 28,300 | 17,100 | 36,000 |
| 13 | 2015年度 | 74,100 | 32,200 | 45,700 | 26,900 | 18,300 | 40,800 |

## 基礎問題 23 商品別問合せ件数推移（折れ線グラフ）

過去1年間の月度別商品別問合せ件数推移を折れ線グラフで作成しましょう。

ファイル「問題23」を開きましょう。

**1.** 商品別問合せ件数推移を基に、次の設定でグラフを作成しましょう。
   - データの範囲：セルA3～F15
   - グラフの種類：マーカー付き折れ線
   - グラフタイトル：商品別問合せ件数推移

**2.** グラフエリアのサイズをセルA17～H37に配置されるように調整しましょう。

**3.** グラフタイトルのフォントサイズを16ポイント、太字に設定しましょう。

**4.** 縦軸ラベルを追加し、「単位：件」に書き換えて、縦軸の上に配置しましょう。

**5.** グラフのデザインを変更して、各系列のマーカーが異なる種類になるように設定しましょう。

**6.** グラフの凡例を下に配置しましょう。

**7.** データラベルを表示し、折れ線と重なるデータラベルは位置を変更しましょう。

**8.** 横軸の補助目盛線を追加しましょう。

**9.** グラフの最小値はそのままとし、最大値のみ「11000」に変更しましょう。

「問題23-2E」という名前で保存しましょう。

■完成例■

## 商品別問合せ件数推移

単位:件

| | 冷蔵庫 | パソコン | テレビ | 空気清浄機 | エアコン |
|---|---|---|---|---|---|
| 1月度 | 1,409 | 7,662 | 8,251 | 1,908 | 5,309 |
| 2月度 | 1,690 | 6,907 | 9,448 | 2,012 | 5,287 |
| 3月度 | 1,492 | 6,004 | 9,829 | 3,771 | 5,110 |
| 4月度 | 1,621 | 5,893 | 9,948 | 3,892 | 4,982 |
| 5月度 | 1,389 | 5,229 | 9,550 | 3,009 | 4,885 |
| 6月度 | 1,572 | 4,843 | 9,005 | 2,987 | 5,829 |
| 7月度 | 1,209 | 4,591 | 9,119 | 2,371 | 6,003 |
| 8月度 | 1,493 | 4,039 | 9,406 | 2,006 | 5,241 |
| 9月度 | 1,525 | 4,148 | 9,175 | 1,917 | 5,704 |
| 10月度 | 1,734 | 3,957 | 9,909 | 2,087 | 5,212 |
| 11月度 | 1,491 | 3,561 | 9,976 | 2,129 | 5,089 |
| 12月度 | 1,387 | 2,604 | 9,891 | 3,401 | 4,614 |

## 基礎 問題 24　社員構成比率（円グラフ）

社員構成比率を円グラフで表示しましょう。

ファイル「問題24」を開きましょう。

**1.** 社員構成比率を基に、次の設定でグラフを作成しましょう。
データの範囲：セルA4〜B7
グラフの種類：円
グラフタイトル：社員構成比率

**2.** グラフエリアのサイズをセルA9〜D31に配置されるように調整しましょう。

**3.** グラフタイトルのフォントサイズを18ポイント、太字に設定しましょう。

**4.** データラベルを追加して、分類名とパーセント（小数点第1位まで）を表示しましょう。

**5.** グラフの色を[モノクロ]の[色9]に設定し、パイの枠線を[線なし]にしましょう。

**6.** データラベルのフォントサイズを12ポイント、太字に設定し、フォントの色を[テーマの色]の[白、背景1]に設定しましょう。ただし「アルバイト・その他」のデータラベルのみフォントの色を[自動]に設定しましょう。

**7.** 「アルバイト・その他」のテキストボックスのサイズを調整して、「アルバイト・その他」の文字列が1行で表示されるようにしましょう。さらに、完成例を参考に、表示位置が円グラフのパイの中心になるよう配置を調整しましょう。

**8.** 「期間契約社員」のテキストボックスのサイズを調整して、「期間契約社員」の文字列が1行で表示されるようにしましょう。さらに、完成例を参考に、表示位置が円グラフのパイの中心になるよう配置を調整しましょう。

**9.** 残り2つのデータラベルの表示位置を、完成例を参考に、円グラフのパイの中心になるよう調整しましょう。

**10.** 凡例のフォントサイズを10ポイントにし、完成例を参考に配置を調整しましょう。

「問題24-2E」という名前で保存しましょう。

■完成例■

| | A | B | C | D |
|---|---|---|---|---|
| 1 | 社員構成比率 | | | |
| 2 | | | | |
| 3 | | （単位：人） | | |
| 4 | 正社員 | 623 | | |
| 5 | 期間契約社員 | 327 | | |
| 6 | 派遣社員 | 118 | | |
| 7 | アルバイト・その他 | 47 | | |

社員構成比率

- 正社員 55.9%
- 期間契約社員 29.3%
- 派遣社員 10.6%
- アルバイト・その他 4.2%

## 応用問題 25 月別分野別売上集計（積み上げ横棒グラフ）

グラフの書式を目的に合わせて設定しましょう。

ファイル「問題25」を開きましょう。「問題25」の表から分野別の月別の売上合計と内訳がわかる積み上げ横棒グラフを作成しましょう。

| | A | B | C | D | E | F |
|---|---|---|---|---|---|---|
| 1 | 月別分野別売上集計 | | | | | |
| 2 | | | | | | 単位：円 |
| 3 | コード | 分野 | 4月 | 5月 | 6月 | 合計 |
| 4 | 1070 | 衣服雑貨 | 10,909,900 | 22,131,900 | 10,176,000 | 43,217,800 |
| 5 | 5060 | ステーショナリー | 4,611,700 | 6,104,700 | 4,979,300 | 15,695,700 |
| 6 | 6030 | インテリア | 12,002,800 | 14,937,100 | 10,598,800 | 37,538,700 |
| 7 | 7010 | ベッド・寝具 | 24,807,300 | 20,089,700 | 12,864,800 | 57,761,800 |
| 8 | 8040 | 照明 | 3,160,300 | 8,220,300 | 4,346,400 | 15,727,000 |
| 9 | 9020 | キッチン・食器 | 11,012,600 | 17,340,300 | 10,641,500 | 38,994,400 |
| 10 | | 合計 | 66,504,600 | 88,824,000 | 53,606,800 | 208,935,400 |

・4月度の分野別売上が多い順に並べ替えて、グラフでは4月度が上にくるように書式を設定しましょう。
・最後に売上傾向に対する考察を箇条書きで記入しましょう。

「問題25-2E」という名前で保存しましょう。

## 応用問題 26 上半期売上実績

並べ替えやスパークラインを使って、売上の分析をしましょう。

ファイル「問題26」を開きましょう。「問題26」は、ある紙製品メーカーで売上分析用に作成した表です。

| | A | B | C | D | E | F | G | H | I | J | K | L | M |
|---|---|---|---|---|---|---|---|---|---|---|---|---|---|
| 1 | 上半期売上実績 | | | | | | | | | | | | |
| 2 | | | | | | | | | | | | | |
| 3 | コード | 製品名 | 価格（円） | 卸売価格（円） | 4月売上数 | 5月売上数 | 6月売上数 | 7月売上数 | 8月売上数 | 9月売上数 | 推移 | 売上数合計 | 売上金額（円） |
| 4 | 5010 | MTラベル（白黒シリーズ） | 310 | 217 | 824 | 785 | 813 | 805 | 845 | 850 | | | |
| 5 | 5010 | MTラベル（3色シリーズ） | 529 | 370.3 | 824 | 785 | 755 | 760 | 785 | 785 | | | |
| 6 | 1010 | OAタックシール（耐水・耐温度タイプ） | 882 | 617.4 | 428 | 475 | 457 | 428 | 457 | 428 | | | |
| 7 | 1010 | OAタックシール（再生紙タイプ） | 945 | 661.5 | 509 | 512 | 468 | 468 | 512 | 468 | | | |
| 8 | 3020 | 光沢タイプカード（モノクロプリンタ用） | 945 | 661.5 | 148 | 203 | 220 | 209 | 195 | 185 | | | |
| 9 | 5010 | 感熱ラベル（マットタイプ） | 1386 | 970.2 | 125 | 138 | 128 | 118 | 108 | 119 | | | |
| 10 | 1010 | OAタックシール（モノクロプリンタ用） | 1415 | 990.5 | 289 | 315 | 355 | 289 | 315 | 355 | | | |
| 11 | 1010 | 個人情報保護シール | 1575 | 1102.5 | 684 | 659 | 650 | 650 | 659 | 650 | | | |
| 12 | 5010 | MTラベル（7色シリーズ） | 1710 | 1197 | 501 | 552 | 531 | 552 | 531 | 552 | | | |
| 13 | 3020 | 光沢タイプカード（カラーインクジェットプリンタ用） | 1945 | 1361.5 | 201 | 229 | 198 | 220 | 229 | 198 | | | |
| 14 | 5010 | 感熱ラベル（マルチタイプ） | 2016 | 1411.2 | 890 | 924 | 931 | 920 | 925 | 926 | | | |
| 15 | 1010 | OAタックシール（カラーインクジェットプリンタ用） | 2079 | 1455.3 | 254 | 255 | 245 | 250 | 255 | 260 | | | |
| 16 | 5010 | 感熱ラベル（デラックス） | 2160 | 1512 | 414 | 461 | 490 | 505 | 510 | 522 | | | |
| 17 | 3020 | 和紙カード | 2205 | 1543.5 | 72 | 79 | 85 | 85 | 83 | 77 | | | |
| 18 | 5010 | MTラベル（16色シリーズ） | 2210 | 1547 | 56 | 79 | 81 | 85 | 88 | 90 | | | |
| 19 | 1010 | 医療機関向けタックシール（一般用） | 2260 | 1582 | 381 | 435 | 452 | 469 | 486 | 490 | | | |
| 20 | 3020 | 光沢タイプカード（カラーレーザープリンタ用） | 2345 | 1641.5 | 150 | 143 | 155 | 150 | 151 | 150 | | | |
| 21 | 1010 | 個人情報保護シール（目隠しタイプ） | 2375 | 1662.5 | 701 | 800 | 815 | 820 | 770 | 815 | | | |
| 22 | 1010 | OAタックシール（カラーレーザープリンタ用） | 2445 | 1711.5 | 159 | 185 | 175 | 175 | 185 | 175 | | | |
| 23 | 3020 | 光沢タイプカード（半透明粘着シール付きタイプ） | 2520 | 1764 | 584 | 594 | 565 | 550 | 594 | 565 | | | |
| 24 | 5010 | 感熱用ラベル（スーパーファインタイプ） | 2575 | 1802.5 | 132 | 115 | 125 | 110 | 125 | 130 | | | |
| 25 | 1010 | 医療機関向けタックシール（オーダーメイド用） | 2980 | 2086 | 422 | 442 | 459 | 460 | 465 | 472 | | | |
| 26 | 3020 | 和紙カード（手書き風） | 2985 | 2089.5 | 47 | 71 | 72 | 73 | 76 | 80 | | | |
| 27 | 3020 | 和紙カード（オーダーメイド用） | 3289 | 2302.3 | 579 | 542 | 498 | 470 | 475 | 480 | | | |

・商品ごとの売上数合計と売上金額（円）を算出し、数値の書式を整えましょう。

・売上数合計と売上金額（円）に、数値の大きさがひと目でわかるように、相対的にセルの値を比較する色を設定しましょう。
　●データバーの機能を使うと、数値の大きさがそのまま棒の長さに置き換えられるため棒グラフにするのと同じ感覚で設定できます。

・表は価格の安い順に並べられています。「シール」、「ラベル」、「カード」などの製品の種類ごとに分類し、コードを1000番台、5000番台、3000番台のような特定（昇順、降順ではないオリジナル）の順にし、かつ売上金額の多い順に並べ替えましょう。
　●左端のコードは、製品の種類ごとに同じものが付けられています。アイコンセットを使うと、数値が属するランクを3～5つのグループに分類し、アイコンセットの色で並べ替えができます。

・各月の売上数の推移がひと目でわかるように、ワークシートのセル内でデータを視覚的に表現する小さな折れ線グラフを挿入しましょう。
　●スパークラインを使うと、セル内に隣接データに基づく傾向をわかりやすく示すことができます。データの横にスパークラインを挿入すると、数値の前後関係を際立たせることができます。

「問題26-2E」という名前で保存しましょう。

---

「商品番号」、「会員番号」、「製品番号」など、コードが付いているリストは、Excel上でほかにもさまざまな加工が可能です。たとえば、右の例のようにコード番号の中に商品の色や製造年などが含まれている場合は、それを条件とした検索や、他のセルに抽出して並べ替えや条件分岐をすることができます。

## 応用問題 27 — 第2四半期売上集計（グラフ上での絞り込み）

第2四半期の表からからクロス集計表とグラフを作成しましょう。

ファイル「問題27」を開きましょう。「問題27」はある精密機械メーカーの第2四半期売上を入力した表です。

| | A | B | C | D | E | F | G | H | I | J |
|---|---|---|---|---|---|---|---|---|---|---|
| 1 | 第2四半期 | | | | | | | | | |
| 2 | | | | | | | | | | |
| 3 | NO | 売上年月日 | 販売店コード | 販売店 | 担当者コード | 担当者 | 製品コード | 販売単価 | 数量 | 売上額 |
| 4 | 2868 | 2015/7/1 | 1002 | 渋谷 | 502 | 菊池太一 | D904i | ¥12,300 | 8 | ¥98,400 |
| 5 | 2870 | 2015/7/1 | 1002 | 渋谷 | 502 | 菊池太一 | D904i | ¥12,300 | 10 | ¥123,000 |
| 6 | 2873 | 2015/7/1 | 1002 | 渋谷 | 503 | 風間真也 | D904i | ¥12,300 | 6 | ¥73,800 |
| 7 | 2875 | 2015/7/1 | 1002 | 渋谷 | 503 | 風間真也 | D904i | ¥12,300 | 2 | ¥24,600 |
| 8 | 2878 | 2015/7/1 | 1003 | 新宿 | 504 | 水野信二 | D904i | ¥12,300 | 13 | ¥159,900 |
| 9 | 2880 | 2015/7/1 | 1003 | 新宿 | 504 | 水野信二 | D904i | ¥12,300 | 3 | ¥36,900 |
| 10 | 2883 | 2015/7/1 | 1003 | 新宿 | 506 | 本宮勇樹 | D904i | ¥12,300 | 15 | ¥184,500 |
| 11 | 2885 | 2015/7/1 | 1003 | 新宿 | 506 | 本宮勇樹 | D904i | ¥12,300 | 3 | ¥36,900 |
| 12 | 2888 | 2015/7/1 | 1001 | 秋葉原 | 508 | 冨山洋子 | D904i | ¥12,300 | 15 | ¥184,500 |
| 13 | 2890 | 2015/7/1 | 1001 | 秋葉原 | 508 | 冨山洋子 | D904i | ¥12,300 | 9 | ¥110,700 |
| 14 | 2893 | 2015/7/1 | 1001 | 秋葉原 | 509 | 大田啓介 | D904i | ¥12,300 | 4 | ¥49,200 |
| 15 | 2895 | 2015/7/1 | 1001 | 秋葉原 | 509 | 大田啓介 | D904i | ¥12,300 | 10 | ¥123,000 |
| 16 | 2898 | 2015/7/1 | 1001 | 渋谷 | 501 | 杉崎正巳 | D904i | ¥12,300 | 15 | ¥184,500 |
| 17 | 2900 | 2015/7/1 | 1001 | 渋谷 | 501 | 杉崎正巳 | D904i | ¥12,300 | 5 | ¥61,500 |
| 18 | 2903 | 2015/7/2 | 1002 | 渋谷 | 502 | 菊池太一 | D904i | ¥12,300 | 23 | ¥282,900 |
| 19 | 2905 | 2015/7/2 | 1002 | 渋谷 | 502 | 菊池太一 | D904i | ¥12,300 | 8 | ¥98,400 |
| 20 | 2908 | 2015/7/2 | 1002 | 渋谷 | 503 | 風間真也 | D904i | ¥12,300 | 15 | ¥184,500 |
| 21 | 2910 | 2015/7/2 | 1002 | 渋谷 | 503 | 風間真也 | D904i | ¥12,300 | 6 | ¥73,800 |
| 22 | 2913 | 2015/7/2 | 1002 | 新宿 | 504 | 水野信二 | D904i | ¥12,300 | 16 | ¥196,800 |
| 23 | 2915 | 2015/7/2 | 1002 | 新宿 | 504 | 水野信二 | D904i | ¥12,300 | 3 | ¥36,900 |
| 24 | 2918 | 2015/7/2 | 1003 | 新宿 | 505 | 本田一郎 | D904i | ¥12,300 | 7 | ¥86,100 |
| 25 | 2920 | 2015/7/2 | 1003 | 新宿 | 505 | 本田一郎 | D904i | ¥12,300 | 3 | ¥36,900 |
| 26 | 2923 | 2015/7/2 | 1003 | 秋葉原 | 507 | 竹瀬奈津美 | D904i | ¥12,300 | 15 | ¥184,500 |
| 27 | 2925 | 2015/7/2 | 1003 | 秋葉原 | 507 | 竹瀬奈津美 | D904i | ¥12,300 | 10 | ¥123,000 |
| 28 | 2928 | 2015/7/2 | 1003 | 秋葉原 | 508 | 冨山洋子 | D904i | ¥12,300 | 15 | ¥184,500 |
| 29 | 2930 | 2015/7/2 | 1003 | 秋葉原 | 508 | 冨山洋子 | D904i | ¥12,300 | 9 | ¥110,700 |
| 30 | 2933 | 2015/7/3 | 1001 | 渋谷 | 501 | 杉崎正巳 | D904i | ¥12,300 | 13 | ¥159,900 |

- 各販売店の売上額を月別、製品コード別に集計し、「第2四半期売上」というタイトルでグラフを作成しましょう。
- 作成したグラフ上で直接、販売店、売上年月日、製品コードにそれぞれフィルター（絞り込み）をかけることができるようにします。
- 全製品の集計のほかに、集計対象を変更できるようにし、特定の製品の売上だけを表示することもできるようにしましょう。

「問題27-2E」という名前で保存しましょう。

## 応用問題 28 買上率（複合グラフ）

来店客数と買上数の関連を分析する表とグラフを作成しましょう。

ファイル「問題28」を開きましょう。「問題28」は、ある書店の月別の来店客数、買上客数、売上高を示す表です。

|  | A | B | C | D |
|---|---|---|---|---|
| 1 | 買上分析 | | | |
| 2 | | | | |
| 3 | 月 | 来店客数 | 買上客数 | 売上高 |
| 4 | 1月 | 7,203 | 2,565 | 2,436,750 |
| 5 | 2月 | 6,315 | 1,392 | 1,240,980 |
| 6 | 3月 | 7,444 | 2,355 | 2,807,340 |
| 7 | 4月 | 8,621 | 3,135 | 3,184,526 |
| 8 | 5月 | 8,230 | 2,725 | 2,587,268 |
| 9 | 6月 | 7,658 | 2,335 | 2,789,690 |
| 10 | 7月 | 7,989 | 2,600 | 2,306,940 |
| 11 | 8月 | 6,610 | 1,420 | 1,429,800 |
| 12 | 9月 | 7,010 | 2,215 | 1,759,596 |
| 13 | 10月 | 6,999 | 2,265 | 2,042,735 |
| 14 | 11月 | 7,730 | 2,470 | 2,203,206 |
| 15 | 12月 | 8,010 | 2,505 | 2,193,575 |

・買上点数を入力し、次のデータを算出しましょう。

■買上点数
1月：1.5　　2月：1.5　　3月：1.4　　4月：1.6　　5月：1.3　　6月：1.7
7月：1.5　　8月：1.4　　9月：1.6　　10月：1.7　　11月：1.6　　12月：1.4

■算出するデータ
買上単価（小数点第1位で四捨五入の処理）
客単価（小数点第1位で四捨五入の処理）
買上率（パーセントスタイルで小数点第1位までを表示）
来店客数、買上客数、売上高の合計
買上点数、買上単価、客単価、買上率の平均

・売上高と買上率を比較するグラフを作成しましょう。
・表とグラフに任意の書式を設定しましょう。

「問題28-2E」という名前で保存しましょう。

---

買上率は来店した顧客のうち、実際に商品を購入した顧客の比率です。こうした表で分析を行い、客単価と買上率を向上させることが重要です。各用語の意味は次のとおりです。
　来店客数：来店した顧客の総数
　買上客数：来店した顧客のうち、実際に商品を購入した顧客の総数
　買上点数：商品を購入した顧客1人あたりの購入点数
　買上単価：購入した商品1点あたりの販売単価
　客単価：商品を購入した顧客1人あたりの購入総額

## 応用問題 29 海外売上比率推移（複合グラフ）

海外売上高合計と、海外売上比率を計算して複合グラフを作成しましょう。

ファイル「問題29」を開きましょう。「問題29」は、過去10年間の日本・アジア・ヨーロッパでの売上高を一覧にした表です。

| | A | B | C | D |
|---|---|---|---|---|
| 1 | 海外売上比率推移 | | | |
| 2 | | | | |
| 3 | | 日本（万円） | アジア（万円） | ヨーロッパ（万円） |
| 4 | 2006年度 | 39900 | 2600 | 2500 |
| 5 | 2007年度 | 42400 | 3970 | 4650 |
| 6 | 2008年度 | 48900 | 5200 | 7680 |
| 7 | 2009年度 | 46100 | 7310 | 9720 |
| 8 | 2010年度 | 45900 | 8440 | 12810 |
| 9 | 2011年度 | 47200 | 8890 | 15790 |
| 10 | 2012年度 | 46800 | 9370 | 18860 |
| 11 | 2013年度 | 48000 | 10410 | 21930 |
| 12 | 2014年度 | 48300 | 12290 | 25990 |
| 13 | 2015年度 | 49600 | 25530 | 27150 |

・列を追加し、海外売上高合計と、海外売上比率を計算しましょう。
・海外売上高合計と海外売上比率が若干目立つように、表の見栄えを修正しましょう。
・完成した表を使って、棒グラフと折れ線グラフの複合グラフを作成しましょう。グラフの作成時には、以下の点に留意しましょう。
　■日本、アジア、ヨーロッパの売上高を積み上げ棒グラフに
　■第2軸を追加し、海外売上比率を折れ線グラフに
　■日本と海外の売上高の差、海外売上比率がわかりやすいような配色にする

「問題29-2E」という名前で保存しましょう。

## 応用問題 30: 予算実績比較と将来予測

予算と実績の比較材料となる数値を算出し、グラフを作成しましょう。

ファイル「問題30」を開きましょう。「問題30」は、過去9年間の月別売上高と2016年の予算を示す表です。

| | A | B | C | D | E | F | G | H | I | J | K | L | M | N |
|---|---|---|---|---|---|---|---|---|---|---|---|---|---|---|
| 1 | 年度別月別売上高 | | | | | | | | | | | | | |
| 2 | | | | | | | | | | | | | | 単位:千円 |
| 3 | | 年間計 | 1月 | 2月 | 3月 | 4月 | 5月 | 6月 | 7月 | 8月 | 9月 | 10月 | 11月 | 12月 |
| 4 | 2007年実績 | 29,841 | 2,705 | 1,803 | 3,296 | 2,980 | 1,681 | 2,053 | 3,841 | 2,386 | 2,182 | 1,974 | 3,391 | 1,549 |
| 5 | 2008年実績 | 36,787 | 3,491 | 2,379 | 3,903 | 3,261 | 2,160 | 2,791 | 4,284 | 2,891 | 2,803 | 2,525 | 4,038 | 2,261 |
| 6 | 2009年実績 | 37,218 | 3,329 | 2,414 | 3,889 | 3,343 | 2,381 | 2,487 | 4,508 | 3,051 | 3,039 | 2,395 | 4,273 | 2,109 |
| 7 | 2010年実績 | 44,050 | 3,922 | 3,002 | 4,291 | 4,046 | 2,812 | 3,109 | 5,109 | 3,208 | 3,771 | 2,918 | 4,998 | 2,864 |
| 8 | 2011年実績 | 45,323 | 4,293 | 2,994 | 4,462 | 3,909 | 2,992 | 2,903 | 5,324 | 3,609 | 4,201 | 3,109 | 4,534 | 2,993 |
| 9 | 2012年実績 | 57,323 | 5,293 | 3,994 | 5,462 | 4,909 | 3,992 | 3,903 | 6,324 | 4,609 | 5,201 | 4,109 | 5,534 | 3,993 |
| 10 | 2013年実績 | 52,004 | 4,927 | 3,597 | 5,008 | 4,641 | 3,609 | 3,361 | 5,675 | 4,192 | 4,992 | 3,881 | 5,265 | 2,856 |
| 11 | 2014年実績 | 58,526 | 6,023 | 3,810 | 5,728 | 4,700 | 3,492 | 4,594 | 6,298 | 4,926 | 4,064 | 4,293 | 6,442 | 4,156 |
| 12 | 2015年実績 | 59,233 | 6,143 | 3,695 | 6,415 | 3,854 | 3,212 | 4,915 | 6,864 | 5,024 | 3,535 | 4,121 | 6,635 | 4,820 |
| 13 | 2016年予算 | 62,195 | 6,211 | 4,096 | 6,232 | 4,906 | 3,818 | 4,720 | 6,827 | 5,170 | 4,622 | 4,517 | 6,723 | 4,353 |

・次の2016年の売上実績を入力し、予算との差異と予算達成率を算出しましょう。

■2016年の売上実績

1月:6139  7月:7106
2月:3512  8月:5482
3月:5994  9月:3228
4月:4154  10月:4035
5月:2866  11月:6492
6月:5416  12月:5479

・予測シートを使い、2007年から2016年の実績を基に将来の売上高を予測するグラフを作成しましょう。
・グラフフィルターを使って、一定の期間(例えば2013年~2020年)のデータのグラフが表示されるようにしましょう。

「問題30-2E」という名前で保存しましょう。

予測シートは、Excel 2016で追加された新機能です。「指数平滑法」という時系列分析手法によって、時系列データから将来のデータを予測します。

## 応用問題 31 TOEIC スコア分布（ヒストグラム）

ヒストグラムを作成して得点分布の傾向を分析しましょう。

ファイル「問題31」を開きましょう。「問題31」は、ある社の社員のTOEICの成績一覧を示しています。

| | A | B | C | D | E |
|---|---|---|---|---|---|
| 1 | 社員のTOEICスコア一覧 | | | | |
| 2 | | | | | |
| 3 | 社員番号 | 氏名 | 所属 | TOIECスコア | 受験日 |
| 4 | 1901229 | 小沢仁志 | 営業3課 | 620 | 7月24日 |
| 5 | 1907201 | 上田優馬 | 開発部 | 570 | 1月31日 |
| 6 | 1928307 | 岡由紀子 | 営業1課 | 650 | 11月20日 |
| 7 | 1929931 | 木下幸太郎 | 営業1課 | 925 | 5月29日 |
| 8 | 1943095 | 桑田和孝 | 営業1課 | 675 | 7月24日 |
| 9 | 1950421 | 島岡忠彦 | 開発部 | 355 | 1月31日 |
| 10 | 1953085 | 岩本歩 | 営業2課 | 475 | 9月25日 |
| 11 | 1956708 | 澤田憲吾 | 事業部 | 420 | 6月26日 |
| 12 | 1957106 | 川村 匡 | 営業1課 | 90 | 1月31日 |
| 13 | 1957338 | 脇田恵美子 | 事業部 | 460 | 1月31日 |
| 14 | 1958033 | 笠井真一郎 | 事業部 | 795 | 4月10日 |
| 15 | 1959884 | 瀬尾真司 | 営業1課 | 480 | 12月11日 |
| 16 | 1960339 | 吉井順一郎 | 開発部 | 625 | 12月11日 |
| 17 | 1960831 | 久保秀司 | 営業2課 | 415 | 12月11日 |
| 18 | 1960882 | 野村涼子 | 事業部 | 825 | 10月23日 |
| 19 | 1960924 | 今井正孝 | 営業3課 | 775 | 4月10日 |
| 20 | 1960932 | 藤原忠 | 営業1課 | 735 | 11月20日 |
| 21 | 1961101 | 葛城 孝史 | 営業3課 | 155 | 3月13日 |
| 22 | 1961110 | 山本 雅治 | 営業2課 | 195 | 6月26日 |
| 23 | 1962004 | 市原康江 | 営業3課 | 455 | 9月25日 |
| 24 | 1962085 | 高岡浩太 | 総務部 | 535 | 7月24日 |
| 25 | 1962203 | 坂口洋介 | 営業1課 | 605 | 5月29日 |
| 26 | 1962205 | 武藤隼人 | 開発部 | 665 | 6月26日 |
| 27 | 1963097 | 高山晴人 | 営業1課 | 350 | 10月23日 |
| 28 | 1963204 | 川本康隆 | 開発部 | 460 | 10月23日 |
| 29 | 1963209 | 長谷川拓哉 | 開発部 | 425 | 12月11日 |
| 30 | 1963218 | 久米俊介 | 事業部 | 720 | 11月20日 |

・TOIECのスコアデータから、次の分類で点数分布の人数を集計しましょう。
　100点以下
　100点超200点以下
　200点超300点以下
　300点超400点以下
　400点超500点以下
　500点超600点以下
　600点超700点以下
　700点超800点以下
　800点超900点以下
　900点超
・TOIECのスコアデータを使ってヒストグラムを作成し、別シートに配置しましょう。
・教育部の担当者として、作成したヒストグラムに対する考察を箇条書きで書き添えましょう。

「問題31-2E」という名前で保存しましょう。

ヒストグラムの作成は、Excel 2016で追加された新機能です。Excel 2013では、集計した点数分布のデータを使って集合縦棒グラフを作成し、棒の間隔を0％とすればヒストグラムになります。

## 応用問題 32　不良品発生原因（パレート図）

パレート図を用いて不良品発生原因を特定しましょう。

ファイル「問題32」を開きましょう。「問題32」は、各工程で発生した不良品の発生状況を一覧にしたものです。

| | A | B | C | D |
|---|---|---|---|---|
| 1 | 不良品発生原因 | | | |
| 2 | | | | |
| 3 | 発生日 | 製造工程番号 | 不良現象 | 担当者 |
| 4 | 1月9日 | 工程2 | 接続不良 | 鈴木 |
| 5 | 1月11日 | 工程2 | 接続不良 | 鈴木 |
| 6 | 1月12日 | 工程1 | キズ | 田中 |
| 7 | 1月12日 | 工程3 | キズ | 藤本 |
| 8 | 1月13日 | 工程2 | キズ | 山田 |
| 9 | 1月18日 | 工程2 | 部品不足 | 大山 |
| 10 | 1月28日 | 工程2 | 接続不良 | 鈴木 |
| 11 | 1月28日 | 工程4 | キズ | 加藤 |
| 12 | 1月31日 | 工程2 | 接続不良 | 鈴木 |
| 13 | 2月6日 | 工程2 | 接続不良 | 鈴木 |
| 14 | 2月6日 | 工程4 | キズ | 加藤 |
| 15 | 2月8日 | 工程3 | 接続不良 | 藤本 |
| 16 | 2月14日 | 工程2 | キズ | 山田 |
| 17 | 2月14日 | 工程2 | 接続不良 | 鈴木 |
| 18 | 2月15日 | 工程2 | 部品違い | 大山 |
| 19 | 2月17日 | 工程4 | 部品違い | 加藤 |
| 20 | 2月19日 | 工程2 | 接続不良 | 鈴木 |
| 21 | 2月24日 | 工程2 | キズ | 山田 |
| 22 | 3月1日 | 工程2 | 接続不良 | 鈴木 |
| 23 | 3月3日 | 工程2 | キズ | 山田 |
| 24 | 3月4日 | 工程3 | 汚れ | 藤本 |
| 25 | 3月7日 | 工程2 | キズ | 山田 |
| 26 | 3月7日 | 工程2 | 接続不良 | 鈴木 |
| 27 | 3月15日 | 工程1 | キズ | 田中 |
| 28 | 3月16日 | 工程2 | 接続不良 | 鈴木 |
| 29 | 3月17日 | 工程5 | キズ | 坂口 |
| 30 | 3月19日 | 工程5 | 塗装不良 | 坂口 |

・不良品発生一覧を、製造工程別に集計しましょう。
・製造工程別の集計結果を使ってパレート図を作成しましょう。
・結果を基に考察を記入しましょう。
・不良品が最も多い工程を特定し、その工程で不良現象別に集計しましょう。
・不良現象別の集計結果を、多い順に並べてパレート図にしましょう。
・結果を基に考察を記入しましょう。

「問題32-2E」という名前で保存しましょう。

> パレート図の作成は、Excel 2016で追加された新機能です。データを項目別に分類して降順に並べ替えた棒グラフと、その累積構成比を示す折れ線グラフを組み合わせた複合グラフで、原因分析によく用いられます。

# 第4章

# 自動化・マクロ

問題33［基礎］受注一覧（自動入力）
問題34［基礎］発注一覧（自動入力）
問題35［基礎］会議室予約表（マクロの記録／登録）
問題36［基礎］顧客満足度調査
問題37［応用］出荷伝票（自動入力）
問題38［応用］支払予定一覧表
問題39［応用］DVD売上ベスト10自動抽出（マクロ）

# 第4章 自動化・マクロ

Excelには、さまざまな操作を効率化・標準化する機能が用意されています。表にデータを入力するとき、できるだけ手入力する手間を省いて効率的に入力したり、入力内容の表現を標準化して統一する工夫をすると、さらに使いやすくなります。手入力、手作業での設定は、人の手を介するので間違いも起きやすく、人によって文章表現が異なるなどバラツキが生じると抽出や集計がやりにくくなります。自動化のしくみを活用しましょう。

## Point 1　リストで入力を効率化・標準化する

入力する値をリストにできる場合は、手入力せずにリストから選ぶ設定にすると便利です。手間が省けると同時に、表現を統一できれば、後で抽出や集計がしやすくなります。データの入力規則機能でリストを指定すれば、右記のようなドロップダウンリストを作成できます。

**問題 38**

## Point 2　VLOOKUP関数で入力を効率化・標準化する

【発注一覧】

【商品リスト】

商品コードと商品名のように、1対1の関係にあるデータなら、一方を入力したら、他方を自動的に表示する設定ができます。例えば、商品コードを入力したら、商品名を自動表示するといった具合です。そのためには、商品リストを別に作成して、VLOOKUP関数でそれを参照し、「B4の商品コードに対応する商品名をC4に表示する」などというように設定します。

**問題 33**　**問題 34**　**問題 37**

## Point 3 繰り返し行う操作はマクロで効率化する

表に対して同じ動作を何度も行うなら、マクロを設定して効率化しましょう。特別なプログラミングの知識などがなくても、手動で行う操作の組み合わせで、簡単にマクロを設定できます。例えば、商品別売上一覧に対して必ず売上ベスト10を集計する場合、その操作手順を[マクロの記録]によって記録しておけば、売上データを書き換えた後に、ボタンひとつでベスト10を抽出できます。

**問題 39**

■世界遺産シリーズDVD上半期売上■　　　売上ベスト10　リセット

| 売上日 | 販売先 | シリーズ名 | 単価 | 数量 | 金額 |
|---|---|---|---|---|---|
| 4月1日 | アイセスブックス | 屋久島 | 3,800 | 150 | ¥570,000 |
| 4月1日 | 阪倉書店 | 万里の長城 | 3,500 | 150 | ¥525,000 |
| 4月5日 | イオン堂 | ポンペイ | 3,820 | 200 | ¥764,000 |
| 4月5日 | 風間書店 | ヨセミテ | 4,500 | 200 | ¥900,000 |
| 4月15日 | SUN書籍 | モン・サン・ミシェル | 3,800 | 100 | ¥380,000 |
| 4月15日 | 高輪ブックセンター | ヴェネツィア | 4,400 | 100 | ¥440,000 |
| 4月20日 | 阪倉書店 | ヴェネツィア | 4,400 | 150 | ¥660,000 |
| 4月20日 | 阪倉書店 | モン・サン・ミシェル | 3,800 | 150 | ¥570,000 |
| 5月1日 | アイセスブックス | 万里の長城 | 3,500 | 150 | ¥525,000 |
| 5月10日 | アイセスブックス | 万里の長城 | 3,500 | 150 | ¥525,000 |
| 5月10日 | 阪倉書店 | ポンペイ | 3,820 | 200 | ¥764,000 |
| 5月15日 | 阪倉書店 | ヨセミテ | 4,500 | 200 | ¥900,000 |
| 5月15日 | 風間書店 | トレド | 3,500 | 250 | ¥875,000 |
| 5月15日 | 高輪ブックセンター | 屋久島 | 3,800 | 250 | ¥950,000 |
| 5月20日 | 風間書店 | ヴェネツィア | 4,400 | 120 | ¥528,000 |

■世界遺産シリーズDVD上半期売上■　　　売上ベスト10　リセット

| 売上日 | 販売先 | シリーズ名 | 単価 | 数量 | 金額 |
|---|---|---|---|---|---|
| 7月1日 | オリンピア書店 | アンコール | 3,890 | 550 | ¥2,139,500 |
| 6月15日 | オリンピア書店 | 万里の長城 | 3,500 | 410 | ¥1,435,000 |
| 6月5日 | 高輪ブックセンター | 屋久島 | 3,800 | 300 | ¥1,140,000 |
| 8月1日 | SUN書籍 | モン・サン・ミシェル | 3,800 | 280 | ¥1,064,000 |
| 6月5日 | 風間書店 | トレド | 3,500 | 300 | ¥1,050,000 |
| 8月15日 | アイセスブックス | マチュ・ピチュ | 4,200 | 250 | ¥1,050,000 |
| 9月5日 | オリンピア書店 | アンコール | 3,890 | 250 | ¥972,500 |
| 8月30日 | イオン堂 | ヴェネツィア | 4,400 | 220 | ¥968,000 |
| 5月15日 | 高輪ブックセンター | 屋久島 | 3,800 | 250 | ¥950,000 |
| 6月25日 | アイセスブックス | アクロポリス | 3,800 | 250 | ¥950,000 |

## Point 4 条件付き書式で表の編集を効率化する

表の傾向が一目でわかるように、書式の設定でビジュアル化する方法があります。例えば、5点満点で4点以上なら高得点だとわかるように青文字・青背景色にして、3点未満なら赤文字・オレンジ背景色にする、といった具合です。これを手作業で設定すると大変ですが、条件付き書式機能を使えば、簡単に設定できて、データが変更になった場合も自動更新してくれるので便利です。

**問題 36**

| | A | B | C | D | E | F | G |
|---|---|---|---|---|---|---|---|
| 1 | | 顧客満足度調査 | | | | | |
| 2 | | | | | | | |
| 3 | | 平均 | 品質 | デザイン | 価格 | アフターサービス | 従業員の対応 |
| 4 | A社 | 3.4点 | 3.7点 | 3.4点 | 2.3点 | 4.4点 | 3.3点 |
| 5 | B社 | 3.6点 | 4.4点 | 4.4点 | 4.8点 | 2.2点 | 2.1点 |
| 6 | C社 | 3.4点 | 4.7点 | 3.1点 | 2.9点 | 2.5点 | 3.9点 |
| 7 | D社 | 3.9点 | 4.0点 | 4.4点 | 3.6点 | 3.0点 | 4.5点 |
| 8 | E社 | 3.7点 | 2.6点 | 3.7点 | 4.2点 | 4.4点 | 3.7点 |
| 9 | F社 | 3.2点 | 1.7点 | 3.4点 | 3.5点 | 3.1点 | 4.1点 |
| 10 | G社 | 3.6点 | 4.4点 | 3.6点 | 2.4点 | 3.2点 | 4.3点 |
| 11 | H社 | 3.9点 | 3.8点 | 3.4点 | 3.3点 | 4.6点 | 4.4点 |
| 12 | I社 | 3.8点 | 4.7点 | 2.0点 | 4.4点 | 4.2点 | 3.9点 |
| 13 | J社 | 3.9点 | 3.2点 | 3.6点 | 3.7点 | 4.4点 | 4.6点 |
| 14 | 最小値 | 3.2点 | 1.7点 | 2.0点 | 2.3点 | 2.2点 | 2.1点 |
| 15 | 最大値 | 3.9点 | 4.7点 | 4.4点 | 4.8点 | 4.6点 | 4.6点 |
| 16 | 平均点 | 3.6点 | 3.7点 | 3.5点 | 3.5点 | 3.6点 | 3.9点 |

## 基礎問題 33 受注一覧（自動入力）

コードに応じて商品名や単価が自動的に入力されるようにしましょう。

ファイル「問題33」を開きましょう。

**1.** セルH1の書式をセルA1にコピーしましょう。

**2.** セルI3の書式をセルA3～F3にコピーしましょう。

**3.** セルH4～J10の範囲に「商品価格」という名前を設定しましょう。

**4.** セルC4にVLOOKUP関数を使って「商品価格」からコードが同じものを検索し、商品名を表示しましょう。オートフィル機能でセルC22までコピーしましょう。

**5.** セルE4にVLOOKUP関数を使って「商品価格」からコードが同じものを検索し、単価を表示しましょう。オートフィル機能でセルE22までコピーしましょう。

**6.** セルF4に数式を使って受注金額（受注数×単価）を求め、オートフィル機能でセルF22までコピーしましょう。

**7.** セルE4～F22の書式を通貨スタイルにしましょう。

**8.** 完成例を参考に「受注一覧」に罫線を設定しましょう。

**9.** 列幅を次のように変更しましょう。
A列、H列：幅8.00
B～D列、I列：自動調整
E～F列、J列：幅10.00
G列：幅2.00

「問題33-2E」という名前で保存しましょう。

■完成例■

# 受注一覧

| 売上日 | コード | 商品名 | 受注数 | 単価 | 受注金額 |
|---|---|---|---|---|---|
| 9月1日 | MS1000 | USBメモリ（8GB） | 50 | ¥1,680 | ¥84,000 |
| 9月1日 | MS1002 | USBメモリ（32GB） | 60 | ¥2,880 | ¥172,800 |
| 9月2日 | MS1002 | USBメモリ（32GB） | 100 | ¥2,880 | ¥288,000 |
| 9月2日 | MWC10 | コードレスマウス | 30 | ¥9,800 | ¥294,000 |
| 9月2日 | MS1000 | USBメモリ（8GB） | 25 | ¥1,680 | ¥42,000 |
| 9月2日 | DV4001 | BD-Rドライブ（LA300） | 20 | ¥12,500 | ¥250,000 |
| 9月3日 | DV4001 | BD-Rドライブ（LA300） | 15 | ¥12,500 | ¥187,500 |
| 9月3日 | MWC40 | 光学式マウス | 15 | ¥2,890 | ¥43,350 |
| 9月3日 | MS1000 | USBメモリ（8GB） | 25 | ¥1,680 | ¥42,000 |
| 9月3日 | MS1001 | USBメモリ（16GB） | 30 | ¥2,300 | ¥69,000 |
| 9月4日 | MS1002 | USBメモリ（32GB） | 10 | ¥2,880 | ¥28,800 |
| 9月4日 | DV4001 | BD-Rドライブ（LA300） | 5 | ¥12,500 | ¥62,500 |
| 9月4日 | MWC40 | 光学式マウス | 15 | ¥2,890 | ¥43,350 |
| 9月4日 | DV1001 | BD-Rドライブ（LA100） | 5 | ¥14,800 | ¥74,000 |
| 9月5日 | MWC10 | コードレスマウス | 15 | ¥9,800 | ¥147,000 |
| 9月5日 | MS1001 | USBメモリ（16GB） | 30 | ¥2,300 | ¥69,000 |
| 9月5日 | MS1002 | USBメモリ（32GB） | 25 | ¥2,880 | ¥72,000 |
| 9月5日 | DV1001 | BD-Rドライブ（LA100） | 5 | ¥14,800 | ¥74,000 |
| 9月5日 | DV4001 | BD-Rドライブ（LA300） | 15 | ¥12,500 | ¥187,500 |

# 商品価格表

| コード | 商品名 | 単価 |
|---|---|---|
| MWC10 | コードレスマウス | ¥9,800 |
| MWC40 | 光学式マウス | ¥2,890 |
| MS1000 | USBメモリ（8GB） | ¥1,680 |
| MS1001 | USBメモリ（16GB） | ¥2,300 |
| MS1002 | USBメモリ（32GB） | ¥2,880 |
| DV1001 | BD-Rドライブ（LA100） | ¥14,800 |
| DV4001 | BD-Rドライブ（LA300） | ¥12,500 |

## 基礎問題 34 発注一覧（自動入力）

コードが入力されている場合のみ自動入力されるようにしましょう。

■入力例■

| | A | B | C | D | E | F | G | H | I | J |
|---|---|---|---|---|---|---|---|---|---|---|
| 1 | 9月度発注一覧 | | | | | | | | | |
| 2 | | | | | | | | | | |
| 3 | 発注日 | 商品コード | 商品名 | 数量 | 単価 | 金額 | | 商品コード | 商品名 | 単価 |
| 4 | 9月8日 | 121003 | | 20 | | | | 121001 | ビタミンC（錠剤210） | 3250 |
| 5 | 9月8日 | 410400 | | 24 | | | | 121002 | ビタミンB1（カプセル180） | 2420 |
| 6 | 9月9日 | 121004 | | 15 | | | | 121003 | ビタミンB6（カプセル180） | 2470 |
| 7 | 9月12日 | 121001 | | 10 | | | | 121004 | ビタミンE（カプセル101） | 3451 |
| 8 | 9月13日 | 210100 | | 15 | | | | 210100 | コエンザイムQ10（錠剤90） | 5210 |
| 9 | 9月13日 | 310200 | | 12 | | | | 310200 | コラーゲン（錠剤240） | 4980 |
| 10 | 9月19日 | 121001 | | 7 | | | | 410400 | ローヤルゼリー（錠剤120） | 5770 |
| 11 | 9月19日 | 121002 | | 15 | | | | | | |
| 12 | 9月20日 | 121003 | | 8 | | | | | | |
| 13 | | | | | | | | | | |
| 14 | | | | | | | | | | |
| 15 | 合計 | | | | | | | | | |

Excelファイルを新規作成し、入力例を参考にデータを入力しましょう。

**1.** セルA1の「9月度発注一覧」の書式を14ポイント、太字に設定しましょう。

**2.** セルA1～F1を結合して文字列を中央に配置しましょう。

**3.** 完成例を参考に罫線を設定しましょう。

**4.** セルA3～F3、A15、H3～J3を中央揃えにしましょう。

**5.** セルH4～J10の範囲に「商品リスト」という名前を設定しましょう。

**6.** セルC4にVLOOKUP関数を使って商品コードと同じデータの商品名を表示しましょう。ただしIF関数を組み合わせて、商品コードが空白の場合は空白を表示します。オートフィル機能でセルC14まで書式なしでコピーしましょう。

**7.** C列とI列の列幅を自動調整しましょう。

**8.** セルE4にVLOOKUP関数を使って商品コードと同じデータの単価を表示しましょう。ただしIF関数を組み合わせて、商品コードが空白の場合は空白を表示します。オートフィル機能でセルE14まで書式なしでコピーしましょう。

**9.** セルF4に金額（数量×単価）を表示しましょう。ただしIF関数を使って、商品コードが空白の場合は空白を表示します。オートフィル機能でセルF14まで書式なしでコピーしましょう。

**10.** セルD15にSUM関数を使って数量の合計を求めましょう。

**11.** セルF15にSUM関数を使って金額の合計を求めましょう。

**12.** 金額のデータを入力するすべてのセルの書式を通貨スタイルにしましょう。

**13.** B列、D列、H列の列幅を自動調整し、G列の列幅を3分の1程度（3.00）にしましょう。

「問題34-2E」という名前で保存しましょう。

■完成例■

| | A | B | C | D | E | F | G | H | I | J |
|---|---|---|---|---|---|---|---|---|---|---|
| 1 | | | 9月度発注一覧 | | | | | | | |
| 2 | | | | | | | | | | |
| 3 | 発注日 | 商品コード | 商品名 | 数量 | 単価 | 金額 | | 商品コード | 商品名 | 単価 |
| 4 | 9月8日 | 121003 | ビタミンB6（カプセル180） | 20 | ¥2,470 | ¥49,400 | | 121001 | ビタミンC（錠剤210） | ¥3,250 |
| 5 | 9月8日 | 410400 | ローヤルゼリー（錠剤120） | 24 | ¥5,770 | ¥138,480 | | 121002 | ビタミンB1（カプセル180） | ¥2,420 |
| 6 | 9月9日 | 121004 | ビタミンE（カプセル101） | 15 | ¥3,451 | ¥51,765 | | 121003 | ビタミンB6（カプセル180） | ¥2,470 |
| 7 | 9月12日 | 121001 | ビタミンC（錠剤210） | 10 | ¥3,250 | ¥32,500 | | 121004 | ビタミンE（カプセル101） | ¥3,451 |
| 8 | 9月13日 | 210100 | コエンザイムQ10（錠剤90） | 15 | ¥5,210 | ¥78,150 | | 210100 | コエンザイムQ10（錠剤90） | ¥5,210 |
| 9 | 9月13日 | 310200 | コラーゲン（錠剤240） | 12 | ¥4,980 | ¥59,760 | | 310200 | コラーゲン（錠剤240） | ¥4,980 |
| 10 | 9月19日 | 121001 | ビタミンC（錠剤210） | 7 | ¥3,250 | ¥22,750 | | 410400 | ローヤルゼリー（錠剤120） | ¥5,770 |
| 11 | 9月19日 | 121002 | ビタミンB1（カプセル180） | 15 | ¥2,420 | ¥36,300 | | | | |
| 12 | 9月20日 | 121003 | ビタミンB6（カプセル180） | 8 | ¥2,470 | ¥19,760 | | | | |
| 13 | | | | | | | | | | |
| 14 | | | | | | | | | | |
| 15 | 合計 | | | 126 | | ¥488,865 | | | | |

# 会議室予約表（マクロの記録／登録）

## 基礎問題 35

既存の会議室予約表に、予定を設定したり削除したりするボタンを追加しましょう。

**1.** Excelファイルを新規作成し、次のデータを入力しましょう。

■入力データ

| | | | | | |
|---|---|---|---|---|---|
| セルA1 | 会議室週間予約表 | | | | |
| セルB2 | 9/9 | セルD2 | 9/10 | セルF2 | 9/11 |
| セルH2 | 9/12 | セルJ2 | 9/13 | | |
| セルB3 | 月 | セルD3 | 火 | セルF3 | 水 |
| セルH3 | 木 | セルJ3 | 金 | | |
| セルB4 | A会議室 | セルC4 | B会議室 | | |
| セルA5 | 9:00 | セルA7 | 10:00 | セルA9 | 11:00 |
| セルA11 | 12:00 | セルA13 | 13:00 | セルA15 | 14:00 |
| セルA17 | 15:00 | セルA19 | 16:00 | セルA21 | 17:00 |
| セルA23 | 18:00 | セルA25 | 19:00 | セルA27 | 20:00 |

**2.** セルA1の書式を16ポイント、太字に設定し、セルA1～K1を結合して中央に配置しましょう。

**3.** セルB2～C2、B3～C3を、それぞれセル結合して中央揃えにし、書式のコピー／貼り付け機能を使ってセルD2～K3までコピーしましょう。

**4.** セルB2～B3の書式を次のように設定し、オートフィル機能でセルJ2～J3まで書式のみコピーをしましょう。

塗りつぶしの色：[テーマの色] の [青、アクセント1、白＋基本色60％]
罫線：内側に格子、外枠に太罫線

**5.** セルA5～A6の書式を次のように設定し、オートフィル機能でセルA27～A28まで書式のみコピーをしましょう。

塗りつぶしの色：[テーマの色] の [青、アクセント1、白＋基本色60％]
罫線：上下に太罫線、内側に任意の点線

**6.** セルB4、C4の書式をそれぞれ次のように設定し、オートフィル機能でセルJ4～K4までコピーしましょう。

〈セルB4〉
中央揃え
塗りつぶしの色：[テーマの色] の [オレンジ、アクセント2、白＋基本色60％]
〈セルC4〉
中央揃え
塗りつぶしの色：[テーマの色] の [緑、アクセント6、白＋基本色60％]

**7.** A列～K列の列幅をそれぞれ「10.00」にしましょう。

**8.** 2行目と3行目の行の高さをそれぞれ「21.00」にしましょう。

**9.** 予約を行うマクロを作成します。セルB5～B6を使って次の操作を行い、新しいマクロとして記録しましょう。

セルを結合する→外枠太罫線を設定する→塗りつぶしの色を [標準の色] の [黄] にする
●特定のセル番地のセルではなく、選択されたセルに対する操作なので「相対参照」にします。

**10.** マクロをボタンに登録しましょう。
セルA2の上に [開発] タブの [挿入] ボタンでボタンを作成し、**9.**で作成したマクロを登録してボタン名を「予約」に変更しましょう。

**11.** 9月9日の11時からA会議室に1時間半の予約を設定し、「営業部」と入力しましょう。

**12.** 予約を取り消すマクロを作成しましょう。
セルB5～B6を使って次の操作を行い、新しいマクロとして記録しましょう。

セルに入力されたデータを削除する→セルの結合を解除する→罫線を [枠なし] にする→塗りつぶしの色を [塗りつぶしなし] にする

**13.** マクロをボタンに登録しましょう。
セルA3の上に [開発] タブの [挿入] ボタンでボタンを作成し、**12.**で作成したマクロを登録して、ボタン名を「取り消し」に変更しましょう。

**14.** 作成した [予約] ボタンのフォントの書式を太字、12ポイント、フォントの色を [標準の色] の [青] に、[取り消し] ボタンのフォントの書式を太字、12ポイント、フォントの色を [標準の色] の [赤] に設定しましょう。

**15.** 9月9日の予約を取り消し、9月12日の13時から1時間、「営業　山田」でA会議室を予約しましょう。

マクロ有効ブックとして、「問題35-2E」という名前で保存しましょう。

■完成例■

## 基礎問題 36　顧客満足度調査

指定した条件に合うセルに色をつけて、わかりやすく表示しましょう。

この「顧客満足度調査」の表は、各社の製品に対する顧客の満足度評価（5点満点）の調査結果を項目別に表示したものです。

| | A | B | C | D | E | F |
|---|---|---|---|---|---|---|
| 1 | | | 顧客満足度調査 | | | |
| 2 | | | | | | |
| 3 | | 品質 | デザイン | 価格 | アフターサービス | 従業員の対応 |
| 4 | A社 | 3.7 | 3.4 | 2.3 | 4.4 | 3.3 |
| 5 | B社 | 4.4 | 4.4 | 4.8 | 2.2 | 2.1 |
| 6 | C社 | 4.7 | 3.1 | 2.9 | 2.5 | 3.9 |
| 7 | D社 | 4.0 | 4.4 | 3.6 | 3.0 | 4.5 |
| 8 | E社 | 2.6 | 3.7 | 4.2 | 4.4 | 3.7 |
| 9 | F社 | 1.7 | 3.4 | 3.5 | 3.1 | 4.1 |
| 10 | G社 | 4.4 | 3.6 | 2.4 | 3.2 | 4.3 |
| 11 | H社 | 3.8 | 3.4 | 3.3 | 4.6 | 4.4 |
| 12 | I社 | 4.7 | 2.0 | 4.4 | 4.2 | 3.9 |
| 13 | J社 | 3.2 | 3.6 | 3.7 | 4.4 | 4.6 |

ファイル「問題36」を開きましょう。

**1.** B列に各社の平均を求める列を追加して、セルB3に「平均」と入力し、セルC3と同じ書式を設定しましょう。

**2.** セルA14に「最小値」、セルA15に「最大値」、セルA16に「平均点」とそれぞれ入力し、A列の書式を整えましょう。

**3.** 完成例を参考に、罫線を設定しましょう。

**4.** セルA3～G3、セルA4～A16に塗りつぶしの色［緑、アクセント6、白＋基本色60％］を設定しましょう。

**5.** セルB4に各社の平均を求め、オートフィル機能でセルB13までコピーしましょう。

**6.** セルB14の最小値を求め、オートフィル機能でセルG14までコピーしましょう。

**7.** セルB15の最大値を求め、オートフィル機能でセルG15までコピーしましょう。

**8.** セルB16の平均値を求め、オートフィル機能でセルG16までコピーしましょう。

**9.** セルB4～B16の書式を右揃え、太字にし、小数第1位までの表示形式に整えましょう。

**10.** 条件付き書式を使って、セルC4～G13に次のような設定をしましょう。
〈4点以上のセル〉
塗りつぶしの色：［テーマの色］の［青、アクセント1、白＋基本色60％］
フォント：［標準の色］の［濃い青］、［太字］
〈3点未満のセル〉
塗りつぶしの色：［テーマの色］の［ゴールド、アクセント4、白＋基本色60％］
フォント：［標準の色］の［赤］、［太字］

**11.** セルB4～G16の数値が「0.0点」と表示されるように表示形式を設定しましょう。

「問題36-2E」という名前で保存しましょう。

■完成例■

| | A | B | C | D | E | F | G |
|---|---|---|---|---|---|---|---|
| 1 | | | | 顧客満足度調査 | | | |
| 2 | | | | | | | |
| 3 | | 平均 | 品質 | デザイン | 価格 | アフターサービス | 従業員の対応 |
| 4 | A社 | 3.4点 | 3.7点 | 3.4点 | 2.3点 | 4.4点 | 3.3点 |
| 5 | B社 | 3.6点 | 4.4点 | 4.4点 | 4.8点 | 2.2点 | 2.1点 |
| 6 | C社 | 3.4点 | 4.7点 | 3.1点 | 2.9点 | 2.5点 | 3.9点 |
| 7 | D社 | 3.9点 | 4.0点 | 4.4点 | 3.6点 | 3.0点 | 4.5点 |
| 8 | E社 | 3.7点 | 2.6点 | 3.7点 | 4.2点 | 4.4点 | 3.7点 |
| 9 | F社 | 3.2点 | 1.7点 | 3.4点 | 3.5点 | 3.1点 | 4.1点 |
| 10 | G社 | 3.6点 | 4.4点 | 3.6点 | 2.4点 | 3.2点 | 4.3点 |
| 11 | H社 | 3.9点 | 3.8点 | 3.4点 | 3.3点 | 4.6点 | 4.4点 |
| 12 | I社 | 3.8点 | 4.7点 | 2.0点 | 4.4点 | 4.2点 | 3.9点 |
| 13 | J社 | 3.9点 | 3.2点 | 3.6点 | 3.7点 | 4.4点 | 4.6点 |
| 14 | 最小値 | 3.2点 | 1.7点 | 2.0点 | 2.3点 | 2.2点 | 2.1点 |
| 15 | 最大値 | 3.9点 | 4.7点 | 4.4点 | 4.8点 | 4.6点 | 4.6点 |
| 16 | 平均点 | 3.6点 | 3.7点 | 3.5点 | 3.5点 | 3.6点 | 3.9点 |

## 応用問題 37 出荷伝票（自動入力）

契約番号を基に出荷の詳細データがわかる出荷伝票を作成しましょう。

ファイル「問題37」を開きましょう。「問題37」は、契約した製品を出荷する際の伝票です。

| | A | B | C | D | E | F | G | H | I | J | K | L |
|---|---|---|---|---|---|---|---|---|---|---|---|---|
| 1 | | | | | 出荷伝票 | | | | | | | |
| 2 | | | | | | | | 生産管理部部長 | 生産管理部担当 | 部長 | 担当 | |
| 3 | | 契約番号 | | | | | 伝票番号 | | | | | |
| 4 | | BP2016102 | | | | | | | | | | |
| 5 | | 得意先番号 | | 得意先名 | | | | | | | | |
| 6 | | | | | | | 御中 | | | | | |
| 7 | | 届先住所 | | | | | | | | | | |
| 8 | | | | | | | | | | | | |
| 9 | | 製品番号 | | 製品名 | | | タイプ | | | | | |
| 10 | | | | | | | | | | | | |
| 11 | | 出荷日 | | 数量 | | 単価 | | 合計 | | 担当者名 | | |
| 12 | | | | | | | | | | | | |
| 13 | | 備考 | | | | | | | | | | |
| 14〜19 | | | | | | | | | | | | |

- 契約番号を入力すると、伝票番号、備考以外の関連する詳細情報が自動的に表示されるように作成しましょう。
- その際に、契約番号が未入力の場合は、何も表示されないように設定しましょう。
- 入力するセルに入力箇所であることがわかりやすいような書式を設定しましょう。
- 入力する必要のないセルが編集できないように設定しましょう。
- A4サイズの横方向に収まるようにし、出荷伝票の印刷範囲を設定しましょう。

「問題37-2E」という名前で保存しましょう。

## 応用問題 38 支払予定一覧表

支払方法をリストから選択できるようにするなど、セルに書式を設定して見やすく、入力しやすい一覧表にしましょう。

ファイル「問題38」を開きましょう。「問題38」は、支払予定を表す一覧です。書式を設定して見やすく、入力しやすくします。

| | A | B | C | D | E | F | G | H |
|---|---|---|---|---|---|---|---|---|
| 1 | 支払予定一覧表 | | | | | | | |
| 3 | 支払予定日 | | 支払先 | 支払額 | 支払方法 | 備考 | | 支払方法 |
| 4 | 5月5日 | | K＆K株式会社 | 1,000,000 | | | | 小切手 |
| 5 | 5月5日 | | 三興商事株式会社 | 10,000 | | | | 現金 |
| 6 | 5月25日 | | 浜田物産株式会社 | 15,000 | | | | 振込み |
| 7 | 5月25日 | | 株式会社星野商会 | 200,000 | | | | 相殺 |
| 8 | 5月25日 | | ＴＫクリエイト株式会社 | 50,000 | | | | その他 |
| … | | | | | | | | |
| 41 | | | 支払額合計 | | | | | |

・支払予定日に年数も表示するように任意の表示形式を設定しましょう。
・支払先に長い文字列が入力された場合、列幅を変更することなく文字列全体を表示するように設定しましょう。
・支払方法の入力はリストから選択するように設定し、参照するH列は非表示にしましょう。
・支払額の合計と予定件数を算出しましょう。予定件数の表示形式は、「（予定件数：○件）」としましょう。
・下方向にスクロールした際に、表の見出しが固定するように設定しましょう。
・次の支払方法を入力しましょう。

■支払方法

| | | |
|---|---|---|
| 2016/5/5 | Ｋ＆Ｋ株式会社 | 振込み |
| 2016/5/5 | 三興商事株式会社 | 現金 |
| 2016/5/25 | 浜田物産株式会社 | 相殺 |
| 2016/5/25 | 株式会社星野商会 | 現金 |
| 2016/5/25 | ＴＫクリエイト株式会社 | 振込み |

・作成したワークシート［支払予定一覧表］をコピーして「入金予定一覧表」のひな形となる表を作成しましょう。「支払」という文字をすべて「入金」に置き換え、「支払予定一覧表」と区別できるように書式を変更しましょう。

「問題38-2E」という名前で保存しましょう。

## 応用問題 39 DVD売上ベスト10自動抽出（マクロ）

売上金額の多い順から上位10位が自動的に抽出できるように、マクロボタンを作成して登録しましょう。

ファイル「問題39」を開きましょう。「問題39」は、あるDVD製作会社の上半期売上を記録した表です。

### ■世界遺産シリーズDVD上半期売上■

| 売上日 | 販売先 | シリーズ名 | 単価 | 数量 | 金額 |
|---|---|---|---|---|---|
| 4月1日 | アイセスブックス | 屋久島 | 3,800 | 150 | ¥570,000 |
| 4月1日 | 飯倉書店 | 万里の長城 | 3,500 | 150 | ¥525,000 |
| 4月5日 | イオン堂 | ポンペイ | 3,820 | 200 | ¥764,000 |
| 4月5日 | 風間書店 | ヨセミテ | 4,500 | 200 | ¥900,000 |
| 4月15日 | SUN書籍 | モン・サン・ミシェル | 3,800 | 100 | ¥380,000 |
| 4月15日 | 高輪ブックセンター | ヴェネツィア | 4,400 | 100 | ¥440,000 |
| 4月20日 | 飯倉書店 | ヴェネツィア | 4,400 | 150 | ¥660,000 |
| 4月20日 | 飯倉書店 | モン・サン・ミシェル | 3,800 | 150 | ¥570,000 |
| 5月1日 | アイセスブックス | 万里の長城 | 3,500 | 150 | ¥525,000 |
| 5月10日 | アイセスブックス | 万里の長城 | 3,500 | 150 | ¥525,000 |
| 5月10日 | 飯倉書店 | ポンペイ | 3,820 | 200 | ¥764,000 |
| 5月15日 | 飯倉書店 | ヨセミテ | 4,500 | 200 | ¥900,000 |
| 5月15日 | 風間書店 | トレド | 3,500 | 250 | ¥875,000 |
| 5月15日 | 高輪ブックセンター | 屋久島 | 3,800 | 250 | ¥950,000 |
| 5月20日 | 風間書店 | ヴェネツィア | 4,400 | 120 | ¥528,000 |
| 5月20日 | 風間書店 | モン・サン・ミシェル | 3,800 | 120 | ¥456,000 |
| 5月27日 | 高輪ブックセンター | アンコール | 3,890 | 100 | ¥389,000 |
| 6月5日 | イオン堂 | マチュ・ピチュ | 4,200 | 90 | ¥378,000 |

・売上金額の多い順に上位10件が自動的に抽出できるようなマクロを記録しましょう。
・抽出を解除し、元の表に戻すマクロを記録しましょう。
・記録したマクロが簡単に実行できるように、ボタンを作成してそれぞれのマクロを登録しましょう。

マクロ有効ブックとして、「問題39-2E」という名前で保存しましょう。

# 第5章

# データベース

問題40 ［基礎］社員名簿
問題41 ［基礎］宿泊施設一覧
問題42 ［基礎］売上台帳
問題43 ［応用］売上分析（条件抽出）
問題44 ［応用］社員満足度調査
問題45 ［応用］受講履歴管理

# 第5章
# データベース

Excelは、大量の数値データを対象に必要なデータを抽出したり、複数の表から情報を参照して活用するなど、データベースとして使用するための便利な機能を備えています。それらの機能を使えるようにするには、表の正規化という考え方が必要です。言葉は難しいですが、簡単に言えば、データの不足や重複をなくして、正規、つまり、ノーマルな表にすることです。

## Point 1 表をノーマルなマトリックスにする（第一正規化）

データベースとして使用するには、①1行1セットになっていること（複数行1セットだったり、セル結合していないこと）②各行が別の行だとわかる項目（主キー、例えば社員一覧なら社員番号が主キーとなる）があること、③主キーが空だったり重複していないこと、が必須条件です。これを第一正規化といいます。

**問題 40〜45**

【正規化されていない表（データベースとして使えない）】

| 社員番号 | 氏名 | フリガナ（名） | 所属課 | 所属区分 | 生年月日 | 郵便番号 | 都道府県 |
|---|---|---|---|---|---|---|---|
| 1957106 | 川村 匡 | タダシ | 営業1課 | EJA | 1957/12/08 | 150-0002 | 東京都 |
| | | タカシ | | | | 01 | 神奈川県 |
| 19  10 | 山本 雅治 | マサハル | | EJA | 1961/04/05 | 190-0003 | 東京都 |
| 1965201 | 松沢 誠一 | セイイチ | | | 1965/03/30 | 220-0011 | 神奈川県 |
| 1965201 | 青木 俊之 | トシユキ | 営業2課 | EJB | 1966/08/2 |  |  |
| | 小川 さよ子 | サヨコ | 同上 | 同上 | | | |
| | 村山 秀樹 | ヒデキ | 営業部第1課 | EJA | 1967/01/1 | | |
| 19  11 | 森上 拓馬 | タクマ | 営業部3課 | EJC | | | 東京都 |
| | | ヤスエ | 営業二課 | EJB | | | 東京都 |

- 主キーが重複
- セル結合
- 「同上」だけでデータが記入されていない
- 主キーが空
- 表現がバラバラ

【第一正規化された表（並べ替え・抽出・集計などが可能になる）】

| 社員番号 | 氏名 | フリガナ（名） | 所属課 | 所属区分 | 生年月日 | 郵便番号 | 都道府県 |
|---|---|---|---|---|---|---|---|
| 1957106 | 川村 匡 | タダシ | 営業1課 | EJA | 1957/12/08 | 150-0002 | 東京都 |
| 1961101 | 葛城 孝史 | タカシ | 営業1課 | EJA | 1961/02/03 | 210-0001 | 神奈川県 |
| 1961110 | 山本 雅治 | マサハル | 営業1課 | EJA | 1961/04/05 | 190-0003 | 東京都 |
| 1965201 | 松沢 誠一 | セイイチ | 営業1課 | EJA | 1965/03/30 | 220-0011 | 神奈川県 |
| 1966701 | 青木 俊之 | トシユキ | 営業2課 | EJB | 1966/08/21 | 102-8584 | 東京都 |
| 1966712 | 小川 さよ子 | サヨコ | 営業2課 | EJB | 1966/09/23 | 153-0064 | 東京都 |
| 1967301 | 村山 秀樹 | ヒデキ | 営業1課 | EJA | 1967/01/16 | 330-0854 | 埼玉県 |
| 1967311 | 森上 拓馬 | タクマ | 営業3課 | EJC | 1967/10/25 | 152-0021 | 東京都 |
| 1968103 | 加藤 泰江 | ヤスエ | 営業2課 | EJB | 1968/02/02 | 140-0002 | 東京都 |

## Point 2 繰り返し入力する情報を分ける（第二正規化）

第一正規化された表のなかで、繰り返し入力する情報があったら、それを別の表に分けて参照すると、何度も入力せずに済みます。別の表に分けたほうがよい部分を洗い出して分けることを、第二正規化と言います。第一正規化できれば、並び替え・検索・集計などの操作が可能になりますが、第二正規化までできると、手入力する項目が最小限になって、効率化・標準化が進むので挑戦してみましょう。別の表のデータを参照するには、第4章の自動化・マクロでも解説したVLOOKUP関数を使います。

### 問題 45

【社員一覧】

| 社員番号 | 氏名 | 部門コード | 所属名 | 生年月日 | 入社年月日 |
|---|---|---|---|---|---|
| 079-001 | 早藤 美鈴 | 109 | 調達 | 1957/3/20 | 1979/4/1 |
| 080-001 | 大倉 尚志 | 109 | 調達 | 1955/11/5 | 1980/4/1 |
| 080-002 | 葛城 孝史 | 109 | 調達 | 1956/10/12 | 1980/4/1 |
| 080-003 | 千葉 雅美 | 101 | 営業 | 1957/12/4 | 1980/4/1 |
| 080-004 | 水谷 千枝 | 103 | 技術 | 1958/2/22 | 1980/4/1 |
| 080-005 | 青木 俊之 | 102 | 開発 | | |
| 081-001 | 平尾 誠 | 107 | 企画 | | |
| 082-001 | 大塚 隆 | 105 | 総務 | | |
| 082-002 | 森上 拓馬 | 101 | 営業 | | |
| 082-003 | 風間 真也 | 103 | 技術 | | |

【部門一覧】

| 部門コード | 所属名 |
|---|---|
| 101 | 営業 |
| 102 | 開発 |
| 103 | 技術 |
| 104 | 生産 |
| 105 | 総務 |
| 106 | 経理 |
| 107 | 企画 |
| 108 | 設計 |
| 109 | 調達 |
| 110 | 研究所 |

VLOOKUP関数で部門一覧を参照して自動表示

【受講履歴データベース】

| 申込番号 | 社員番号 | 氏名 | 所属名 | 勤続年数 | 年齢 | コース番号 | コース名 | 開催日 | 定員 | 参加 | 終了 |
|---|---|---|---|---|---|---|---|---|---|---|---|
| 1 | 084-001 | 村山 由理香 | 生産 | 31 | 54 | A009 | タイムマネジメント研修 | 2015/7/24 | 10 | | |
| 2 | 087-001 | 成宮 真紀 | 研究所 | 28 | 54 | A009 | タイムマネジメント研修 | 2015/7/24 | 10 | ○ | ○ |
| 3 | 098-002 | 小川 さよ子 | 生産 | 17 | 39 | A009 | タイムマネジメント研修 | 2015/7/24 | 10 | | |
| 4 | 111-003 | 山本 雅治 | 生産 | 4 | 26 | A009 | タイムマネジメント研修 | 2015/7/24 | 10 | | |
| 5 | 103-001 | 鈴木 | | | 45 | A009 | タイムマネジメント研修 | 2015/7/24 | 10 | | |
| 6 | 088-001 | 奥田 | | | 50 | A009 | タイムマネジメント研修 | 2015/7/24 | 10 | | |
| 7 | 093-002 | 村山 | | | 50 | A009 | タイムマネジメント研修 | 2015/7/24 | 10 | | |
| 8 | 099-002 | 滝沢 | | | 39 | A009 | タイムマネジメント研修 | 2015/7/24 | 10 | | |
| 9 | 090-001 | 長谷 | | | 49 | A009 | タイムマネジメント研修 | 2015/7/24 | 10 | | |
| 10 | 097-003 | 岩本 歩 | 開発 | 18 | 40 | A009 | タイムマネジメント研修 | 2015/7/24 | 10 | | |
| 11 | 101-001 | 大沢 剛 | 開発 | 14 | 38 | A009 | タイムマネジメント研修 | 2015/7/24 | 10 | | |
| 12 | 100-005 | 三村 和枝 | 営業 | 15 | 37 | A010 | セールスプレゼンテーション研修 | 2015/9/11 | 10 | | |
| 13 | 084-006 | 三木 敏枝 | 営業 | 31 | 53 | A010 | セールスプレゼンテーション研修 | 2015/9/11 | 10 | | |
| 14 | 113-002 | 片桐 直人 | 営業 | 2 | 26 | A010 | セールスプレゼンテーション研修 | 2015/9/11 | 10 | | |
| 15 | 102-003 | 犬飼 忠利 | 営業 | 13 | 35 | A010 | セールスプレゼンテーション研修 | 2015/9/11 | 10 | | |
| 16 | 080-003 | 千葉 雅美 | 営業 | 35 | 57 | A010 | セールスプレゼンテーション研修 | 2015/9/11 | 10 | | |

VLOOKUP関数で社員一覧を参照して自動表示

VLOOKUP関数で研修一覧を参照して自動表示

社員一覧、部門一覧、研修一覧の表がなかったら、受講履歴データベースの情報は全て手入力が必要です。一方、この例のように表を分ければ、社員番号を入力すると、社員一覧を参照して、名前・所属名・勤続年数・年齢が自動的に表示されます。同じく、コース番号を入力すると、コース名・開催日・定員が表示されます。つまり、受講申込があったら、社員番号とコース番号だけ入力すれば済むので、大変効率的です。

【研修一覧】

| コース番号 | コース名 | 開催日 | 定員 |
|---|---|---|---|
| A001 | コミュニケーション研修 | 2014/9/26 | 10 |
| A002 | リーダーコミュニケーション研修 | 2015/10/17 | 5 |
| A003 | タイムマネジメント研修 | 2015/11/14 | 10 |
| A004 | タイムマネジメント研修 | 2014/12/19 | 10 |
| A005 | コンプライアンス研修 | 2015/2/20 | 20 |
| A006 | 業務フロー作成研修 | 2015/3/20 | 10 |
| A007 | リスクマネジメント研修 | 2015/5/22 | 15 |
| A008 | 営業基礎研修 | 2015/6/19 | 10 |
| A009 | タイムマネジメント研修 | 2015/7/24 | 10 |
| A010 | セールスプレゼンテーション研修 | 2015/9/11 | 10 |
| A011 | ビジネス文書研修 | 2015/10/23 | 5 |
| A012 | 計数分析研修 | 2015/10/23 | 5 |
| A013 | Wordスキルアップ研修 | 2015/11/20 | 10 |
| A014 | Excelスキルアップ研修 | 2015/12/18 | 10 |
| A015 | ビジネスマナー研修 | 2016/2/19 | 5 |

## 基礎問題 40 社員名簿

効率よくデータを入力するために、セルに入力規則を設けて入力するデータを制限しましょう。

ファイル「問題40」を開きましょう。

1. 表を上下左右にスクロールした際に、3行目の項目名とB列の氏名が固定されるようにウィンドウ枠を固定して見やすい設定にしましょう。

2. [社員番号]に7桁の文字列に限る入力の制限を設定しましょう。また、それ以外のデータが入力された場合、次のようなエラーメッセージを表示しましょう。
   エラーメッセージのスタイル：入力を停止する
   エラーメッセージのタイトル：社員番号入力エラー
   メッセージ：社員番号は7桁です。

3. 氏名、所属課、都道府県、住所1、住所2を入力する際に、日本語入力が[ひらがな]になるよう設定しましょう。

4. フリガナを入力する際に、日本語入力が[全角カタカナ]になるように設定しましょう。また、入力時に次のようなポップアップのメッセージを表示しましょう。
   メッセージのタイトル：フリガナ入力
   メッセージ：姓名の間に空白を入力してください。

5. 生年月日、郵便番号、電話番号を入力する際に、日本語入力が[オフ（英語モード）]になるように設定しましょう。

6. フラッシュフィルを使って、フリガナ内の「姓」のフリガナを表示しましょう。

7. フラッシュフィルを使って、フリガナ内の「名」のフリガナを表示しましょう。

8. セルN4にIF関数とLOWER関数を使って社員番号が空白の場合は空白を表示し、それ以外は小文字の所属区分と社員番号と「@example.jp」の文字を結合したE-Mailが自動的に表示されるように設定しましょう。オートフィル機能でセルN65まで書式なしでコピーしましょう。
   ●文字列演算子のアンパサンド(&)を使って文字列を結合することができます。

9. ページのレイアウトを次のように設定しましょう。
   印刷の向き：横
   拡大縮小印刷：横1ページ、縦2ページ
   印刷範囲：セルA1～N54
   タイトル行：行番号1～3

「問題40-2E」という名前で保存しましょう。

10. 関係者に社員名簿を配布する前に、プロパティや個人情報、作成中に入力したセルのコメントなどの詳細情報を検査して削除しておきましょう。

上書き保存をしましょう。

■完成例■

| | A | B | C | D | E | F | G | H | I |
|---|---|---|---|---|---|---|---|---|---|
| 1 | 営業部社員名簿 | | | | | | | | |
| 2 | | | | | | | | | |
| 3 | 社員番号 | 氏名 | フリガナ | フリガナ（姓） | フリガナ（名） | 所属課 | 所属区分 | 生年月日 | 郵便番号 |
| 4 | 1957106 | 川村 匡 | カワムラ タダシ | カワムラ | タダシ | 営業1課 | EJA | 1957/12/08 | 150-0002 |
| 5 | 1961101 | 葛城 孝史 | カツラギ タカシ | カツラギ | タカシ | 営業3課 | EJC | 1961/02/03 | 210-0001 |
| 6 | 1961110 | 山本 雅治 | ヤマモト マサハル | ヤマモト | マサハル | 営業2課 | EJA | 1961/04/05 | 190-0003 |
| 7 | 1965201 | 松沢 誠一 | マツザワ セイイチ | マツザワ | セイイチ | 営業1課 | EJA | 1965/03/30 | 220-0011 |
| 8 | 1966701 | 青木 俊之 | アオキ トシユキ | アオキ | トシユキ | 営業2課 | EJB | 1966/08/21 | 102-8584 |
| 9 | 1966712 | 小川 さよ子 | オガワ サヨコ | オガワ | サヨコ | 営業2課 | EJB | 1966/09/23 | 153-0064 |
| 10 | 1967301 | 村山 秀樹 | ムラヤマ ヒデキ | ムラヤマ | ヒデキ | 営業1課 | EJA | 1967/01/16 | 330-0854 |
| 11 | 1967311 | 森上 拓馬 | モリガミ タクマ | モリガミ | タクマ | 営業3課 | EJC | 1967/10/25 | 152-0021 |
| 12 | 1968103 | 加藤 泰江 | カトウ ヤスエ | カトウ | ヤスエ | 営業2課 | EJB | 1968/02/02 | 140-0002 |
| 13 | 1970101 | 成宮 真紀 | ナルミヤ マキ | ナルミヤ | マキ | 営業2課 | EJB | 1970/03/03 | 260-0013 |
| 14 | 1970111 | 村山 由理香 | ムラヤマ ユリカ | ムラヤマ | ユリカ | 営業2課 | EJB | 1970/05/02 | 330-9588 |
| 15 | 1972201 | 井原 泰明 | イハラ ヤスアキ | イハラ | ヤスアキ | 営業1課 | EJA | 1972/07/02 | 150-0031 |
| 16 | 1974132 | 平野 愛美 | ヒラノ エミ | ヒラノ | エミ | 営業3課 | EJC | 1974/11/22 | 164-0001 |
| 17 | 1974202 | 大沢 剛 | オオサワ タケシ | オオサワ | タケシ | 営業3課 | EJC | 1974/08/05 | 231-0021 |
| 18 | 1975505 | 大野 茉莉 | オオノ マリ | オオノ | マリ | 営業3課 | EJC | 1975/12/26 | 270-0033 |
| 19 | 1980106 | 高橋 紗世 | タカハシ サヨ | タカハシ | サヨ | 営業1課 | EJA | 1980/01/10 | 180-0004 |
| 20 | 1980507 | 笹本 隆 | ササモト タカシ | ササモト | タカシ | 営業3課 | EJC | 1980/08/09 | 192-0073 |
| 21 | 1981101 | 内田 義孝 | ウチダ ヨシタカ | ウチダ | ヨシタカ | 営業1課 | EJA | 1981/01/19 | 310-0001 |
| 22 | 1990508 | 早藤 美鈴 | ハヤフジ ミスズ | ハヤフジ | ミスズ | 営業3課 | EJC | 1990/3/19 | 150-0012 |
| 23 | 1957667 | 秋田 武男 | アキタ タケオ | アキタ | タケオ | 営業2課 | EJB | 1957/10/12 | 166-0003 |
| 24 | 1988941 | 長岡 航平 | ナガオカ コウヘイ | ナガオカ | コウヘイ | 営業1課 | EJA | 1988/1/2 | 194-0023 |
| 25 | 1981521 | 田中 謙次 | タナカ ケンジ | タナカ | ケンジ | 営業2課 | EJB | 1981/11/13 | 252-0251 |
| 26 | 19576418 | 滝沢 翔 | タキザワ ショウ | タキザワ | ショウ | 営業3課 | EJC | 1957/3/9 | 264-0015 |
| 27 | 19765121 | 田淵 晢 | タブチ テツ | タブチ | テツ | 営業1課 | EJA | 1976/11/2 | 351-0113 |
| 28 | 19705427 | 篠崎 剛志 | シノザキ ツヨシ | シノザキ | ツヨシ | 営業2課 | EJB | 1970/3/29 | 154-0012 |
| 29 | 1959811 | 北野 慎也 | キタノ シンヤ | キタノ | シンヤ | 営業3課 | EJC | 1959/6/1 | 181-0015 |
| 30 | 19770015 | 塩田 裕美 | シオダ ユミ | シオダ | ユミ | 営業1課 | EJA | 1977/1/8 | 300-4235 |

| | J | K | L | M | N |
|---|---|---|---|---|---|
| | 都道府県 | 住所1 | 住所2 | 電話番号 | E-Mail |
| | 東京都 | 渋谷区渋谷0-11-14 | パークサイド渋谷1001 | 03-0000-3333 | eja1957106@example.jp |
| | 神奈川県 | 川崎市川崎区本町0-1-11 | | 044-000-2292 | ejc1961101@example.jp |
| | 東京都 | 立川市栄町0-18-9 | | 0425-00-2500 | eja1961110@example.jp |
| | 神奈川県 | 横浜市西区高島0-78 | | 045-000-6660 | eja1965201@example.jp |
| | 東京都 | 千代田区九段北0-9-1 | セントラル九段1021 | 03-0000-6888 | ejb1966701@example.jp |
| | 東京都 | 目黒区下目黒0-16-9 | アネックス103 | 03-0000-3714 | ejb1966712@example.jp |
| | 埼玉県 | さいたま市大宮区桜木町0-11-21 | | 048-000-3110 | eja1967301@example.jp |
| | 東京都 | 目黒区東ケ丘0-5-6 | | 03-0000-3421 | ejc1967311@example.jp |
| | 東京都 | 品川区東品川0-2-13 | ヒルトップ品川210 | 03-0000-3222 | ejb1968103@example.jp |
| | 千葉県 | 千葉市中央区中央0-4-11 | | 043-000-1239 | ejb1970101@example.jp |
| | 埼玉県 | さいたま市浦和区常盤0-10-2 | | 048-000-9909 | ejb1970111@example.jp |
| | 東京都 | 渋谷区桜丘0-10-5 | 桜ハウス301 | 03-0000-3467 | eja1972201@example.jp |
| | 東京都 | 中野区中野0-11-2 | 中野ハウス501 | 03-0000-4494 | ejc1974132@example.jp |
| | 神奈川県 | 横浜市中区山下町0-10-8 | | 045-000-7555 | ejc1974202@example.jp |
| | 千葉県 | 松戸市新松戸東0-8-1 | キャッスル新松戸802 | 047-000-7770 | ejc1975505@example.jp |
| | 東京都 | 武蔵野市吉祥寺本町0-101 | | 0443-00-8800 | eja1980106@example.jp |
| | 東京都 | 八王子市寺町0-18 | | 042-000-1621 | ejc1980507@example.jp |
| | 茨城県 | 水戸市上河内町0-1-2 | | 029-000-3533 | eja1981101@example.jp |
| | 東京都 | 渋谷区広尾0-3-8 | | 03-0000-2339 | ejc1990508@example.jp |
| | 東京都 | 杉並区高円寺南0-2-7 | タウンコート303 | 03-0000-8646 | ejb1957667@example.jp |
| | 東京都 | 町田市旭町0-14 | | 042-000-3855 | eja1988941@example.jp |
| | 神奈川県 | 相模原市中央区大野台0-2 | | 042-000-5209 | ejb1981521@example.jp |
| | 千葉県 | 千葉市若葉区大宮台0-3-18 | | 043-000-6416 | ejc19576418@example.jp |
| | 埼玉県 | 和光市中央0-1-21 | ハイツ若葉305 | 048-000-3661 | eja19765121@example.jp |
| | 東京都 | 世田谷区駒沢0-3-27 | | 03-0000-5523 | ejb19705427@example.jp |
| | 東京都 | 三鷹市大沢0-21 | | 03-0000-4389 | ejc1959811@example.jp |
| | 茨城県 | つくば市泉0-1-15 | | 029-000-7209 | eja19770015@example.jp |

## 基礎問題 41　宿泊施設一覧

1つの表から条件に合うデータを抽出しましょう。

■入力例■

| | A | B | C | D | E | F | G |
|---|---|---|---|---|---|---|---|
| 1 | 提携宿泊施設一覧 | | | | | | |
| 2 | ビジネルホテル名 | 最寄駅 | 宿泊料金（円） | チェックイン | チェックアウト | サービス | 施設 |
| 3 | トワイライト東海 | 名古屋 | 8900 | 17:00 | 10:00 | FAX・コピー | サウナ |
| 4 | ベイビュー新大阪 | 新大阪 | 7200 | 16:00 | 10:00 | インターネット | 大浴場 |
| 5 | アットビジネス札幌 | 札幌 | 5800 | 15:00 | 11:00 | インターネット | コンビニ |
| 6 | 白鳥会館 | 東京 | 12000 | 15:00 | 10:00 | 朝食無料 | レストラン |
| 7 | ヒルトッププラザ名古屋 | 名古屋 | 11000 | 17:00 | 10:00 | インターネット | 大浴場 |
| 8 | セントラルイン新横浜 | 新横浜 | 12800 | 19:00 | 10:00 | FAX・コピー | 大浴場 |
| 9 | クィーンパルク東京 | 東京 | 13000 | 18:00 | 11:00 | FAX・コピー | 会議室 |
| 10 | ブリーズベイ横浜 | 新横浜 | 8800 | 18:00 | 9:00 | インターネット | 自動販売機 |
| 11 | ニューYOKOHAMA会館 | 新横浜 | 6000 | 16:00 | 9:00 | 朝食無料 | |
| 12 | ホテル光洋 | 仙台 | 7800 | 17:00 | 10:00 | インターネット | 大浴場 |
| 13 | コスモ新大阪ホテル | 新大阪 | 5700 | 16:00 | 11:00 | 朝刊サービス | 大浴場 |
| 14 | コンフォートイン横浜 | 新横浜 | 11800 | 15:00 | 11:00 | | コンビニ |
| 15 | アートホテル新横浜 | 新横浜 | 10000 | 16:00 | 11:00 | インターネット | |
| 16 | ホテル新橋ビュー | 東京 | 6800 | 15:00 | 9:00 | | サウナ |
| 17 | アートホテル仙台 | 仙台 | 7300 | 17:00 | 11:00 | FAX・コピー | コンビニ |
| 18 | ナビオスHOTEL | 新横浜 | 9100 | 15:00 | 10:00 | インターネット | |

Excelファイルを新規作成し、入力例を参考にデータを入力しましょう。

**1.** 表全体の列幅を自動調整しましょう。

**2.** 完成例を参考に罫線を設定しましょう。

**3.** セルA1の「提携宿泊施設一覧」の書式を12ポイント、太字に設定しましょう。

**4.** セルA2～G2の書式を中央揃えにし、塗りつぶしの色を［テーマの色］の「青、アクセント1、白＋基本色40％」に設定しましょう。

**5.** セルC3～C18の書式を桁区切りスタイルにしましょう。

**6.** 抽出条件を入力する行と抽出結果を表示する行を作成しましょう。セルA2～G2のフィールド名をコピーして、セルA21に貼り付けましょう。

**7.** セルA20に「検索条件入力」、セルA25に「検索結果一覧」と入力し、それぞれセルA1と同じ書式を設定しましょう。

**8.** 提携宿泊施設一覧を基に、オートフィルターオプションの機能を使って、最寄駅が「新横浜」か「東京」で、宿泊料金が10,000未満のレコードを、項目名も含めて26行目以降に抽出しましょう。

「問題41-2E」という名前で保存しましょう。

■完成例■

### 提携宿泊施設一覧

| ビジネルホテル名 | 最寄駅 | 宿泊料金（円） | チェックイン | チェックアウト | サービス | 施設 |
|---|---|---|---|---|---|---|
| トワイライト東海 | 名古屋 | 8,900 | 17:00 | 10:00 | FAX・コピー | サウナ |
| ベイビュー新大阪 | 新大阪 | 7,200 | 16:00 | 10:00 | インターネット | 大浴場 |
| アットビジネス札幌 | 札幌 | 5,800 | 15:00 | 11:00 | インターネット | コンビニ |
| 白鳥会館 | 東京 | 12,000 | 15:00 | 10:00 | 朝食無料 | レストラン |
| ヒルトッププラザ名古屋 | 名古屋 | 11,000 | 17:00 | 10:00 | インターネット | 大浴場 |
| セントラルイン新横浜 | 新横浜 | 12,800 | 19:00 | 10:00 | FAX・コピー | 大浴場 |
| クィーンパルク東京 | 東京 | 13,000 | 18:00 | 11:00 | FAX・コピー | 会議室 |
| ブリーズベイ横浜 | 新横浜 | 8,800 | 18:00 | 9:00 | インターネット | 自動販売機 |
| ニューYOKOHAMA会館 | 新横浜 | 6,000 | 16:00 | 9:00 | 朝食無料 | |
| ホテル光洋 | 仙台 | 7,800 | 17:00 | 10:00 | インターネット | 大浴場 |
| コスモ新大阪ホテル | 新大阪 | 5,700 | 16:00 | 11:00 | 朝刊サービス | 大浴場 |
| コンフォートイン横浜 | 新横浜 | 11,800 | 15:00 | 11:00 | | コンビニ |
| アートホテル新横浜 | 新横浜 | 10,000 | 16:00 | 11:00 | インターネット | |
| ホテル新橋ビュー | 東京 | 6,800 | 15:00 | 9:00 | | サウナ |
| アートホテル仙台 | 仙台 | 7,300 | 17:00 | 11:00 | FAX・コピー | コンビニ |
| ナビオスHOTEL | 新横浜 | 9,100 | 15:00 | 10:00 | インターネット | |

### 検索条件入力

| ビジネルホテル名 | 最寄駅 | 宿泊料金（円） | チェックイン | チェックアウト | サービス | 施設 |
|---|---|---|---|---|---|---|
| | 新横浜 | <10000 | | | | |
| | 東京 | <10000 | | | | |

### 検索結果一覧

| ビジネルホテル名 | 最寄駅 | 宿泊料金（円） | チェックイン | チェックアウト | サービス | 施設 |
|---|---|---|---|---|---|---|
| ブリーズベイ横浜 | 新横浜 | 8,800 | 18:00 | 9:00 | インターネット | 自動販売機 |
| ニューYOKOHAMA会館 | 新横浜 | 6,000 | 16:00 | 9:00 | 朝食無料 | |
| ホテル新橋ビュー | 東京 | 6,800 | 15:00 | 9:00 | | サウナ |
| ナビオスHOTEL | 新横浜 | 9,100 | 15:00 | 10:00 | インターネット | |

## 基礎問題 42 売上台帳

非常に多くの行数や列数がある表のデータをすばやく集計し、体裁を整えて見やすく印刷できるようにページ設定をしましょう。

何月何日にどんな商品を1個あたりいくらで何個販売したかといった明細を記録した「売上台帳」は、データ量が膨大になりがちです。集計して見やすく印刷できるようにすることは非常に重要です。

| | A | B | C | D | E | F | G | H | I |
|---|---|---|---|---|---|---|---|---|---|
| 1 | 売上台帳 | | | | | | | | |
| 2 | | | | | | | | | |
| 3 | 注文日 | 支店CD | 営業所 | 担当者 | 商品名 | 商品分類 | 数量 | 単価 | 売上高 |
| 4 | 1/12 | A3000 | 名古屋 | 松崎弘 | スペシャルブレンド | コーヒー | 10 | 1,800 | ¥18,000 |
| 5 | 1/29 | A3000 | 名古屋 | 永井洋子 | モカ | コーヒー | 40 | 1,500 | ¥60,000 |
| 6 | 1/30 | A3000 | 名古屋 | 佐々木民雄 | ブラジル | コーヒー | 20 | 1,600 | ¥32,000 |
| 7 | 3/8 | A3000 | 名古屋 | 永井洋子 | エスプレッソ | コーヒー | 15 | 1,500 | ¥22,500 |
| 8 | 3/8 | A3000 | 名古屋 | 佐々木民雄 | オレンジペコ | 紅茶 | 10 | 1,000 | ¥10,000 |
| 9 | 4/3 | A3000 | 名古屋 | 松崎弘 | ダージリン | 紅茶 | 10 | 1,200 | ¥12,000 |
| 10 | 4/20 | A3000 | 名古屋 | 永井洋子 | ブルーマウンテン | コーヒー | 50 | 2,000 | ¥100,000 |
| 11 | 4/20 | A3000 | 名古屋 | 佐々木民雄 | モカ | コーヒー | 40 | 1,500 | ¥60,000 |
| 12 | 5/4 | A3000 | 名古屋 | 佐々木民雄 | ブラジル | コーヒー | 20 | 1,600 | ¥32,000 |
| 13 | 5/4 | A3000 | 名古屋 | 永井洋子 | モカ | コーヒー | 40 | 1,500 | ¥60,000 |
| 14 | 5/25 | A3000 | 名古屋 | 松崎弘 | ブラジル | コーヒー | 20 | 1,600 | ¥32,000 |
| 15 | 6/18 | A3000 | 名古屋 | 佐々木民雄 | アッサム | 紅茶 | 30 | 1,500 | ¥45,000 |
| 16 | 6/18 | A3000 | 名古屋 | 永井洋子 | スペシャルブレンド | コーヒー | 10 | 1,800 | ¥18,000 |
| 17 | 6/29 | A3000 | 名古屋 | 松崎弘 | ブラジル | コーヒー | 80 | 1,600 | ¥128,000 |
| 18 | 6/30 | A3000 | 名古屋 | 永井洋子 | モカ | コーヒー | 40 | 1,500 | ¥60,000 |
| 19 | 7/24 | A3000 | 名古屋 | 松崎弘 | モカ | コーヒー | 40 | 1,500 | ¥60,000 |
| 20 | 7/29 | A3000 | 名古屋 | 永井洋子 | スペシャルブレンド | コーヒー | 10 | 1,800 | ¥18,000 |
| 21 | 8/6 | A3000 | 名古屋 | 松崎弘 | ダージリン | 紅茶 | 10 | 1,200 | ¥12,000 |
| 22 | 8/20 | A3000 | 名古屋 | 松崎弘 | オレンジペコ | 紅茶 | 10 | 1,000 | ¥10,000 |
| 23 | 8/20 | A3000 | 名古屋 | 松崎弘 | キリマンジャロ | コーヒー | 10 | 1,000 | ¥10,000 |
| 24 | 9/20 | A3000 | 名古屋 | 松崎弘 | コナ | コーヒー | 40 | 1,700 | ¥68,000 |
| 25 | 10/2 | A3000 | 名古屋 | 佐々木民雄 | コナ | コーヒー | 40 | 1,700 | ¥68,000 |
| 26 | 10/15 | A3000 | 名古屋 | 松崎弘 | 玉露 | 日本茶 | 20 | 3,200 | ¥64,000 |
| 27 | 11/4 | A3000 | 名古屋 | 松崎弘 | オレンジペコ | 紅茶 | 10 | 1,000 | ¥10,000 |
| 28 | 11/6 | A3000 | 名古屋 | 松崎弘 | キリマンジャロ | コーヒー | 10 | 1,000 | ¥10,000 |
| 29 | 1/10 | A4000 | 仙台 | 村山秀樹 | エスプレッソ | コーヒー | 10 | 1,500 | ¥15,000 |
| 30 | 2/19 | A4000 | 仙台 | 村山秀樹 | ダージリン | 紅茶 | 10 | 1,200 | ¥12,000 |

ファイル「問題42」を開きましょう。

1. セルA1の書式を24ポイント、太字、フォントの色を［テーマの色］の［オレンジ、アクセント2］に設定しましょう。

2. セルA1～I116表全体の書式をテーブル機能の書式設定を使って、1行間隔にセルに色を付ける設定をしましょう。
   テーブルスタイル：［テーブルスタイル（中間）3］

3. 金額を合計した集計行を追加し、数量の合計を求めましょう。

4. J列に「備考」欄を追加し、列幅を50.00に変更しましょう。

**5.** 表の最終行に次のデータを追加しましょう。

■入力データ
- 注文日：2016/3/10
- 支店CD：A7000
- 営業所：広島
- 担当者：後藤宏
- 商品名：ほうじ茶
- 商品分類：日本茶
- 数量：10
- 単価：950

**6.** 注文日の昇順にデータを並べ替えましょう。

**7.** 重複するデータがないか調べ、見つかった場合は削除しましょう。
● [テーブルツール] の [デザイン] タブの [重複の削除] ボタンをクリックします。

**8.** テーブルを標準の表に変換しましょう。

**9.** ページのレイアウトを次のように設定しましょう。

印刷の向き：横
上の余白：2.4
印刷位置：ページの水平方向の中央に配置
ヘッダーの右側：「社外秘」という文字を表示
　　　　　　　（フォントサイズ12ポイント、太字、斜体）
フッターの中央：「ページ番号/総ページ数」を表示
印刷のタイトル行：行番号3の列見出し

**10.** 改ページプレビュー表示で、1ページあたり30件のデータで改ページする設定にしましょう。改ページ作業が終わったら、元の標準ビューに戻しましょう。

**11.** 印刷時の余白のバランスを確認しましょう。

「問題42-2E」という名前で保存しましょう。

■完成例■

| | A | B | C | D | E | F | G | H | I | J |
|---|---|---|---|---|---|---|---|---|---|---|
| 1 | 売上台帳 | | | | | | | | | |
| 2 | | | | | | | | | | |
| 3 | 注文日 | 支店CD | 営業所 | 担当者 | 商品名 | 商品分類 | 数量 | 単価 | 売上高 | 備考 |
| 4 | 1/10 | A4000 | 仙台 | 村山秀樹 | エスプレッソ | コーヒー | 10 | 1,500 | ¥15,000 | |
| 5 | 1/12 | A3000 | 名古屋 | 松崎弘 | スペシャルブレンド | コーヒー | 10 | 1,800 | ¥18,000 | |
| 6 | 1/23 | A8000 | 福岡 | 大沢和喜 | アールグレー | 紅茶 | 30 | 1,700 | ¥51,000 | |
| 7 | 1/23 | A8000 | 福岡 | 鈴木三郎 | ダージリン | 紅茶 | 10 | 1,200 | ¥12,000 | |
| 8 | 1/24 | A5000 | 大阪 | 五十嵐勇二 | ブルーマウンテン | コーヒー | 50 | 2,000 | ¥100,000 | |
| 9 | 1/24 | A6000 | 松山 | 宮下しのぶ | ダージリン | 紅茶 | 10 | 1,200 | ¥12,000 | |
| 10 | 1/29 | A3000 | 名古屋 | 永井洋子 | モカ | コーヒー | 40 | 1,500 | ¥60,000 | |
| 11 | 1/30 | A3000 | 名古屋 | 佐々木民雄 | ブラジル | コーヒー | 20 | 1,600 | ¥32,000 | |
| 12 | 2/5 | A5000 | 大阪 | 高野巧 | ブルーマウンテン | コーヒー | 50 | 2,000 | ¥100,000 | |
| 13 | 2/5 | A7000 | 広島 | 後藤宏 | ブルーマウンテン | コーヒー | 50 | 2,000 | ¥100,000 | |
| 14 | 2/10 | A7000 | 広島 | 木村幸子 | エスプレッソ | コーヒー | 10 | 1,500 | ¥15,000 | |
| 15 | 2/15 | A6000 | 松山 | 島津司 | スペシャルブレンド | コーヒー | 20 | 1,800 | ¥36,000 | |
| 16 | 2/18 | A8000 | 福岡 | 松本英実 | アールグレー | 紅茶 | 30 | 1,700 | ¥51,000 | |
| 17 | 2/19 | A4000 | 仙台 | 村山秀樹 | ダージリン | 紅茶 | 10 | 1,200 | ¥12,000 | |
| 18 | 2/22 | A5000 | 大阪 | 米川都子 | モカ | コーヒー | 40 | 1,500 | ¥60,000 | |
| 19 | 2/22 | A6000 | 松山 | 島津司 | スペシャルブレンド | コーヒー | 10 | 1,800 | ¥18,000 | |
| 20 | 2/22 | A7000 | 広島 | 後藤宏 | ブラジル | コーヒー | 20 | 1,600 | ¥32,000 | |
| 21 | 2/25 | A8000 | 福岡 | 松本英実 | アールグレー | 紅茶 | 30 | 1,700 | ¥51,000 | |
| 22 | 3/3 | A7000 | 広島 | 後藤宏 | ほうじ茶 | 日本茶 | 10 | 950 | ¥9,500 | |
| 23 | 3/5 | A8000 | 福岡 | 鈴木三郎 | モカ | コーヒー | 40 | 1,500 | ¥60,000 | |
| 24 | 3/6 | A5000 | 大阪 | 五十嵐勇二 | ブラジル | コーヒー | 20 | 1,600 | ¥32,000 | |
| 25 | 3/8 | A3000 | 名古屋 | 永井洋子 | エスプレッソ | コーヒー | 15 | 1,500 | ¥22,500 | |
| 26 | 3/8 | A3000 | 名古屋 | 佐々木民雄 | オレンジペコ | 紅茶 | 10 | 1,000 | ¥10,000 | |
| 27 | 3/8 | A6000 | 松山 | 宮下しのぶ | モカ | コーヒー | 40 | 1,500 | ¥60,000 | |
| 28 | 3/10 | A7000 | 広島 | 後藤宏 | ほうじ茶 | 日本茶 | 10 | 950 | ¥9,500 | |
| 29 | 3/14 | A5000 | 大阪 | 高野巧 | エスプレッソ | コーヒー | 50 | 1,500 | ¥75,000 | |
| 30 | 3/25 | A7000 | 広島 | 後藤宏 | スペシャルブレンド | コーヒー | 10 | 1,800 | ¥18,000 | |

## 応用問題 43 売上分析（条件抽出）

条件を満たす項目だけを抽出しましょう。

ファイル「問題43」を開きましょう。「問題43」は、あるショップの健康食品（サプリメント・飲料・グッズ）部門の売上集計です。

| | A | B | C | D | E | F |
|---|---|---|---|---|---|---|
| 1 | 健康食品(サプリメント・飲料・グッズ)部門 | | | | | |
| 2 | | | | | | |
| 3 | ■売上一覧 | | | | | |
| 4 | 分類 | 商品名 | メーカー | 価格（円） | 販売数 | 売上金額（円） |
| 5 | UV対策 | UVカット傘 | 川北ヘルスケア | 4,790 | 85,518 | 409,631,220 |
| 6 | UV対策 | UVカットスプレー | 五島製薬 | 1,000 | 91,342 | 91,342,000 |
| 7 | UV対策 | UVカットストッキング | 田村薬品 | 1,500 | 12,640 | 18,960,000 |
| 8 | UV対策 | UVカットTシャツ | 福田屋本舗 | 1,980 | 5,540 | 10,969,200 |
| 9 | UV対策 | UVカット手袋 | 福田屋本舗 | 980 | 12,640 | 12,387,200 |
| 10 | 飲料 | ギムリンドアクティブ | MAXドリンコ | 380 | 113,452 | 43,111,760 |
| 11 | 飲料 | アルファリポQ10 | MAXドリンコ | 630 | 124,274 | 78,292,620 |
| 12 | 飲料 | ファイバーイン | MAXドリンコ | 380 | 52,358 | 19,896,040 |
| 13 | 飲料 | コラーゲンピュア | 箱崎ボトリング | 250 | 22,894 | 5,723,500 |
| 14 | 飲料 | システィナC2000 | 箱崎ボトリング | 240 | 71,582 | 17,179,680 |
| 15 | 飲料 | アロエドリンク | 箱崎ボトリング | 180 | 223,571 | 40,242,780 |
| 16 | 飲料 | ビタC2000 | 川北ヘルスケア | 380 | 141,512 | 53,774,560 |
| 17 | 飲料 | もろみ酢ダイエット | 五島製薬 | 1,980 | 1,541 | 3,051,180 |
| 18 | 飲料 | グァバ茶 | 箱崎ボトリング | 650 | 2,879 | 1,871,350 |
| 19 | 飲料 | ローズヒップサワー | 箱崎ボトリング | 380 | 112,457 | 42,733,660 |
| 20 | 飲料 | ゴーヤ茶 | 川北ヘルスケア | 670 | 6,784 | 4,545,280 |
| 21 | 炭製品 | 竹炭フィルターマスク | 五島製薬 | 1,250 | 2,853 | 3,566,250 |
| 22 | 炭製品 | 備長消臭シート | 五島製薬 | 810 | 12,580 | 10,189,800 |
| 23 | 炭製品 | 竹炭入浴剤 | 田村薬品 | 980 | 5,786 | 5,670,280 |
| 24 | 炭製品 | 備長炭ソックス | 田村薬品 | 2,300 | 11,678 | 26,859,400 |
| 25 | 炭製品 | 炊飯用備長炭 | 箱崎ボトリング | 870 | 1,355 | 1,178,850 |
| 26 | プラチナ | ナノプラチナ美容液 | 川北ヘルスケア | 8,980 | 2,480 | 22,270,400 |
| 27 | プラチナ | ナノプラチナジェル | 川北ヘルスケア | 4,730 | 1,352 | 6,394,960 |
| 28 | プラチナ | ナノプラチナ石鹸 | イシマ堂 | 870 | 1,560 | 1,357,200 |
| 29 | プラチナ | ナノプラチナ洗顔フォーム | イシマ堂 | 980 | 1,987 | 1,947,260 |

・表の上に検索条件範囲を設けて、価格が1,000円未満で、なおかつ売上金額が10,000,000円以上の商品の売上状況を調べます。ただし、「プラチナ」の分類は化粧品部門で扱うため、抽出の対象に入れないようにします。
・検索条件欄を作成し、「売上一覧」の表から、上の条件に合うデータだけを表示させましょう。
・抽出した結果を、売上金額の多い順に並べ替えましょう。

「問題43-2E」という名前で保存しましょう。

## 応用問題 44 社員満足度調査

職種別に社員満足度を分析します。

ファイル「問題44」を開きましょう。「問題44」は、ある会社の社員を対象にした満足度評価（5点満点）の調査結果を並べたものです。

| | A | B | C | D | E | F | G | H | I | J | K |
|---|---|---|---|---|---|---|---|---|---|---|---|
| 1 | 社員満足度調査 | | | | | | | | | | |
| 2 | | | | | | | | | | | |
| 3 | 職種番号 | 職種 | 年代 | 性別 | 評価項目 | | | | | | |
| 4 | | | | | 経営 | 上司 | 仕事内容 | 職場環境 | 人事制度 | 教育 | 福利厚生 |
| 5 | 13 | 技術 | 40 | 女 | 3 | 4 | 1 | 3 | 2 | 2 | 3 |
| 6 | 12 | 開発 | 30 | 女 | 2 | 5 | 4 | 4 | 2 | 3 | 1 |
| 7 | 13 | 技術 | 30 | 男 | 3 | 3 | 1 | 4 | 3 | 2 | 4 |
| 8 | 13 | 技術 | 50 | 男 | 1 | 5 | 2 | 3 | 4 | 1 | 1 |
| 9 | 13 | 技術 | 30 | 女 | 3 | 1 | 3 | 4 | 3 | 3 | 3 |
| 10 | 11 | 営業 | 50 | 男 | 4 | 4 | 5 | 4 | 4 | 3 | 2 |
| 11 | 11 | 営業 | 30 | 女 | 3 | 4 | 4 | 4 | 3 | 3 | 3 |
| 12 | 12 | 開発 | 40 | 女 | 2 | 2 | 4 | 4 | 3 | 2 | 2 |
| 13 | 12 | 開発 | 30 | 男 | 3 | 4 | 2 | 2 | 2 | 3 | 5 |
| 14 | 15 | 本社 | 40 | 女 | 5 | 5 | 4 | 4 | 3 | 4 | 5 |
| 15 | 12 | 開発 | 40 | 男 | 2 | 1 | 2 | 3 | 2 | 4 | 4 |
| 16 | 15 | 本社 | 20 | 男 | 4 | 5 | 3 | 3 | 4 | 3 | 4 |
| 17 | 14 | 生産 | 50 | 女 | 4 | 3 | 3 | 5 | 3 | 3 | 4 |
| 18 | 14 | 生産 | 50 | 女 | 4 | 4 | 3 | 3 | 3 | 3 | 1 |
| 19 | 13 | 技術 | 20 | 男 | 3 | 2 | 4 | 2 | 3 | 3 | 4 |
| 20 | 11 | 営業 | 50 | 女 | 3 | 4 | 3 | 4 | 4 | 3 | 4 |
| 21 | 11 | 営業 | 30 | 女 | 5 | 5 | 4 | 2 | 2 | 5 | 2 |
| 22 | 15 | 本社 | 40 | 男 | 3 | 4 | 4 | 3 | 4 | 4 | 4 |
| 23 | 15 | 本社 | 30 | 男 | 2 | 4 | 5 | 3 | 5 | 3 | 2 |
| 24 | 15 | 本社 | 30 | 女 | 3 | 3 | 4 | 4 | 3 | 3 | 3 |
| 25 | 12 | 開発 | 40 | 女 | 3 | 5 | 3 | 2 | 2 | 3 | 1 |

- 職種、年代、性別で並べ替えたうえで、職種別の評価項目の平均を算出しましょう。
- 条件付き書式を用いて1点、2点、3点、4点、5点をそれぞれ別の色で表示し、職種ごとにどの評価が多いかを直観的に把握できるようにしましょう。
- 職種ごとに改ページし、結果をわかりやすく印刷できるようにしましょう。
- 別シートを作成し、職種別の満足度評価に関する考察を記入しましょう。

「問題44-2E」という名前で保存しましょう。

## 応用問題 45 受講履歴管理

社員の年齢や勤続年数を算出し、定員オーバーの研修コースの参加者を決定しましょう。

ファイル「問題45」を開きましょう。「問題45」は、社員一覧と研修コース一覧、研修コースの申し込み状況を記した受講台帳を手入力で入力した表です。

| | A | B | C | D | E | F | G | H | I | J | K | L |
|---|---|---|---|---|---|---|---|---|---|---|---|---|
| 1 | 受講台帳 | | | | | | | | | | | |
| 2 | | | | | | | | | | | | |
| 3 | 申込番号 | 社員番号 | 氏名 | 所属名 | 勤続年数 | 年齢 | コース番号 | コース名 | 開催日 | 定員 | 参加 | 終了 |
| 4 | 1 | 084-001 | 村山 | PRD | 31 | 55? | A009 | TMG研修 | 2015年7月 | 10 | | ○ |
| 5 | 2 | 087-001 | 成宮 | Lab | 28 | 54 | A009 | TMG研修 | 2015年7月 | 10 | ○ | ○ |
| 6 | 3 | 098-002 | 小川 | PRD | 17 | 39 | A009 | TMG研修 | 2015年7月 | 10 | ○ | |
| 7 | 4 | 111-003 | 山本 | PRD | 4 | 26 | A009 | TMG研修 | 2015年7月 | 10 | ○ | |
| 8 | 5 | 103-001 | 鈴木(道) | PRD | ? | 45 | A009 | TMG研修 | 2015年7月 | 10 | ○ | |
| 9 | 6 | 088-001 | 栗田 | PRD | 27 | 50 | A009 | TMG研修 | 2015年7月 | 10 | ○ | |
| 10 | 7 | 093-002 | 村山 | 設計 | 21 | 50 | A009 | TMG研修 | 2015年7月 | 10 | ○ | |
| 11 | 8 | 099-002 | 滝沢翔 | PRD | 16 | 39 | A009 | TMG研修 | 2015年7月 | 10 | ○ | |
| 12 | 9 | 090-001 | 長谷川拓哉 | DEV | 25 | 49 | A009 | TMG研修 | 2015年7月 | 10 | ○ | |
| 13 | 10 | 097-003 | 岩本 歩 | DEV | 18 | 40 | A009 | TMG研修 | 2015年7月 | 10 | ○ | |
| 14 | 11 | 101-001 | 大沢T | DEV | 14 | 38 | A009 | TMG研修 | 2015年7月 | 10 | ○ | |
| 15 | 12 | 100-005 | 三村 | 営業 | 15 | 37 | A010 | セールスプレゼン | 15/09 | 10 | ○ | |
| 16 | 13 | 084-006 | 三木 | 〃 | 31 | 53 | A010 | セールスプレゼン | 15/09 | 10 | ○ | |
| 17 | 14 | 113-002 | 片桐 | 〃 | ? | 26 | A010 | セールスプレゼン | 15/09 | 10 | ○ | |
| 18 | 15 | 102-003 | 犬飼 | 〃 | 13 | 35 | A010 | セールスプレゼン | 15/09 | 10 | ○ | |
| 19 | 16 | 080-003 | 千葉 | 〃 | 35 | 57 | A010 | セールスプレゼン | 15/09 | 10 | ○ | |
| 20 | 17 | 082-002 | 森上 | 〃 | 33 | 56 | A010 | セールスプレゼン | 15/09 | 10 | ○ | |
| 21 | 18 | 110-003 | 久保田 | 〃 | ? | 33 | A010 | セールスプレゼン | 15/09 | 10 | ○ | |
| 22 | 19 | 083-004 | 井原 | 〃 | 32 | 54 | A010 | セールスプレゼン | 15/09 | 10 | ○ | |
| 23 | 20 | 087-004 | 佐々木 | 〃 | 28 | 50 | A010 | セールスプレゼン | 15/09 | 10 | ○ | |
| 24 | 21 | 096-001 | 本郷 | 〃 | 19 | 43 | A010 | セールスプレゼン | 15/09 | 10 | ○ | |
| 25 | 22 | 115-002 | 松尾 克行 | ? | | 23 | A011 | ビジネス文書研修 | 2015/10/23 | 5 | ○ | |
| 26 | 23 | 097-001 | 上野 文夫 | 技術 | 18 | 42 | A012 | 計数分析研修 | 2015/10/23 | 5 | | |
| 27 | 24 | 082-003 | 風間 | 技術 | 33 | 55 | A012 | 計数分析研修 | 2015/10/23 | 5 | | |
| 28 | 25 | 114-003 | 内田 | 営業 | | 23 | A011 | ビジネス文書研修 | 2015/10/23 | 5 | ○ | ○ |

- 受講台帳で、手入力のデータを消去して社員と研修コースの情報が自動的に表示されるようにしましょう。
- 社員に関する情報は、社員番号をキーにして、氏名、所属名、勤続年数（開催日時点）、年齢（開催日時点）を表示しましょう。
- 研修コースに関する情報は、コース番号をキーにして、コース名、開催日、定員を表示しましょう。
- 未終了の研修コースだけを表示して、参加者の参加欄に「○」を記入しましょう。申し込み人数と定員を比較して、もし定員オーバーの場合は、以下の条件で参加者を選びましょう。
  - ●30代の社員を最優先
  - ●勤続年数が長い40代前半と20代後半の社員を優先

「問題45-2E」という名前で保存しましょう。

# 第6章

# 文書作成

問題 46［基礎］見積書
問題 47［基礎］納品書
問題 48［基礎］請求書
問題 49［応用］請求明細書
問題 50［応用］請求明細書（マクロ）

# 第6章 文書作成

第1章から第5章まで見てきたとおり、Excelは、計算、集計、グラフ作成、データベースといった数値情報の扱いに優れたソフトウエアです。Wordのように文書作成を目的としていないため、一般的な文書作成に幅広く使うことはお勧めしません。ただし、特定の用途では便利なときがあります。用途に合わせて、Wordと使い分けるとよいでしょう。

## Point 1 1ページ完結で計算が必要な文書が対象

Excelで文書作成すると便利なのは、1ページ完結で、計算機能が必要な表形式が中心の文書です。Excelでは、ページ分割機能によって任意の位置でページを分割できますが、Wordのように文章を自動的に次のページに流し込むわけではなく、複数ページにわたる文書の作成には向きません。文章が少なく、計算が必要な表形式が中心の見積書、請求書などの文書に向いています。

**問題 46〜50**

## Point 2 計算方法の設定に注意

Excelでは、計算方法を自動にするか、手動にするかを選択できます。例えば、見積書の数量や単価を変更した場合、計算方法が自動になっていれば、自動的に数値が更新されますが、手動の場合は[数式]タブの[再計算実行]をクリックするか、F9キーを押して更新が必要です。間違った金額のままで提出しないよう、計算方法の設定に注意しましょう。

**問題 46〜50**

# Point 3 マクロを使ってフォーム活用を効率化

見積書、発注書、納品書、請求書、領収書など、取引に伴って何度も使用するフォーム類は、よく行う操作をマクロに登録しておくことで、フォーム活用がさらに効率的になります。例えば、「明細表は、その都度必要な行数が変動するので、フォームでは多めに行を用意しておき、印刷時に空行を削除する」という操作を毎回するのであれば、マクロで用意しておくと便利です。

**問題 50**

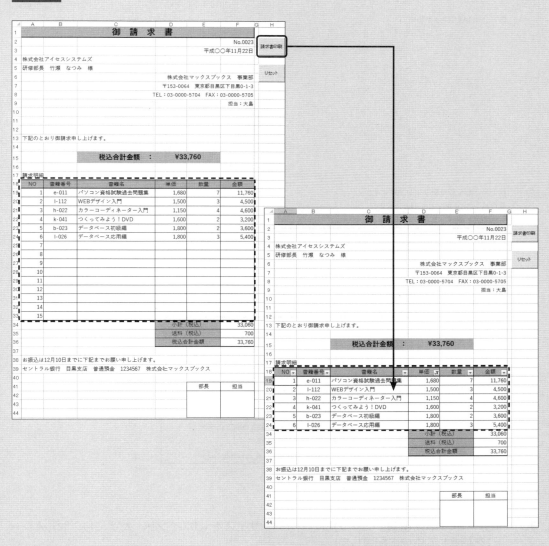

## 基礎問題 46 見積書

見積書を作成しましょう。

次のようなWordで作成した見積書をExcelに入力することにしました。

■入力例■

```
                    御見積書

                                        2016年7月1日

  株式会社JAFCO商事御中

                          株式会社ゼネラル・ビジネス
                          責任者□高橋□正美
                          〒108-0074□東京都港区高輪0-1-6
                          電話 03-0000-4192

                          ┌─────┬─────┐
                          │担当者│責任者│
                          ├─────┼─────┤
                          │     │     │
                          │     │     │
                          └─────┴─────┘

  以下のとおり御見積り申し上げます。
  発行日：2016年7月1日
  有効期限：発行日より30日間
```

| No. | 品名 | 単価 | 数量 | 金額 |
|---|---|---|---|---|
| 1 | デスクトップ型 MAX-200 | 89,800 | 12 | 1,077,600 |
| 2 | デスクトップ型 MAX-100 | 69,800 | 12 | 837,600 |
| 3 | ノート型 MX-1000 | 79,800 | 20 | 1,596,000 |
| 4 | ノート型 RX-2000 | 139,800 | 10 | 1,398,000 |
| 5 | ディスプレイ CLEAR-V22 | 14,980 | 24 | 359,520 |
|   |   |   | 小計 | 5,268,720 |
|   |   |   | 消費税 | 421,497 |
|   |   |   | 合計 | 5,690,218 |

```
              ┌─────────────────────────────┐
              │ 問合せ先                      │
              │ 株式会社ゼネラル・ビジネス    │
              │ 営業部 販売第1課□高橋□正美  │
              │ 電話 03-0000-4192             │
              │ メール□takahashi@example.co.jp│
              └─────────────────────────────┘
```

Excelファイルを新規作成しましょう。

1. セルA1に「御見積書」と入力し、フォントサイズを16ポイント、太字にし、セルA1～E1を結合して中央に配置しましょう。

    ●表が5列で構成されているので、A列～E列の5列分のセルを結合することでタイトルを文書の中央に配置することができます。

2. 発行日の日付を4行目の右端に入力し、表示形式を「yyyy年mm月dd日」に設定しましょう。

3. 宛名を7行目の左端に入力しましょう。

4. 自社の情報を8〜11行目の右端に入力して右揃えにしましょう。
   ● 「〒」は「ゆうびん」と入力して変換します。

5. 確認（押印）欄を作成しましょう。

6. 「以下のとおり御見積り申し上げます。」以下の3行の文を19行目の左端から順に入力しましょう。

7. 入力例を参考にセルA22からE30にデータを入力しましょう。金額、小計、消費税、合計は、数式を使って求めましょう。金額は桁区切りスタイルにしましょう。ここでは消費税を8％として計算します。
   ● 見出し「小計」、「消費税」、「合計」はD列に入力します。

8. 表の文字列や数値が隠れない程度にセル幅を調整しましょう。

9. 入力例を参考に罫線を設定しましょう。

10. 見出しのセルを中央に配置しましょう。

11. 問合せ先の内容を、完成例を参考に入力し罫線を設定しましょう。

「問題46-2E」という名前で保存しましょう。

■完成例■

| | A | B | C | D | E |
|---|---|---|---|---|---|
| 1 | | | 御見積書 | | |
| 2 | | | | | |
| 3 | | | | | |
| 4 | | | | | 2016年7月1日 |
| 5 | | | | | |
| 6 | | | | | |
| 7 | 株式会社JAFCO商事御中 | | | | |
| 8 | | | | | 株式会社ゼネラルビジネス |
| 9 | | | | | 責任者　髙橋　正美 |
| 10 | | | | | 〒108-0074　東京都港区高輪0-1-6 |
| 11 | | | | | 電話　03-0000-4192 |
| 12 | | | | | |
| 13 | | | | 担当者 | 責任者 |
| 14 | | | | | |
| 15 | | | | | |
| 16 | | | | | |
| 17 | | | | | |
| 18 | | | | | |
| 19 | 以下のとおり御見積り申し上げます。 | | | | |
| 20 | 発行日：2016年7月1日 | | | | |
| 21 | 有効期限：発行日より30日間 | | | | |
| 22 | No. | 品名 | 単価 | 数量 | 金額 |
| 23 | 1 | デスクトップ型 MAX-200 | 89,800 | 12 | 1,077,600 |
| 24 | 2 | デスクトップ型 MAX-100 | 69,800 | 12 | 837,600 |
| 25 | 3 | ノート型 MX-1000 | 79,800 | 20 | 1,596,000 |
| 26 | 4 | ノート型 RX-2000 | 139,800 | 10 | 1,398,000 |
| 27 | 5 | ディスプレイ CLEAR-V22 | 14,980 | 24 | 359,520 |
| 28 | | | | 小計 | 5,268,720 |
| 29 | | | | 消費税 | 421,497 |
| 30 | | | | 合計 | 5,690,217 |
| 31 | | | | | |
| 32 | | | | | |
| 33 | | | 問合せ先 | | |
| 34 | | | 株式会社ゼネラル・ビジネス | | |
| 35 | | | 営業部　販売第1課　髙橋　正美 | | |
| 36 | | | 電話　03-0000-4192 | | |
| 37 | | | アドレス　takahashi@example.co.jp | | |

## 基礎問題 47 納品書

見積書を流用して納品書を作成しましょう。

次の見積書を客先に送付後、1週間後に納品することになりました。見積書を基に、納品書を作成しましょう。ただし、タープセット（ダークグリーン）の数量は15に、寝袋（ファミリータイプ）の数量は16に変更になりました。見積書にコメントで変更を記録しておきましょう。

|   | A | B | C | D | E | F | G |
|---|---|---|---|---|---|---|---|
| 1 | | | | | | | |
| 2 | | | | | | 発 行 日 | 2016年5月14日 |
| 3 | | | | | | 有効期限 | 2016年6月14日 |
| 4 | | | | | | | |
| 5 | | | | 御 見 積 書 | | | |
| 6 | | | | | | | |
| 7 | | 株式会社日経アウトドア 御中 | | | | | |
| 8 | | | | | | イエローレイク株式会社 | |
| 9 | | | | | | 営業第2課　井坂貴之 | |
| 10 | | | | | | 〒160-0007　東京都新宿区荒木町0-5-6 | |
| 11 | | | | | | 電話 03-0000-8353 | |
| 12 | | | | | | | |
| 13 | | | | | | 責任者 | 担当者 |
| 14 | | | | | | | |
| 15 | | | | | | | |
| 16 | | | | | | | |
| 17 | | | | | | | |
| 18 | | 以下のとおり御見積申し上げます。 | | | | | |
| 19 | | | | | | | |
| 20 | | No. | 品　　　名 | | 単 価 | 数 量 | 金 額 |
| 21 | | 1 | タープセット（ダークグリーン） | | 7,580 | 12 | 90,960 |
| 22 | | 2 | 寝袋（ファミリータイプ） | | 3,980 | 18 | 71,640 |
| 23 | | 3 | エアーマット（150） | | 3,580 | 10 | 35,800 |
| 24 | | 4 | ランタンEX50 | | 2,550 | 25 | 63,750 |
| 25 | | 5 | ハンモックEZタイプ | | 2,050 | 30 | 61,500 |
| 26 | | 6 | | | | | |
| 27 | | 7 | | | | | |
| 28 | | 8 | | | | | |
| 29 | | | | | | 小 計 | 323,650 |
| 30 | | | | | | 消費税 | 25,892 |
| 31 | | | | | | 合 計 | 349,542 |
| 32 | | | | | | | |
| 33 | | ※見積有効期限は発行日より30日間です。 | | | | | |
| 34 | | | | | | | |
| 35 | | | | | | お問合せ先 | |
| 36 | | | | | | イエローレイク株式会社 | |
| 37 | | | | | | 営業第2課　井坂貴之 | |
| 38 | | | | | | 電話　03-0000-8353 | |
| 39 | | | | | | メール　isaka@example.jp | |

ファイル「問題47」を開きましょう。

**1.** ワークシート[見積書]をコピーし、シート見出しの名前を「納品書」に変更しましょう。

**2.** セルD5の「御 見 積 書」を「納 品 書」に変更しましょう。

**3.** セルG2の発行日を「2016年5月21日」に変更し、有効期限の行を削除しましょう。

**4.** 完成例を参考に「このたびはご注文ありがとうございました。」の一文を追加しましょう。「以下のとおり御見積申し上げます。」を「以下のとおり納品申し上げます。」に変更しましょう。また、「今後ともよろしくお願い申し上げます。」の一文を追加しましょう。

**5.** セルG22～G32に合計金額や消費税を求める数式が入力されていることを確認し、セルF22とF23の数量を変更しましょう。

**6.** 「※見積有効期限は発行日より30日間です。」の行を削除しましょう。

**7.** ワークシート［見積書］を表示しましょう。

**8.** セルF21に「15セットに変更」、セルF22に「16個に変更」というコメントを表示しましょう。

「問題47-2E」という名前で保存しましょう。

■完成例■

| | A | B | C | D | E | F | G |
|---|---|---|---|---|---|---|---|
| 1 | | | | | | | |
| 2 | | | | | | 発行日 | 2016年5月14日 |
| 3 | | | | | | | |
| 4 | | | | 納　品　書 | | | |
| 5 | | | | | | | |
| 6 | | 株式会社日経アウトドア 御中 | | | | | |
| 7 | | | | | | | イエローレイク株式会社 |
| 8 | | | | | | | 営業第2課　井坂貴之 |
| 9 | | | | | | 〒160-0007　東京都新宿区荒木町0-5-6 | |
| 10 | | | | | | | 電話 03-0000-8353 |
| 11 | | | | | | | |
| 12 | | | | | | 責任者 | 担当者 |
| 13 | | | | | | | |
| 14 | | | | | | | |
| 15 | | | | | | | |
| 16 | | | | | | | |
| 17 | | このたびはご注文ありがとうございました。 | | | | | |
| 18 | | 以下のとおり納品申し上げます。 | | | | | |
| 19 | | 今後ともよろしくお願い申し上げます。 | | | | | |
| 20 | | | | | | | |
| 21 | | No. | 品　　名 | | 単　価 | 数　量 | 金　額 |
| 22 | | 1 | タープセット（ダークグリーン） | | 7,580 | 15 | 113,700 |
| 23 | | 2 | 寝袋（ファミリータイプ） | | 3,980 | 16 | 63,680 |
| 24 | | 3 | エアーマット（150） | | 3,580 | 10 | 35,800 |
| 25 | | 4 | ランタンEX50 | | 2,550 | 25 | 63,750 |
| 26 | | 5 | ハンモックEZタイプ | | 2,050 | 30 | 61,500 |
| 27 | | 6 | | | | | |
| 28 | | 7 | | | | | |
| 29 | | 8 | | | | | |
| 30 | | | | | | 小　計 | 338,430 |
| 31 | | | | | | 消費税 | 27,074 |
| 32 | | | | | | 合　計 | 365,504 |
| 33 | | | | | | | |
| 34 | | | | | | | |
| 35 | | | | | | お問合せ先 | |
| 36 | | | | | | イエローレイク株式会社 | |
| 37 | | | | | | 営業第2課　井坂貴之 | |
| 38 | | | | | | 電話　03-0000-8353 | |
| 39 | | | | | | メール　isaka@example.jp | |

## 基礎問題 48 請求書

納品書を流用して請求書を作成しましょう。

次の納品書を基に、20日締めの請求書を作成しましょう。
振込先は「中央銀行南口支店　普通　1122112　名義：株式会社島村飲料」です。

| | A | B | C | D | E |
|---|---|---|---|---|---|
| 1 | 納品書 | | | | No.081209 |
| 2 | | | | 発行日 | 2016年4月25日 |
| 3 | | | | | |
| 4 | | | | | |
| 5 | | | | | |
| 6 | | | | | |
| 7 | 株式会社アルファ商事　御中 | | | | |
| 8 | | | | | 株式会社島村飲料 |
| 9 | | | | 〒980-0000 | 仙台市青葉区中央0-3-1 |
| 10 | | | | | 電話02-0000-6010 |
| 11 | | | | | |
| 12 | | | | 責任者 | 担当者 |
| 13 | | | | | |
| 14 | | | | | |
| 15 | | | | | |
| 16 | | | | | |
| 17 | | | | | |
| 18 | このたびはご注文ありがとうございました。 | | | | |
| 19 | 以下のとおり納品申し上げます。 | | | | |
| 20 | 今後ともよろしくお願い申し上げます。 | | | | |
| 21 | | | | | |
| 22 | No. | 品名 | 単価 | 数量 | 金額 |
| 23 | 1 | 冷水ミネラルサーバーRS90 | 36,800 | 35 | 1,288,000 |
| 24 | 2 | 冷水ミネラルサーバーRR20 | 22,600 | 30 | 678,000 |
| 25 | 3 | ウォーターサーバー8L | 20,100 | 15 | 301,500 |
| 26 | 4 | ウォーターサーバー5L | 18,900 | 15 | 283,500 |
| 27 | 5 | ミネラルサーバーカートリッジ | 9,800 | 250 | 2,450,000 |
| 28 | | | | 小計 | 5,001,000 |
| 29 | | | | 消費税 | 400,080 |
| 30 | | | | 合計 | 5,401,080 |
| 31 | | | | | |
| 32 | | | | | |
| 33 | | | | お問合せ先 | |
| 34 | | | | 株式会社島村飲料 | |
| 35 | | | | 販売1課　藤井　真一 | |
| 36 | | | | 電話 02-0000-6010 | |
| 37 | | | | メール　shinichi@example.ne.jp | |

ファイル「問題48」を開きましょう。

**1.** ワークシート[納品書]をコピーし、シート見出しの名前を「請求書」に変更しましょう。

**2.** セルA1の「納品書」を「御請求書」に、セルE1の「No.081209」を「No.B01-300」に変更しましょう。

**3.** セルE2の発行日を納品書の日付を参考に「20日締め」で変更しましょう。

> 「○日締め」は納品日や実施日から最も近い20日で会計上の区切りを付けることです。請求書はこの「締め日」から起算して「○日後」とするのが一般的です。

**4.** セルA19の「以下のとおり納品申し上げます。」を「以下のとおり御請求申し上げます。」に変更しましょう。

**5.** 21行目の前に行を3行挿入しましょう。

6. セルA22に「御請求金額」と入力し、フォントサイズを14ポイント、太字に設定しましょう。

7. セルC22にセルA22の書式をコピーし、合計金額のセルを参照する数式を入力して、通貨スタイルを設定しましょう。

8. セルA24に「請求明細」と入力しましょう。

9. 36行目の前に行を2行挿入しましょう。

10. セルA35に「お振込みは下記までお願い申し上げます。」と入力し、セルA36に振込先を入力しましょう。

「問題48-2E」という名前で保存しましょう。

■完成例■

| | A | B | C | D | E |
|---|---|---|---|---|---|
| 1 | | | | | No.B01-300 |
| 2 | 御請求書 | | | 発行日 | 2016年5月20日 |
| 3 | | | | | |
| 4 | | | | | |
| 5 | | | | | |
| 6 | | | | | |
| 7 | 株式会社アルファ商事　御中 | | | | |
| 8 | | | | | 株式会社島村飲料 |
| 9 | | | | 〒980-0000　仙台市青葉区中央0-3-1 | |
| 10 | | | | 電話02-0000-6010 | |
| 11 | | | | | |
| 12 | | | | 責任者 | 担当者 |
| 13 | | | | | |
| 14 | | | | | |
| 15 | | | | | |
| 16 | | | | | |
| 17 | | | | | |
| 18 | このたびはご注文ありがとうございました。 | | | | |
| 19 | 以下のとおり御請求申し上げます。 | | | | |
| 20 | 今後ともよろしくお願い申し上げます。 | | | | |
| 21 | | | | | |
| 22 | 御請求金額 | | ¥5,401,080 | | |
| 23 | | | | | |
| 24 | 請求明細 | | | | |
| 25 | No. | 品名 | 単価 | 数量 | 金額 |
| 26 | 1 | 冷水ミネラルサーバーRS90 | 36,800 | 35 | 1,288,000 |
| 27 | 2 | 冷水ミネラルサーバーRR20 | 22,600 | 30 | 678,000 |
| 28 | 3 | ウォーターサーバー8L | 20,100 | 15 | 301,500 |
| 29 | 4 | ウォーターサーバー5L | 18,900 | 15 | 283,500 |
| 30 | 5 | ミネラルサーバーカートリッジ | 9,800 | 250 | 2,450,000 |
| 31 | | | | 小計 | 5,001,000 |
| 32 | | | | 消費税 | 400,080 |
| 33 | | | | 合計 | 5,401,080 |
| 34 | | | | | |
| 35 | お振込みは下記までお願い申し上げます。 | | | | |
| 36 | 中央銀行南口支店　普通　1122112　名義：株式会社島村飲料 | | | | |
| 37 | | | | | |
| 38 | | | | お問合せ先 | |
| 39 | | | | 株式会社島村飲料 | |
| 40 | | | | 販売1課　藤井　真一 | |
| 41 | | | | 電話　02-0000-6010 | |
| 42 | | | | メール　shinichi@example.ne.jp | |

請求書には、表のほかに請求金額だけを入れる欄を設けるのが一般的です。その下に、見積書や納品書のような明細表を「請求明細」として添えます。

## 応用問題 49　請求明細書

請求書を作成しましょう。

次のメモから、「株式会社アイセスシステムズ　研修部長　竹瀬なつみ様」に送る株式会社マックスブックス事業部の請求明細書付きの請求書を、平成〇〇年11月22日付で作成しましょう。

■請求書明細

| 書籍番号 | 書籍名 | 単価 | 数量 |
| --- | --- | --- | --- |
| e-011 | パソコン資格試験過去問題集 | 1,680円 | 7冊 |
| I-112 | WEBデザイン入門 | 1,500円 | 3冊 |
| h-022 | カラーコーディネーター入門 | 1,150円 | 4冊 |
| k-041 | つくってみよう！DVD | 1,600円 | 2冊 |
| b-023 | データベース初級編 | 1,800円 | 2冊 |
| I-026 | データベース応用編 | 1,800円 | 3冊 |

■送料
700円税込

■振込
12月10日までに、振込先はセントラル銀行、目黒支店、普通預金、1234567、名義は社名と同じ

■請求書番号
No.0023

■株式会社マックスブックスの情報
〒153-0064　東京都目黒区下目黒0-1-3
TEL：03-0000-5704　FAX：03-0000-5705
担当：大島

■その他
請求書の下に押印欄を作成する

「問題49-2E」という名前で保存しましょう。

> タイトルの「御請求書」は文書の中央にタイトルらしく目立つように配置します。請求書には「御請求申し上げます」という主旨の文章に続けて、請求合計額を大きめに記載し、その下に請求明細の表を付与します。
> 帳票の発行者名（社名）は、宛先よりも下に記載します。

## 応用問題 50　請求明細書（マクロ）

請求書を印刷するにあたって、情報を入力していない空白行を自動で除外できるように設定し、マクロボタンを作成して登録しましょう。

ファイル「問題50」を開きましょう。「問題50」は、株式会社マックスブックス事業部の請求明細書付きの請求書です。

|   | A | B | C | D | E | F |
|---|---|---|---|---|---|---|
| 1 | | | 御　請　求　書 | | | |
| 2 | | | | | | No.0023 |
| 3 | | | | | | 平成〇〇年11月22日 |
| 4 | 株式会社アイセスシステムズ | | | | | |
| 5 | 研修部長　竹瀬　なつみ　様 | | | | | |
| 6 | | | | 株式会社マックスブックス　事業部 | | |
| 7 | | | | 〒153-0064　東京都目黒区下目黒0-1-3 | | |
| 8 | | | | TEL：03-0000-5704　FAX：03-0000-5705 | | |
| 9 | | | | | | 担当：大島 |
| 13 | 下記のとおり御請求申し上げます。 | | | | | |
| 15 | | | 税込合計金額　： | | ¥33,760 | |
| 17 | 請求明細 | | | | | |
| 18 | NO | 書籍番号 | 書籍名 | 単価 | 数量 | 金額 |
| 19 | 1 | e-011 | パソコン資格試験過去問題集 | 1,680 | 7 | 11,760 |
| 20 | 2 | l-112 | WEBデザイン入門 | 1,500 | 3 | 4,500 |
| 21 | 3 | h-022 | カラーコーディネーター入門 | 1,150 | 4 | 4,600 |
| 22 | 4 | k-041 | つくってみよう！DVD | 1,600 | 2 | 3,200 |
| 23 | 5 | b-023 | データベース初級編 | 1,800 | 2 | 3,600 |
| 24 | 6 | l-026 | データベース応用編 | 1,800 | 3 | 5,400 |
| 25 | 7 | | | | | |
| 26 | 8 | | | | | |
| 27 | 9 | | | | | |
| 28 | 10 | | | | | |
| 29 | 11 | | | | | |
| 30 | 12 | | | | | |
| 31 | 13 | | | | | |
| 32 | 14 | | | | | |
| 33 | 15 | | | | | |
| 34 | | | | | 小計（税込） | 33,060 |
| 35 | | | | | 送料（税込） | 700 |
| 36 | | | | | 税込合計金額 | 33,760 |
| 38 | お振込は12月10日までに下記までお願い申し上げます。 | | | | | |
| 39 | セントラル銀行　目黒支店　普通預金　1234567　株式会社マックスブックス | | | | | |
| 41 | | | | | 部長 | 担当 |

・請求書のひな形に情報を入力し、印刷する際、情報を入力していない空白行を自動で除外し、印刷するマクロを記録しましょう。
・抽出の解除を行うマクロを記録しましょう。
・記録したマクロが簡単に実行できるように、ボタンを作成してそれぞれのマクロを登録しましょう。

マクロ有効ブックとして、「問題50-2E」という名前で保存しましょう。

# 解答集

問題に対する解答例を記載しています。

基礎問題の解答例は、この手順どおりに操作しなくても、
同等の操作を行って問題の要求を満たす結果が得られれば「正解」です。

応用問題の解答例は、「完成例」ファイルを作成するための手順です。
作成した解答ファイルが完成例ファイルと異なっていても、
問題の要求を満たしていれば「正解」となります。

# 解答集目次

## 第1章 計算 .................................................. 99
- 基礎問題 1 売上日報 ........................................... 99
- 基礎問題 2 支店別売上実績表 ................................. 100
- 基礎問題 3 交通費精算書 ..................................... 101
- 基礎問題 4 時間帯別客単価 ................................... 103
- 基礎問題 5 仕入予定表 ....................................... 104
- 応用問題 6 売上予算管理 ..................................... 105
- 応用問題 7 売価算定表（値入率計算） ......................... 106
- 応用問題 8 新年度予算（季節指数計算） ....................... 107
- 応用問題 9 在庫管理表（不足発注数量計算） ................... 108
- 応用問題 10 損益分岐点 ...................................... 110
- 応用問題 11 月間勤務表 ...................................... 112

## 第2章 集計 .................................................. 116
- 基礎問題 12 在庫棚卸表 ...................................... 116
- 基礎問題 13 販売店別機種別売上表 ............................ 117
- 基礎問題 14 売上成績比較（クロス集計） ...................... 118
- 基礎問題 15 顧客別売上集計表 ................................ 118
- 基礎問題 16 全店経費集計表（シートの統合） .................. 120
- 基礎問題 17 研修会申込記録 .................................. 121
- 基礎問題 18 アンケート集計（クロス集計） .................... 122
- 応用問題 19 店舗別売上日報 .................................. 123
- 応用問題 20 店舗別商品別売上集計（シートの統合） ............ 124
- 応用問題 21 贈答品売上集計（3次元クロス集計） ............... 125

## 第3章 グラフ作成 ............................................ 127
- 基礎問題 22 事業別売上高推移（棒グラフ） .................... 127
- 基礎問題 23 商品別問合せ件数推移（折れ線グラフ） ............ 128
- 基礎問題 24 社員構成比率（円グラフ） ........................ 129
- 応用問題 25 月別分野別売上集計（積み上げ横棒グラフ） ........ 130
- 応用問題 26 上半期売上実績 .................................. 131
- 応用問題 27 第2四半期売上集計（グラフ上での絞り込み） ....... 132
- 応用問題 28 買上率（複合グラフ） ............................ 134
- 応用問題 29 海外売上比率推移（複合グラフ） .................. 136
- 応用問題 30 予算実績比較と将来予測 .......................... 137
- 応用問題 31 TOEICスコア分布（ヒストグラム） ................. 139
- 応用問題 32 不良品発生原因（パレート図） .................... 141

## 第4章 自動化・マクロ ........................................ 143
- 基礎問題 33 受注一覧（自動入力） ............................ 143
- 基礎問題 34 発注一覧（自動入力） ............................ 144
- 基礎問題 35 会議室予約表（マクロの記録／登録） .............. 146
- 基礎問題 36 顧客満足度調査 .................................. 148
- 応用問題 37 出荷伝票（自動入力） ............................ 150
- 応用問題 38 支払予定一覧表 .................................. 154
- 応用問題 39 DVD売上ベスト10自動抽出（マクロ）............... 155

## 第5章 データベース .......................................... 157
- 基礎問題 40 社員名簿 ........................................ 157
- 基礎問題 41 宿泊施設一覧 .................................... 158
- 基礎問題 42 売上台帳 ........................................ 159
- 応用問題 43 売上分析（条件抽出） ............................ 161
- 応用問題 44 社員満足度調査 .................................. 161
- 応用問題 45 受講履歴管理 .................................... 163

## 第6章 文書作成 .............................................. 166
- 基礎問題 46 見積書 .......................................... 166
- 基礎問題 47 納品書 .......................................... 167
- 基礎問題 48 請求書 .......................................... 168
- 応用問題 49 請求明細書 ...................................... 168
- 応用問題 50 請求明細書（マクロ） ............................ 171

# 第1章 計算

## 基礎問題 1 売上日報

セルに入力された数字はそのままでは数値として処理されるため、「0」で始まるコード番号を入力すると「0」を除いた状態で表示されます。これを避けるにはセルの書式設定を**[文字列]**にして、数字ではなく文字として扱うようにする方法があります。ただし、この方法では左上にエラーを示す緑色の三角形が表示されてしまいます。出題時の指定は、これを表示させない方法です。

**1.**

①セルA1をクリックします。
②**[ホーム]** タブの [11▼] **[フォントサイズ]** ボックスの▼をクリックし、**[24]** をクリックします。
③**[ホーム]** タブの **B** **[太字]** ボタンをクリックします。
④**[ホーム]** タブの **A▼** **[フォントの色]** ボタンの▼をクリックし、**[テーマの色]** の **[緑、アクセント6、黒＋基本色25%]**（上から5行目の右端）をクリックします。
⑤セルA1～A2を範囲選択します。
⑥**[ホーム]** タブの [セルを結合して中央揃え▼] **[セルを結合して中央揃え]** ボタンをクリックします。

**2.**

①セルA3～F13を範囲選択します。
②Ctrlキーを押しながらセルC14～F14を範囲選択します。
③**[ホーム]** タブの **[罫線]** ボタンの▼をクリックし、**[格子]** をクリックします。

**3.**

①セルA3～F3を範囲選択します。
②Ctrlキーを押しながらセルC14をクリックします。
③**[ホーム]** タブの **B** **[太字]** ボタンをクリックします。
④**[ホーム]** タブの **[塗りつぶしの色]** ボタンの▼をクリックし、**[標準の色]** の **[薄い緑]**（左から5列目）をクリックします。
⑤**[ホーム]** タブの **A▼** **[フォントの色]** ボタンの

▼をクリックし、**[テーマの色]** の **[白、背景1]**（1行目の左端）をクリックします。
⑥**[ホーム]** タブの **[中央揃え]** ボタンをクリックします。

**4.**

①列番号A～Fを範囲選択します。
②選択した任意の列番号の右側の境界線をポイントし、マウスポインターの形が ✥ になっていることを確認して、ダブルクリックします。

**5.**

①セルE1～E2を範囲選択します。
②**[ホーム]** タブの **[右揃え]** ボタンをクリックします。

**6.**

数式：=TODAY()

①セルF1をクリックし、数式バーの左横にある **fx** **[関数の挿入]** ボタンをクリックします。
②**[関数の挿入]** ダイアログボックスの **[関数の分類]** ボックスの▼をクリックし、**[日付/時刻]** をクリックし、**[関数名]** ボックスの **[TODAY]** をクリックして、**[OK]** をクリックします。
③**[関数の引数]** ダイアログボックスの **[OK]** をクリックします。
④**[ホーム]** タブの [標準▼] **[数値の書式]** ボックスの▼をクリックして、**[長い日付形式]** をクリックします。

**7.**

①セルF2をクリックします。
②「0.08」と入力し、**[ホーム]** タブの [標準▼] **[数値の書式]** ボックスの▼をクリックして、**[パーセンテージ]** をクリックします。

**8.**

数式：=C4*D4

①セルE4をクリックし、「=C4*D4」と入力して、Enterキーを押します。
②セルE4をクリックし、フィルハンドルをポイントし、マウスポインターの形が ✚ になっていることを確認して、セルE13までドラッグします。

**9.**

数式：=INT(E4*(1+$F$2))

①セルF4をクリックし、[fx] [関数の挿入] ボタンをクリックします。

②[関数の挿入] ダイアログボックスの [関数の分類] ボックスの▼をクリックして [数学/三角] をクリックし、[関数名] ボックスの [INT] をクリックして、[OK] をクリックします。

③[関数の引数] ダイアログボックスの [数値] ボックスにカーソルが表示されていることを確認し、「E4*(1+$F$2)」と入力して [OK] をクリックします。

④セルF4をクリックし、フィルハンドルをポイントし、マウスポインターの形が ✚ になっていることを確認して、セルF13までドラッグします。

> 消費税計算では小数点以下は切り捨てになるのでINT関数を使います。参照セルを絶対参照にするには、絶対参照したいセルを指定したあとにF4キーを一度押すと絶対参照になります。

**10.**

数式：=SUM(D4:D13)

①セルD14をクリックし、[ホーム] タブの [Σ▼] [合計] ボタンをクリックします。

②セルD14に [=SUM(D4:D13)] と表示されていることを確認し、[Σ▼] [合計] ボタンをクリックします。

**11.**

数式：=SUM(E4:E13)

①セルE14をクリックし、[ホーム] タブの [Σ▼] [合計] ボタンをクリックします。

②セルE14に [=SUM(E4:E13)] と表示されていることを確認し、[Σ▼] [合計] ボタンをクリックします。

③セルE14のフィルハンドルをポイントし、マウスポインターの形が ✚ になっていることを確認して、セルF14までドラッグします。

**12.**

①セルC4～C13を範囲選択します。

②Ctrlキーを押しながらセルE4～F14を範囲選択します。

③[ホーム] タブの [ , ] [桁区切りスタイル] ボタンをクリックします。

---

## 基礎問題 2　支店別売上実績表

**1.**

①セルA2をクリックし、[ホーム] タブの [B] [太字] ボタンをクリックします。

②[ホーム] タブの [11 ▼] [フォントサイズ] ボックスの▼をクリックし、[16] をクリックします。

**2.**

①セルE1に「日付：」と入力し、Enterキーを押します。

②セルE1をクリックし、[ホーム] タブの [≡] [右揃え] ボタンをクリックします。

**3.**

①セルF1をクリックし、「2016/5/20」と入力してEnterキーを押します。

②セルF1をクリックし、[ホーム] タブの [標準 ▼] [数値の書式] ボックスの▼をクリックして、[その他の表示形式] をクリックします。

③[セルの書式設定] ダイアログボックスの [表示形式] タブの [分類] ボックスの [日付] をクリックし、[種類] ボックスの [3月14日] をクリックして、[OK] をクリックします。

**4.**

①セルE4に「前年度比」、セルF4に「予算比」、セルA10に「合計」と入力します。

②列番号B～Fを範囲選択し、[ホーム] タブの [書式] ボタンをクリックして、[セルのサイズ] の [列の幅] をクリックします。

③[列幅] ダイアログボックスの [列幅] ボックスに「14」と入力し、[OK] をクリックします。

**5.**

①セルB4～F4を範囲選択し、Ctrlキーを押しながらセルA5～A10を範囲選択します。

②[ホーム] タブの [≡] [中央揃え] ボタンをクリックします。

**6.**

①セルA4～F10を範囲選択し、[ホーム] タブの [罫線] ボックス横にある▼をクリックして、[格子] をクリックします。

②セルA4～F4を範囲選択し、Ctrlキーを押しなが

らセルA9～F9を範囲選択します。
③[ホーム]タブの[罫線]ボックス横にある▼をクリックし、[下太線]をクリックします。

## 7.
①セルA4～F4を範囲選択し、Ctrlキーを押しながらセルA5～A10を範囲選択します。
②[ホーム]タブの[塗りつぶしの色]ボタンの▼をクリックし、[テーマの色]の[緑、アクセント6、白+基本色60%]（上から3行目の右端）をクリックします。

## 8.
①セルF3をクリックし、「(単位：千円)」と入力して、Enterキーを押します。
②セルF3をクリックし、[ホーム]タブの[右揃え]ボタンをクリックします。

## 9.
数式：=SUM(B5:B9)
①セルB10をクリックし、[ホーム]タブの[Σ▾][合計]ボタンをクリックします。
②セルB10に「=SUM(B5:B9)」と表示されていることを確認して、[Σ▾][合計]ボタンをクリックします。
③セルB10のフィルハンドルをポイントし、マウスポインターの形が＋になっていることを確認してからセルD10まで右ドラッグし、ショートカットメニューの[書式なしコピー（フィル）]をクリックします。

## 10.
数式：=D5/B5
①セルE5をクリックし、「=D5/B5」と入力して、Enterキーを押します。
②セルE5をクリックし、フィルハンドルをポイントしてマウスポインターの形が＋になっていることを確認し、セルE10まで右ドラッグして、ショートカットメニューの[書式なしコピー（フィル）]をクリックします。

## 11.
数式：=D5/C5
①セルF5をクリックし、「=D5/C5」と入力して、Enterキーを押します。
②セルF5をクリックしてフィルハンドルをポイント

し、マウスポインターの形が＋になっていることを確認し、セルF10まで右ドラッグして、ショートカットメニューの[書式なしコピー（フィル）]をクリックします。

## 12.
①セルB5～D10を範囲選択し、[ホーム]タブの[,][桁区切りスタイル]ボタンをクリックします。

## 13.
①セルE5～F10を範囲選択し、[ホーム]タブの[%]「パーセントスタイル」ボタンをクリックします。
②[ホーム]タブの[小数点以下の表示桁数を増やす]ボタンをクリックします。

---

### 基礎問題 3　交通費精算書

## 1.
数式：=IF(C4="","",TODAY())
①セルJ4をクリックし、[fx][関数の挿入]ボタンをクリックします。
②[関数の挿入]ダイアログボックスの[関数の分類]ボックスの▼をクリックして[論理]をクリックし、[関数名]ボックスの[IF]をクリックして、[OK]をクリックします。
③[関数の引数]ダイアログボックスの[論理式]ボックスにカーソルが表示されていることを確認し、「C4=""」と入力します。
④[真の場合]ボックスをクリックし、「""」と入力します。
⑤[偽の場合]ボックスをクリックし、「TODAY()」と入力して、[OK]をクリックします。

## 2.
①セルB14～B23を範囲選択します。
②[ホーム]タブの[書式]ボタンをクリックし、[保護]の[セルの書式設定]をクリックします。
③[セルの書式設定]ダイアログボックスの[表示形式]タブの[分類]ボックスの[日付]をクリックし、[種類]ボックスの[3/14]をクリックして、[OK]をクリックします。
④[ホーム]タブの[中央揃え]ボタンをクリックします。

**3.**
①セルC14～D23を範囲選択します。
②Ctrlキーを押しながらセルI14～I23を範囲選択します。
③[ホーム]タブの[書式]ボタンをクリックし、[保護]の[セルの書式設定]をクリックします。
④[セルの書式設定]ダイアログボックスの[配置]タブをクリックし、[文字の制御]の[縮小して全体を表示する]チェックボックスをオンにして、[OK]をクリックします。

**4.**
数式：=IF(AND(E14="",F14="",G14=""),"",SUM(E14:G14))
①セルH14をクリックし、[関数の挿入]ボタンをクリックします。
②[関数の挿入]ダイアログボックスの[関数の分類]ボックスに[論理]と表示されていることを確認し、[関数名]ボックスの[IF]をクリックして、[OK]をクリックします。
③[関数の引数]ダイアログボックスの[論理式]ボックスにカーソルが表示されていることを確認し、数式バーの左端にある関数ボックスの▼をクリックして、[AND]をクリックするか、[その他の関数]をクリックして[AND]を選びます。
④[関数の引数]ダイアログボックスの[論理式1]ボックスにカーソルが表示されていることを確認し、「E14=""」と入力します。
⑤[論理式2]ボックスをクリックし、「F14=""」と入力します。
⑥[論理式3]ボックスをクリックし、「G14=""」と入力します。
⑦数式バーの「IF」の関数名をクリックします。
⑧[関数の引数]ダイアログボックスの[真の場合]ボックスをクリックし、「""」と入力します。
⑨[偽の場合]ボックスをクリックし、関数ボックスの▼をクリックして、[SUM]をクリックします。
⑩[関数の引数]ダイアログボックスの[数値1]ボックスに[E14：G14]と表示されていることを確認し、[OK]をクリックします。
⑪セルH14のフィルハンドルをポイントし、マウスポインターの形が✚になっていることを確認し、セルH23まで右ドラッグして、ショートカットメニューの[書式なしコピー（フィル）]をクリックします。

**5.**
数式：=IF(SUM(E14:E23)=0,"",SUM(E14:E23))
①セルE24をクリックし、[関数の挿入]ボタンをクリックします。
②[関数の挿入]ダイアログボックスの[関数の分類]ボックスに[論理]と表示されていることを確認し、[関数名]ボックスの[IF]をクリックして、[OK]をクリックします。
③[関数の引数]ダイアログボックスの[論理式]ボックスにカーソルが表示されていることを確認し、関数ボックスの▼をクリックして、[SUM]をクリックします。
④[関数の引数]ダイアログボックスの[数値1]ボックスにカーソルが表示されていることを確認し、セルE14～E23を範囲選択します。
⑤数式バーの「IF」の関数名をクリックします。
⑥[関数の引数]ダイアログボックスの[論理式]ボックスをクリックし、「SUM(E14:E23)」の後ろをクリックして「=0」と入力します。
⑦[真の場合]ボックスをクリックし、「""」と入力します。
⑧[偽の場合]ボックスをクリックし、関数ボックスの▼をクリックして、[SUM]をクリックします。
⑨[関数の引数]ダイアログボックスの[数値1]ボックスにカーソルが表示されていることを確認し、セルE14～E23を範囲選択して、[OK]をクリックします。
⑩セルE24のフィルハンドルをポイントし、マウスポインターの形が✚になっていることを確認して、セルH24までドラッグします。

**6.**
数式：=H24
①セルI26をクリックし、「=H24」と入力して、Enterキーを押します。

**7.**
数式：=IF(I27="","",IF(I27<=I26,0,I27-I26))
①セルI28をクリックし、[関数の挿入]ボタンをクリックします。
②[関数の挿入]ダイアログボックスの[関数の分類]ボックスに[論理]と表示されていることを確認し、[関数名]ボックスの[IF]をクリックして、[OK]をクリックします。
③[関数の引数]ダイアログボックスの[論理式]ボッ

クスにカーソルが表示されていることを確認し、「I27=""」と入力します。
④[真の場合]ボックスをクリックし、「""」と入力します。
⑤[偽の場合]ボックスをクリックし、関数ボックスの▼をクリックして、[IF]をクリックします。
⑥[関数の引数]ダイアログボックスの[論理式]ボックスにカーソルが表示されていることを確認し、「I27<=I26」と入力します。
⑦[真の場合]ボックスをクリックし、「0」と入力します。
⑧[偽の場合]ボックスをクリックし、「I27-I26」と入力して、[OK]をクリックします。

## 8.
数式：=IF(I26="","",I26-I27)
①セルC10をクリックし、$f_x$[関数の挿入]ボタンをクリックします。
②[関数の挿入]ダイアログボックスの[関数の分類]ボックスに[論理]と表示されていることを確認し、[関数名]ボックスの[IF]をクリックして、[OK]をクリックします。
③[関数の引数]ダイアログボックスの[論理式]ボックスにカーソルが表示されていることを確認し、「I26=""」と入力します。
④[真の場合]ボックスをクリックし、「""」と入力します。
⑤[偽の場合]ボックスをクリックし、「I26-I27」と入力して、[OK]をクリックします。

## 9.
①セルC10をクリックし、Ctrlキーを押しながらセルI26～I28を範囲選択します。
②[ホーム]タブの[通貨表示形式]ボタンをクリックします。

## 10.
①セルC4～C6を範囲選択します。
②Ctrlキーを押しながらセルB14～G23、I14～I23、I27を範囲選択します。
③[ホーム]タブの[書式]ボタンをクリックし、[保護]の[セルのロック]をクリックします。
④[ホーム]タブの[書式]ボタンをクリックし、[保護]の[シートの保護]をクリックします。
⑤[シートの保護]ダイアログボックスの[OK]をクリックします。

## 11.
①[表示]タブの[目盛線]チェックボックスをオフにします。

## 12.
①セルC4～C6を範囲選択します。
②Ctrlキーを押しながらセルB14～G21を範囲選択します。
③Delキーを押します。

## 13.
①[ファイル]タブをクリックし、[名前を付けて保存]をクリックします。
②[名前を付けて保存]ダイアログボックスの[ファイル名]ボックスに「問題03-2E」と入力します。
③[ファイルの種類]ボックスの▼をクリックし、[Excelテンプレート]をクリックします。
④[保存先]のボックスの上に[Officeのカスタムテンプレート]と表示されていることを確認し、[保存]をクリックします。
⑤[Excelテンプレート]として保存したフィアルを開くには、[ファイル]タブの[新規]をクリックし、[個人用]から[Excelテンプレート]として保存したブックを開きます。

## 基礎問題 4 時間帯別客単価

### 1.
①セルA1をクリックします。
②[ホーム]タブの[11▼][フォントサイズ]ボックスの▼をクリックし、[16]をクリックします。
③[ホーム]タブの[B][太字]ボタンをクリックします。
④[ホーム]タブの[A▼][フォントの色]ボタンの▼をクリックし、[テーマの色]の[オレンジ、アクセント2]（1行目の左から6列目）をクリックします。
⑤セルA1～D1を範囲選択します。
⑥[ホーム]タブの[セルを結合して中央揃え▼][セルを結合して中央揃え]ボタンをクリックします。

### 2.
①セルA3～D17を範囲選択します。
②[ホーム]タブの[罫線]ボタンの▼をクリックし、[格子]をクリックします。
③セルA3～D3を範囲選択します。

④Ctrlキーを押しながらセルA15～D15を範囲選択します。
⑤[ホーム]タブの[罫線]ボタンの▼をクリックし、[下二重罫線]をクリックします。

## 3.
①セルA3～D3を範囲選択します。
②Ctrlキーを押しながらセルA4～A17を範囲選択します。
③[ホーム]タブの[中央揃え]ボタンをクリックします。
④[ホーム]タブの[塗りつぶしの色]ボタンの▼をクリックし、[テーマの色]の[オレンジ、アクセント2、白+基本色40%]（上から4行目の左から6列目）をクリックします。

## 4.
数式：=SUM(B4:B15)
①セルB16をクリックし、[ホーム]タブの[Σ▼][合計]ボタンをクリックします。
②セルB16に[=SUM(B4:B15)]と表示されていることを確認し、[Σ▼][合計]ボタンをクリックします。
③セルB16のフィルハンドルをポイントし、マウスポインターの形が✛になっていることを確認して、セルC16までドラッグします。

## 5.
数式：=AVERAGE(B4:B15)
①セルB17をクリックし、[ホーム]タブの[Σ▼][合計]ボタンの▼をクリックして、[平均]をクリックします。
②セルB4～B15を範囲選択します。
③セルB17に[=AVERAGE(B4:B15)]と表示されていることを確認し、[Σ▼][合計]ボタンをクリックします。
④セルB17のフィルハンドルをポイントし、マウスポインターの形が✛になっていることを確認して、セルC17までドラッグします。

## 6.
①セルB4～B17を範囲選択します。
②Ctrlキーを押しながらセルD4～D17を範囲選択します。
③[ホーム]タブの[通貨表示形式]ボタンをクリックします。

## 7.
①セルC17をクリックし、数値が整数の表示になるまで[ホーム]タブの[小数点以下の表示桁数を減らす]ボタンをクリックします。

## 8.
数式：=ROUND(B4/C4,0)
①セルD4をクリックし、[fx][関数の挿入]ボタンをクリックします。
②[関数の挿入]ダイアログボックスの[関数の分類]ボックスの▼をクリックして[数学/三角]をクリックし、[関数名]ボックスの[ROUND]をクリックして、[OK]をクリックします。
③[関数の引数]ダイアログボックスの[数値]ボックスにカーソルが表示されていることを確認し、「B4/C4」と入力します。
④[桁数]ボックスをクリックし、「0」と入力して、[OK]をクリックします。
⑤セルD4のフィルハンドルをポイントし、マウスポインターの形が✛になっていることを確認して、セルD17までドラッグします。

### 基礎問題 5 仕入予定表

## 1.
数式：=IF(F4<E4,E4-F4,"")
①セルG4をクリックし、[fx][関数の挿入]ボタンをクリックします。
②[関数の挿入]ダイアログボックスの[関数の分類]ボックスの▼をクリックして[論理]をクリックし、[関数名]ボックスの[IF]をクリックして、[OK]をクリックします。
③[関数の引数]ダイアログボックスの[論理式]ボックスにカーソルが表示されていることを確認し、「F4<E4」と入力します。
④[真の場合]ボックスをクリックし、「E4-F4」と入力します。
⑤[偽の場合]ボックスをクリックし、「""」と入力して、[OK]をクリックします。
⑥セルG4のフィルハンドルをポイントし、マウスポインターの形が✛になっていることを確認して、セルG21までドラッグします。

## 2.
数式：=IF(G4="","",D4*G4)
①セルH4をクリックし、[fx][関数の挿入]ボタン

をクリックします。
② [関数の挿入] ダイアログボックスの [関数の分類] ボックスに [論理] と表示されていることを確認し、[関数名] ボックスの [IF] をクリックして、[OK] をクリックします。
③ [関数の引数] ダイアログボックスの [論理式] ボックスにカーソルが表示されていることを確認し、「G4=""」と入力します。
④ [真の場合] ボックスをクリックし、「""」と入力します。
⑤ [偽の場合] ボックスをクリックし、「D4*G4」と入力して、[OK] をクリックします。
⑥ セルH4のフィルハンドルをポイントし、マウスポインターの形が╋になっていることを確認して、セルH21までドラッグします。

**3.**
① セルH22をクリックし、[ホーム] タブの Σ・ [合計] ボタンをクリックします。
② セルH4～H21を範囲選択し、[=SUM(H4:H21)] と表示されていることを確認して、Σ・ [合計] ボタンをクリックします。

**4.**
① セルD4～D21を範囲選択し、Ctrlキーを押しながらセルH4～H22を範囲選択します。
② [ホーム] タブの [通貨表示形式] ボタンをクリックします。

**5.**
① セルA3～H21を範囲選択し、[データ] タブの [並べ替え] ボタンをクリックします。
② [並べ替え] ダイアログボックスの [最優先されるキー] ボックスの▼をクリックし、[品番] をクリックします。
③ [並べ替えのキー] ボックスに [値]、[順序] ボックスに [昇順] と表示されていることを確認し、[OK] をクリックします。

**6.**
① 表内の任意のセルをクリックします。
② [データ] タブの [フィルター] ボタンをクリックします。
③ [商品名] の▼をクリックして [テキストフィルター] をポイントし、[指定の値を含む] をクリックします。

④ [オートフィルターオプション] ダイアログボックスの [商品名] ボックスに「敷パッド」と入力します。
⑤ [OK] をクリックします。

**7.**
① [データ] タブの [クリア] ボタンをクリックします。

## 応用問題 6 売上予算管理

**1.** 過去の達成率を算出する列と見出しを作成します。
① 列番号Eをクリックし、[ホーム] タブの [挿入] ボタンをクリックします。
② 列番号Hをクリックし、[ホーム] タブの [挿入] ボタンをクリックします。
③ セルC3～E3を範囲選択し、[ホーム] タブの [セルを結合して中央揃え] ボタンの▼をクリックして、[セルの結合] (または [横方向に結合]) をクリックします。
④ セルF3～H3を範囲選択し、[ホーム] タブの [セルを結合して中央揃え] ボタンの▼をクリックして、[セルの結合] (または [横方向に結合]) をクリックします。
⑤ セルE4とH4に「達成率」と入力します。

**2.** 達成率を算出し、パーセントスタイルを設定します。
数式：=D5/C5
① セルE5をクリックし、「=D5/C5」と入力して、Enterキーを押します。
② セルE5をクリックし、フィルハンドルをポイントし、マウスポインターの形が╋になっていることを確認して、セルE12までドラッグします。
③ [ホーム] タブの % [パーセントスタイル] ボタンをクリックします。
数式：=G5/F5
④ セルH5をクリックし、「=G5/F5」と入力して、Enterキーを押します。
⑤ セルH5をクリックし、フィルハンドルをポイントし、マウスポインターの形が╋になっていることを確認して、セルH12までドラッグします。
⑥ [ホーム] タブの % [パーセントスタイル] ボタンをクリックします。

**3.** 過去の予算設定方法を確認します。
①C列、F列の数値のセルをクリックし、数式を確認します。

**4.** 2015年の予算の数式をコピーして2016年の予算を算出します。
数式：=ROUND(G5*1.03,0)
①セルF5をクリックし、[ホーム] タブの [コピー] ボタンをクリックします。
②セルI5をクリックし、[ホーム] タブの [貼り付け] ボタンの▼をクリックして、[数式] をクリックします。
③数式バーに [=ROUND(G5*1.03,0)] と表示されていることを確認します。
④セルI5のフィルハンドルをポイントし、マウスポインターの形が✚になっていることを確認して、セルI12までドラッグします。

**5.** 数値データに桁区切りスタイルを設定します。
①セルB5〜D12を範囲選択し、Ctrlキーを押しながらセルF5〜G12、I5〜I12を範囲選択します。
②[ホーム] タブの [桁区切りスタイル] ボタンをクリックします。

**6.** 直近の達成率の高い順にデータを並べ替えます。
①セルA5〜I12を範囲選択します。
②[データ] タブの [並べ替え] ボタンをクリックします。
③[並べ替え] ダイアログボックスの [最優先されるキー] ボックスの▼をクリックし、[列H] をクリックします。
④[並べ替えのキー] ボックスに [値] と表示されていることを確認し、[順序] ボックスの▼をクリックし、[降順] をクリックして、[OK] をクリックします。

**7.** 2015年の達成率にアイコンセットを表示します。
①セルH5〜H12を範囲選択します。
②[ホーム] タブの [条件付き書式] ボタンをクリックし、[アイコンセット] をポイントして [評価] の [3種類の星] をクリックします。

## 応用問題 7 売価算定表（値入率計算）

**1.** 売価、売上高、粗利益高の見出しを作成します。
①セルE3に「売価」、F3に「売上高」、G3に「粗利益高」と入力します。

**2.** 売価を算出します。
数式：=ROUND(B4/(1-C4),0)
①セルE4をクリックし、[関数の挿入] ボタンをクリックします。
②[関数の挿入] ダイアログボックスの [関数の分類] ボックスの▼をクリックして [数学/三角] をクリックし、[関数名] ボックスの [ROUND] をクリックして、[OK] をクリックします。
③[関数の引数] ダイアログボックスの [数値] ボックスにカーソルが表示されていることを確認し、「B4/(1-C4)」と入力します。
④[桁数] ボックスをクリックし、「0」と入力して、[OK] をクリックします。
⑤セルE4のフィルハンドルをポイントし、マウスポインターの形が✚になっていることを確認して、セルE13までドラッグします。

**3.** 売上高を算出します。
数式：=D4*E4
①セルF4をクリックし、「=D4*E4」と入力して、Enterキーを押します。
②セルF4をクリックし、フィルハンドルをポイントし、マウスポインターの形が✚になっていることを確認して、セルF13までドラッグします。

**4.** 粗利益高を算出します。
数式：=(E4-B4)*D4
①セルG4をクリックし、「=(E4-B4)*D4」と入力して、Enterキーを押します。
②セルG4をクリックし、フィルハンドルをポイントし、マウスポインターの形が✚になっていることを確認して、セルG13までドラッグします。

**5.** 売上高と粗利益高の合計を算出します。
数式：=SUM(F4:F13)
①セルF14を選択し、[ホーム] タブの [Σ▼] [合計] ボタンをクリックし、数式を確認して [Σ▼] [合計] ボタンをクリックします。
②セルF14のフィルハンドルをポイントし、マウスポインターの形が✚になっていることを確認し

6. 表の書式を任意に設定します。
①セルA3～G3を範囲選択し、Ctrlキーを押しながらセルA14～G14を範囲選択します。
②[ホーム]タブの[塗りつぶしの色]ボタンの▼をクリックし、[テーマの色]の[緑、アクセント6、白＋基本色40%]（上から4行目の右端）をクリックします。
③セルE4～G13を範囲選択し、[ホーム]タブの[塗りつぶしの色]ボタンの▼をクリックして、[テーマの色]の[灰色、アクセント3、白＋基本色80%]（上から2行目の左から7列目）をクリックします。
④セルA3～G3を範囲選択し、[ホーム]タブの[中央揃え]ボタンをクリックします。
⑤セルA14～E14を範囲選択し、[ホーム]タブの[セルを結合して中央揃え]ボタンをクリックします。
⑥セルB4～B13を範囲選択し、Ctrlキーを押しながらD4～G13、F14～G14を範囲選択して、[ホーム]タブの[桁区切りスタイル]ボタンをクリックします。

7. 表に罫線を設定し、列幅を整えます。
①セルA3～G14を範囲選択し、[ホーム]タブの[罫線]ボタンの▼をクリックして、[格子]をクリックし、再度[罫線]ボタンの▼をクリックして、[太い外枠]をクリックします。
②列番号Aをクリックし、[ホーム]タブの[書式]ボタンをクリックして、[セルのサイズ]の[列の幅の自動調整]をクリックします。
③列番号B～Gを範囲選択し、[ホーム]タブの[書式]ボタンをクリックして、[セルのサイズ]の[列の幅]をクリックします。
④[列幅]ダイアログボックスの[列幅]ボックスに「11」と入力し、[OK]をクリックします。

8. 日付の表示形式をユーザー定義し、「○○年○月度実績」と表示されるように設定します。
①セルA2をクリックし、[ホーム]タブの[書式]ボタンをクリックして、[保護]の[セルの書式設定]をクリックします。
②[セルの書式設定]ダイアログボックスの[表示形式]タブの[分類]ボックスの[ユーザー定義]が選択されていることを確認し、[種類]ボックスに「yy"年"m"月度実績"」と入力して、[OK]をクリックします。

9. 日付の入力方法を促すコメントを挿入します。
①セルA2をクリックし、[校閲]タブの[新しいコメント]ボタンをクリックします。
②コメントボックスに「当月の年月を半角で入力してください。」と入力します。
③コメントボックスのサイズ変更ハンドルをドラッグし、サイズを調整します。
④Escキーを押します。

## 応用問題 8 新年度予算（季節指数計算）

1. 過去累計、季節指数、2016年予算の見出しを作成して書式を設定します。
①セルA7に「過去累計」、A8に「季節指数」、A9に「2016年予算」と入力します。
②セルA7～N9を範囲選択し、[ホーム]タブの[罫線]ボタンの▼をクリックして、[格子]をクリックします。
③セルA6を選択し、[ホーム]タブの[書式のコピー/貼付]ボタンをクリックします。
④刷毛マークが表示されていることを確認し、セルA7～A9までドラッグします。

2. 過去のデータから月別の過去累計と年間の累計を算出します。
月別の過去累計　数式：=SUM(B4:B6)
年間計　数式：=SUM(N4:N6)
①セルB7を選択し、[ホーム]タブの[Σ][合計]ボタンをクリックし、数式を確認して[Σ][合計]ボタンをクリックします。
②セルB7のフィルハンドルをポイントし、マウスポインターの形が＋になっていることを確認して、セルN7までドラッグします。

3. 年間の累計に対する月別の累計の比率を算出し、パーセントスタイルの小数点第1位までを表示する表示形式を設定します。
数式：=B7/$N$7
①セルB8をクリックし、「=B7/$N$7」と入力して、Enterキーを押します。
②セルB8をクリックし、[ホーム]タブの[%][パーセントスタイル]ボタンをクリックして、[小数点以下の表示桁数を増やす]ボタンをクリック

します。
③セルB8のフィルハンドルをポイントし、マウスポインターの形が ✚ になっていることを確認して、セルM8までドラッグします。

**4.** 季節指数を使って2016年の予算を四捨五入して算出します。
数式：=ROUND(N6*1.05,0)
①セルN9をクリックし、[fx] [関数の挿入] ボタンをクリックします。
②[関数の挿入] ダイアログボックスの [関数の分類] ボックスの▼をクリックして [数学/三角] をクリックし、[関数名] ボックスの [ROUND] をクリックして、[OK] をクリックします。
③[関数の引数] ダイアログボックスの [数値] ボックスにカーソルが表示されていることを確認し、「N6*1.05」と入力します。
④[桁数] ボックスをクリックし、「0」と入力して、[OK] をクリックします。
数式：=ROUND($N$9*B8,0)
⑤セルB9をクリックし、[fx] [関数の挿入] ボタンをクリックします。
⑥[関数の挿入] ダイアログボックスの [関数の分類] ボックスに [数学/三角] と表示されていることを確認し、[関数名] ボックスの [ROUND] をクリックして、[OK] をクリックします。
⑦[関数の引数] ダイアログボックスの [数値] ボックスにカーソルが表示されていることを確認し、「$N$9*B8」と入力します。
⑧[桁数] ボックスをクリックし、「0」と入力して、[OK] をクリックします。
⑨セルB9のフィルハンドルをポイントし、マウスポインターの形が ✚ になっていることを確認して、セルM9までドラッグします。
⑩セルB9〜N9を範囲選択し、[ホーム] タブの [ , ] [桁区切りスタイル] ボタンをクリックします。

**5.** 季節指数を表すマーカー付き折れ線グラフを作成します。
①セルA3〜M3を範囲選択し、Ctrlキーを押しながらセルA8〜M8を範囲選択します。
②[挿入] タブの [折れ線/面グラフの挿入] ボタンをクリックし、[2-D折れ線] の [マーカー付き折れ線] （上から1行目の左から4列目）をクリックします。

**6.** グラフのサイズと位置を調整します。
①グラフの余白部分をポイントし、[グラフエリア] と表示されていることを確認して、Altキーを押しながらグラフの左上がセルA11と重なるようにドラッグします。
②グラフエリアの右下隅をポイントし、マウスポインターの形が になっていることを確認して、Altキーを押しながらセルN26までドラッグします。
③グラフタイトルを選択し、[ホーム] タブの [B] [太字] ボタンをクリックします。
④グラフの右横にある [+] [グラフ要素] ボタンをクリックし、[データラベル] にチェックを入れます。[データラベル] の右にある横三角をクリックし [上] を選択します。
⑤グラフの余白部分をポイントし、[グラフエリア] と表示されていることを確認してクリックし、[ホーム] タブの [11] [フォントサイズ] ボックスの▼をクリックして、[11] をクリックします。

## 応用問題 9 在庫管理表（不足発注数量計算）

**1.** 作成日付として本日の日付が表示されるように設定します。
数式：=TODAY()
①セルK2をクリックし、[fx] [関数の挿入] ボタンをクリックします。
②[関数の挿入] ダイアログボックスの [関数の分類] ボックスの▼をクリックして [日付/時刻] をクリックし、[関数名] ボックスの [TODAY] をクリックして、[OK] をクリックします。
③[関数の引数] ダイアログボックスの [OK] をクリックします。
④セルK2が選択されていることを確認し、[ホーム] タブの [書式] ボタンをクリックして、[保護] の [セルの書式設定] をクリックします。
⑤[セルの書式設定] ダイアログボックスの [表示形式] タブの [分類] ボックスの [ユーザー定義] をクリックし、[種類] ボックスに「yy"年"m"月現在"」と入力して、[OK] をクリックします。

**2.** 当月在庫数量を算出します。
数式：=IF(COUNT(D4:F4)=0,"",D4+E4-F4)
①セルG4をクリックし、[fx] [関数の挿入] ボタンをクリックします。
②[関数の挿入] ダイアログボックスの [関数の分類]

⑨ [偽の場合] ボックスをクリックし、「G4*H4」と入力して、[OK] をクリックします。
⑩ セルI4のフィルハンドルをポイントし、マウスポインターの形が✚になっていることを確認して、セルI11までドラッグします。

**4.** 不足発注数量を算出します。
数　式：=IF(OR(G4="",J4=""),"",IF(J4-G4<1,"",J4-G4))
① セルK4をクリックし、[関数の挿入] ボタンをクリックします。
② [関数の挿入] ダイアログボックスの [関数の分類] ボックスに [論理] と表示されていることを確認し、[関数名] ボックスの [IF] をクリックして、[OK] をクリックします。
③ [関数の引数] ダイアログボックスの [論理式] ボックスにカーソルが表示されていることを確認し、関数ボックスの▼をクリックして、[OR] をクリックします。
④ [関数の引数] ダイアログボックスの [論理式1] ボックスにカーソルが表示されていることを確認し、「G4=""」と入力します。
⑤ [論理式2] ボックスをクリックし、「J4=""」と入力します。
⑥ 数式バーの「IF」の関数名をクリックします。
⑦ [関数の引数] ダイアログボックスの [真の場合] ボックスをクリックし、「""」と入力します。
⑧ [偽の場合] ボックスをクリックし、関数ボックスの▼をクリックして、[IF] をクリックします。
⑨ [関数の引数] ダイアログボックスの [論理式] ボックスにカーソルが表示されていることを確認し、「J4-G4<1」と入力します。
⑩ [真の場合] ボックスをクリックし、「""」と入力します。
⑪ [偽の場合] ボックスをクリックし、「J4-G4」と入力して、[OK] をクリックします。
⑫ セルK4のフィルハンドルをポイントし、マウスポインターの形が✚になっていることを確認して、セルK11までドラッグします。

**5.** 当月在庫数量の合計と在庫金額（円）の合計を算出します。
数式：=SUM(G4:G11)
① セルG12を選択し、[ホーム] タブの [Σ▼] [合計] ボタンをクリックし、数式を確認して [Σ▼] [合計] ボタンをクリックします。

---

ボックスの▼をクリックして [論理] をクリックし、[関数名] ボックスの [IF] をクリックして、[OK] をクリックします。
③ [関数の引数] ダイアログボックスの [論理式] ボックスにカーソルが表示されていることを確認し、関数ボックスの▼をクリックして、[COUNT] をクリックするか、[その他の関数] をクリックして [COUNT] を選びます。
④ [値1] ボックスに [D4:F4] と表示されていることを確認します。
⑤ 数式バーの「IF」の関数名をクリックします。
⑥ [関数の引数] ダイアログボックスの [論理式] ボックスの「COUNT(D4:F4)」の後ろをクリックし、「=0」と入力します。
⑦ [真の場合] ボックスをクリックし、「""」と入力します。
⑧ [偽の場合] ボックスをクリックし、「D4+E4-F4」と入力して、[OK] をクリックします。
⑨ セルG4のフィルハンドルをポイントし、マウスポインターの形が✚になっていることを確認して、セルG11までドラッグします。

**3.** 在庫金額（円）を算出します。
数式：=IF(OR(G4="",H4=""),"",G4*H4)
① セルI4をクリックし、[関数の挿入] ボタンをクリックします。
② [関数の挿入] ダイアログボックスの [関数の分類] ボックスに [論理] と表示されていることを確認し、[関数名] ボックスの [IF] をクリックして、[OK] をクリックします。
③ [関数の引数] ダイアログボックスの [論理式] ボックスにカーソルが表示されていることを確認し、関数ボックスの▼をクリックして、[その他の関数] をクリックします。
④ [関数の挿入] ダイアログボックスの [関数の分類] ボックスに [論理] と表示されていることを確認し、[関数名] ボックスの [OR] をクリックして、[OK] を押します。
⑤ [関数の引数] ダイアログボックスの [論理式1] ボックスにカーソルが表示されていることを確認し、「G4=""」と入力します。
⑥ [論理式2] ボックスをクリックし、「H4=""」と入力します。
⑦ 数式バーの「IF」の関数名をクリックします。
⑧ [関数の引数] ダイアログボックスの [真の場合] ボックスをクリックし、「""」と入力します。

数式：=SUM(I4:I11)

②セルI12を選択し、[ホーム]タブの Σ▼ [合計]ボタンをクリックし、数式を確認して Σ▼ [合計]ボタンをクリックします。

**6.** 数値データに桁区切りスタイルを設定し、不足発注数量のフォントの色を赤色に設定します。

①セルD4～K12を範囲選択し、[ホーム]タブの 「,」[桁区切りスタイル]ボタンをクリックします。

②セルK4～K11を範囲選択し、[ホーム]タブの A▼ [フォントの色]ボタンをクリックします。

**7.** 当月前月在庫数量と適正在庫数量を比較する集合縦棒グラフを作成します。

①セルC3～C11を範囲選択し、Ctrlキーを押しながらセルG3～G11、J3～J11を範囲選択します。

②[挿入]タブの [縦棒/横棒グラフの挿入]ボタンをクリックし、[2-D縦棒]の[集合縦棒](1行目の左端)をクリックします。

**8.** グラフのサイズと位置を調整し、グラフのレイアウトとデザインを任意に設定します。

①グラフの余白部分をポイントし、[グラフエリア]と表示されていることを確認して、Altキーを押しながらグラフの左上がセルB14と重なるようにドラッグします。

②グラフエリアの右下隅をポイントし、マウスポインターの形が になっていることを確認して、Altキーを押しながらセルK27までドラッグします。

③[グラフツール]の[デザイン]タブの[グラフのレイアウト]グループの [クイックレイアウト]をクリックし、[レイアウト10]をクリックします。

④[グラフツール]の[デザイン]タブの[グラフのスタイル]グループの [その他]ボタンをクリックし、[スタイル14]をクリックします。

⑤[グラフツール]の[デザイン]タブの [色の変更]ボタンをクリックし、[モノクロ]グループの[色5]をクリックします。

**9.** グラフタイトル、データラベルの設定をします。

①[グラフタイトル]の要素をクリックし、「在庫数量比較」と入力します。

②グラフの右横に表示された [グラフ要素]ボタンをクリックし、[データラベル]の右にある横三角をクリックし[外側]を選択します。

**10.** 入力が必要なセルを除いて、その他のセルが編集できないようにワークシートの保護を設定します。

①セルB4～F11を範囲選択し、Ctrlキーを押しながらセルH4～H11、J4～J11を範囲選択します。

②[ホーム]タブの [書式]ボタンをクリックし、[保護]の[セルのロック]をクリックします。

③[ホーム]タブの [書式]ボタンをクリックし、[保護]の[シートの保護]をクリックします。

④[シートの保護]ダイアログボックスの[OK]をクリックします。

## 応用問題 10 損益分岐点

**1.** タイトルを入力します。

①セルA1に「損益分岐点」と入力します。

**2.** 販売価格欄を作成します。

①セルA3に「販売価格(1台あたり)」、B3に「160000」と入力します。

②セルB3が選択されていることを確認し、[ホーム]タブの 「,」[桁区切りスタイル]ボタンをクリックします。

**3.** 「固定費(月あたり)」の表のデータを入力し、合計を算出します。

数式：=SUM(B6:B10)

①セルA5に「固定費(月あたり)」と入力します。

②セルA6～A10に固定費の項目、セルB6～B10に金額を入力します。

③セルA11に「合計」と入力します。

④セルB11をクリックし、[ホーム]タブの Σ▼ [合計]ボタンをクリックし、[=SUM(B6:B10)]と表示されていることを確認して、Σ▼ [合計]ボタンをクリックします。

⑤セルB6～B11を範囲選択し、[ホーム]タブの 「,」[桁区切りスタイル]ボタンをクリックします。

**4.** 「変動費(1台あたり)」の表のデータを入力し、合計を算出します。

数式：=SUM(B14:B16)

①セルA13に「変動費(1台あたり)」と入力します。

②セルA14～A16に変動費の項目、セルB14～

B16に金額を入力します。
③セルA17に「合計」と入力します。
④セルB17をクリックし、[ホーム]タブの Σ▾ [合計]ボタンをクリックし、[=SUM(B14:B16)]と表示されていることを確認して、Σ▾ [合計]ボタンをクリックします。
⑤セルB14～B17を範囲選択し、[ホーム]タブの , [桁区切りスタイル]ボタンをクリックします。

5. 各表の列幅を調整し、書式と罫線を任意に設定します。
①列番号A～Bを範囲選択し、[ホーム]タブの [書式]ボタンをクリックして、[セルのサイズ]の[列の幅の自動調整]をクリックします。
②セルA5～B5を範囲選択し、[ホーム]タブの [セルを結合して中央揃え]ボタンの▼をクリックして、[横方向に結合]をクリックします。
③セルA13～B13を範囲選択し、F4キーを押します。

F4キーは直前の操作を繰り返すショートカットキーです。

④セルA3～B3を範囲選択し、Ctrlキーを押しながらセルA5、A11～B11、A13、A17～B17を範囲選択します。
⑤[ホーム]タブの [塗りつぶしの色]ボタンの▼をクリックし、[テーマの色]の[白、背景1、黒+基本色25%]（上から4行目の左端）をクリックします。
⑥セルA3～B3を範囲選択し、CtrlキーをおしながらセルA5～B11、A13～B17を範囲選択します。
⑦[ホーム]タブの [罫線]ボタンの▼をクリックし、[格子]をクリックし、再度 [罫線]ボタンの▼をクリックして、[太い外枠]をクリックします。
⑧セルA11をクリックし、CtrlキーをおしながらセルA17をクリックして、[ホーム]タブの [中央揃え]ボタンをクリックします。

6. 変動費率、損益分岐点売上数、損益分岐点売上高の欄を作成します。
①セルD14に「変動費率」、D16に「損益分岐点売上数」、D17に「損益分岐点売上高」と入力します。

7. 損益分岐点売上数を算出し、切り上げの処理を設定します。
数式：=ROUNDUP(B11/(B3-B17),0)
①セルE16をクリックし、$f_x$ [関数の挿入]ボタンをクリックします。
②[関数の挿入]ダイアログボックスの[関数の分類]ボックスの▼をクリックして[数学/三角]をクリックし、[関数名]ボックスの[ROUNDUP]をクリックして、[OK]をクリックします。
③[関数の引数]ダイアログボックスの[数値]ボックスにカーソルが表示されていることを確認し、「B11/(B3-B17)」と入力します。
④[桁数]ボックスをクリックし、「0」と入力して、[OK]をクリックします。

小数点以下をROUNDUP関数で切り上げるのは、算出するのが「利益を出すために必要な台数」であるためです。四捨五入あるいは切り捨てを行うと、損益分岐点を下回ることになります。

8. 損益分岐点売上高を算出するために変動費率を算出します。
数式：=ROUND(B17/B3,3)
①セルE14をクリックし、$f_x$ [関数の挿入]ボタンをクリックします。
②[関数の挿入]ダイアログボックスの[関数の分類]ボックスに[数学/三角]と表示されていることを確認し、[関数名]ボックスの[ROUND]をクリックして、[OK]をクリックします。
③[関数の引数]ダイアログボックスの[数値]ボックスにカーソルが表示されていることを確認し、「B17/B3」と入力します。
④[桁数]ボックスをクリックし、「3」と入力して、[OK]をクリックします。
⑤[ホーム]タブの % [パーセントスタイル]ボタンをクリックし、 [小数点以下の表示桁数を増やす]ボタンをクリックします。

9. 損益分岐点売上高を算出します。
数式：=B11/(1-E14)
①セルE17をクリックし、「=B11/(1-E14)」と入力して、Enterキーを押します。
②セルE17をクリックし、[ホーム]タブの , [桁区切りスタイル]ボタンをクリックします。

**10.** 変動費率、損益分岐点売上数、損益分岐点売上高の欄の列幅を調整し、書式と罫線を任意に設定します。

①列番号D～Eを範囲選択し、**[ホーム]** タブの [書式] ボタンをクリックして、**[セルのサイズ]** の **[列の幅の自動調整]** をクリックします。

②セルD14～E14を範囲選択し、Ctrlキーを押しながらセルD16～E17を範囲選択します。

③**[ホーム]** タブの [塗りつぶしの色] ボタンの▼をクリックし、**[テーマの色]** の **[緑、アクセント6、白＋基本色40%]**（上から4行目の右端）をクリックします。

④**[ホーム]** タブの [罫線] ボタンの▼をクリックし、**[格子]** をクリックし、再度 [罫線] ボタンの▼をクリックして、**[太い外枠]** をクリックします。

## 応用問題 11 月間勤務表

**1.** 時間をマイナス表示ができるようにします。

①**[ファイル]** タブの **[オプション]** をクリックします。

②**[Excelのオプション]** ダイアログボックスの **[詳細設定]** クリックし、**[次のブックを計算するとき]** にある **[1904年から計算する]** のチェックボックスをオンにします。

③**[OK]** をクリックします。

④セルL6をクリックして「8/1」と入力します。

⑤セルL7をクリックして「8/31」と入力します。

**2.**

数式：=IF($L$7="","",$L$7)

①セルB6をクリックし、$f_x$ **[関数の挿入]** ボタンをクリックします。

②**[関数の挿入]** ダイアログボックスの **[関数の分類]** ボックスの▼をクリックして **[論理]** をクリックし、**[関数名]** ボックスの **[IF]** をクリックして、**[OK]** をクリックします。

③**[関数の引数]** ダイアログボックスの **[論理式]** ボックスにカーソルが表示されていることを確認し、「$L$7=""」と入力します。

> セル番地を入力（またはセルをクリック）した直後に、F4キーを押すことで「$L$7」のような絶対参照のセルに設定することもできます。

④**[真の場合]** ボックスをクリックし、「""」と入力します。

⑤**[偽の場合]** ボックスをクリックし、「$L$7」と入力して、**[OK]** をクリックします。

⑥セルB6のフィルハンドルをポイントし、マウスポインターの形が╋になっていることを確認し、セルB7まで右ドラッグして、ショートカットメニューの **[書式なしコピー（フィル）]** をクリックします。

**3.** 表示形式を設定します。

①セルB6をクリックします。

②**[ホーム]** タブの [標準] **[数値の書式]** ボックスの▼をクリックし、**[その他の表示形式]** をクリックします。

③**[セルの書式設定]** ダイアログボックスの **[表示形式]** タブの **[分類]** ボックスの **[ユーザー定義]** をクリックし、**[種類]** ボックスに「yyyy"年"」と入力して、**[OK]** をクリックします。

**4.** 表示形式を設定します。

①セルB7をクリックします。

②**[ホーム]** タブの [標準] **[数値の書式]** ボックスの▼をクリックし、**[その他の表示形式]** をクリックします。

③**[セルの書式設定]** ダイアログボックスの **[表示形式]** タブの **[分類]** ボックスの **[ユーザー定義]** をクリックし、**[種類]** ボックスに「m"月度"」と入力して、**[OK]** をクリックします。

**5.** 日付の先頭に開始日を表示します。

数式：=IF(L6="","",L6)

①セルB11をクリックし、$f_x$ **[関数の挿入]** ボタンをクリックします。

②**[関数の挿入]** ダイアログボックスの **[関数の分類]** ボックスに **[論理]** と表示されていることを確認し、**[関数名]** ボックスの **[IF]** をクリックして、**[OK]** をクリックします。

③**[関数の引数]** ダイアログボックスの **[論理式]** ボックスにカーソルが表示されていることを確認し、「L6=""」と入力します。

④**[関数の引数]** ダイアログボックスの **[真の場合]** ボックスをクリックし、「""」と入力します。

⑤**[偽の場合]** ボックスをクリックし、「L6」と入力して、**[OK]** をクリックします。

**6.** 日付の2行目以降に日付を表示します。

数式：=IF(B11>=$I$7,"",B11+1)

① セルB12をクリックし、[fx][関数の挿入]ボタンをクリックします。
②[関数の挿入]ダイアログボックスの[関数の分類]ボックスに[論理]と表示されていることを確認し、[関数名]ボックスの[IF]をクリックして、[OK]をクリックします。
③[関数の引数]ダイアログボックスの[論理式]ボックスにカーソルが表示されていることを確認し、「B11>=$L$7」と入力します。
④[関数の引数]ダイアログボックスの[真の場合]ボックスをクリックし、「""」と入力します。
⑤[偽の場合]ボックスをクリックし、「B11+1」と入力して、[OK]をクリックします。
⑥ セルB12のフィルハンドルをポイントし、マウスポインターの形が╋になっていることを確認し、セルB41まで右ドラッグして、ショートカットメニューの[書式なしコピー(フィル)]をクリックします。

**7.** 日付に対する曜日の文字列を設定します。
数式：=IF(B11="","",TEXT(B11,"aaaa"))
① セルC11をクリックし、[fx][関数の挿入]ボタンをクリックします。
②[関数の挿入]ダイアログボックスの[関数の分類]ボックスに[論理]と表示されていることを確認し、[関数名]ボックスの[IF]をクリックして、[OK]をクリックします。
③[関数の引数]ダイアログボックスの[論理式]ボックスにカーソルが表示されていることを確認し、「B11=""」と入力します。
④[関数の引数]ダイアログボックスの[真の場合]ボックスをクリックし、「""」と入力します。
⑤[偽の場合]ボックスをクリックし、関数ボックスの▼をクリックして、[その他の関数]をクリックします。
⑥[関数の挿入]ダイアログボックスの[関数の分類]ボックスの▼をクリックして、[文字列操作]をクリックし、[関数名]ボックスの[TEXT]をクリックして、[OK]をクリックします。
⑦[関数の引数]ダイアログボックスの[値]ボックスにカーソルが表示されていることを確認し、「B11」と入力します。
⑧[表示形式]ボックスをクリックし、「"aaaa"」と入力して、[OK]をクリックします。
⑨ セルC11のフィルハンドルをポイントし、マウスポインターの形が╋になっていることを確認し、セルC41まで右ドラッグして、ショートカットメニューの[書式なしコピー(フィル)]をクリックします。

**8.** 勤務時間（定時）を表示する数式を入力します。
数式：=IF(D11="","","8:00")
① セルG11をクリックし、[fx][関数の挿入]ボタンをクリックします。
②[関数の挿入]ダイアログボックスの[関数の分類]ボックスの▼をクリックして[論理]をクリックし、[関数名]ボックスの[IF]をクリックして、[OK]をクリックします。
③[関数の引数]ダイアログボックスの[論理式]ボックスにカーソルが表示されていることを確認し、「D11=""」と入力します。
④[関数の引数]ダイアログボックスの[真の場合]ボックスをクリックし、「""」と入力します。
⑤[偽の場合]ボックスをクリックし、「"8:00"」と入力して、[OK]をクリックします。
⑥ セルG11のフィルハンドルをポイントし、マウスポインターの形が╋になっていることを確認し、セルG41まで右ドラッグして、ショートカットメニューの[書式なしコピー(フィル)]をクリックします。

**9.** 勤務時間（早出・残業）を表示する数式を入力します。
数式：=IF(OR(D11="",E11=""),"",IF(F11="",E11-D11-G11,E11-D11-F11-G11))
① セルH11をクリックし、[fx][関数の挿入]ボタンをクリックします。
②[関数の挿入]ダイアログボックスの[関数の分類]ボックスに[論理]と表示されていることを確認し、[関数名]ボックスの[IF]をクリックして、[OK]をクリックします。
③[関数の引数]ダイアログボックスの[論理式]ボックスにカーソルが表示されていることを確認し、関数ボックスの▼をクリックして、[その他の関数]をクリックします。
④[関数の挿入]ダイアログボックスの[関数の分類]ボックスの▼をクリックして[論理]をクリックし、[関数名]ボックスの[OR]をクリックして、[OK]をクリックします。
⑤[関数の引数]ダイアログボックスの[論理式1]に「D11=""」、[論理式2]に「E11=""」と入力します。

⑥数式バーの「IF」の関数名をクリックします。
⑦[関数の引数]ダイアログボックスの[真の場合]ボックスをクリックし、「""」と入力します。
⑧[関数の引数]ダイアログボックスの[偽の場合]ボックスをクリックし、関数ボックスの▼をクリックして、[IF]をクリックします。
⑨[関数の引数]ダイアログボックスの[論理式]に「F11=""」、[真の場合]に「E11-D11-G11」、[偽の場合]に「E11-D11-F11-G11」と入力します。
⑩セルH11のフィルハンドルをポイントし、マウスポインターの形が✚になっていることを確認し、セルH41まで右ドラッグして、ショートカットメニューの[書式なしコピー(フィル)]をクリックします。

> 休憩を取らない場合を考慮して、ここではセルF11がブランクの場合は計算式にF11を含めないようにしています。必ず休憩を取る前提であれば、⑩、⑪の操作の代わりに、[偽の場合]ボックスに「E11-D11-F11-G11」と入力して[OK]をクリックしてください。

**10.** 退社時間の表示形式を変更します。
①セルE11～E41を範囲選択します。
②[ホーム]タブの 標準 ▼[数値の書式]ボックスの▼をクリックして[その他の表示形式]をクリックします。
③[セルの書式設定]ダイアログボックスの[表示形式]タブにある[分類]の[ユーザー定義]を選びます。
④[種類]ボックスに「[h]:mm」と入力して[OK]をクリックします。

**11.** 深夜の時間を表示するように数式を設定します。
数 式:=IF(OR(D11="",E11=""),"",IF(E11>TIME(22,0,0),E11-TIME(22,0,0),"00:00"))
①セルI11をクリックし、fx [関数の挿入]ボタンをクリックします。
②[関数の挿入]ダイアログボックスの[関数の分類]ボックスに[論理]と表示されていることを確認し、[関数名]ボックスの[IF]をクリックして、[OK]をクリックします。
③[関数の引数]ダイアログボックスの[論理式]ボックスにカーソルが表示されていることを確認し、関数ボックスの▼から[OR]をクリックします。
④[関数の引数]ダイアログボックスの[論理式1]に「D11=""」、[論理式2]に「E11=""」と入力します。

⑤数式バーの「IF」の関数名をクリックします。
⑥[関数の引数]ダイアログボックスの[真の場合]ボックスをクリックし、「""」と入力します。
⑦[偽の場合]ボックスをクリックして、関数ボックスの▼から[IF]をクリックします。
⑧[関数の引数]ダイアログボックスの[論理式]ボックスをクリックし、「E11>」と入力したあと、関数ボックスの▼をクリックして、[その他の関数]をクリックします。
⑨[関数の挿入]ダイアログボックスの[関数の分類]ボックスの▼をクリックして[日付/時刻]をクリックし、[関数名]ボックスの[TIME]をクリックして、[OK]をクリックします。
⑩[関数の引数]ダイアログボックスの[時]に「22」、[分]に「00」、[秒]に「00」と入力して数式バーの2番目の「IF」の関数名をクリックします。
⑪[関数の引数]ダイアログボックスの[真の場合]ボックスをクリックし、「E11-」と入力したあと、関数ボックスから[TIME]を選びます。
⑫[関数の引数]ダイアログボックスの[時]に「22」、[分]に「00」、[秒]に「00」と入力して数式バーの2番目の「IF」の関数名をクリックします。
⑬[関数の引数]ダイアログボックスの[偽の場合]ボックスをクリックし、「"00:00"」と入力して[OK]をクリックします。
⑭セルI11のフィルハンドルをポイントし、マウスポインターの形が✚になっていることを確認し、セルI41まで右ドラッグして、ショートカットメニューの[書式なしコピー(フィル)]をクリックします。

**12.** 出勤日数の合計を算出します。
①セルD42をクリックし[ホーム]タブの Σ▼ [合計]ボタンの▼から[数値の個数]をクリックします。
②セルD11～D41を範囲選択して、[ホーム]タブの Σ▼ [合計]ボタンをクリックします。

**13.** 勤務時間を算出します。
①セルG42～I42を範囲選択します。
②[ホーム]タブの 標準 ▼[数値の書式]ボックスの▼から[その他の表示形式]をクリックします。
③[セルの書式設定]ダイアロボックスの[表示形式]タブの[分類]ボックスの[ユーザー定義]をクリックします。
④[種類]ボックスに「[h]:mm」と入力して[OK]

をクリックします。
⑤セルG42をクリックして「=D42*"8:00"」と入力します。
⑥セルH42をクリックして[ホーム]タブの[Σ▼][合計]ボタンをクリックします。
⑦セルH11～H41を範囲選択して[=SUM(H11:H41)]と表示されていることを確認して[Σ▼][合計]ボタンをクリックします。
⑧セルH42のフィルハンドルをポイントし、マウスポインターの形が＋になっていることを確認し、セルI42まで右ドラッグして、ショートカットメニューの[書式なしコピー（フィル）]をクリックします。

**14.** 条件付き書式を使って土曜日と日曜日の行にセルの塗りつぶしの色を設定します。
①セルB11～J41を範囲選択します。
②[ホーム]タブの[条件付き書式]ボタンをクリックし、[新しいルール]をクリックします。
③[新しい書式ルール]ダイアログボックスの[数式を使用して、書式設定するセルを決定]をクリックします。
④[次の数式を満たす場合に値を書式設定]ボックスをクリックし、「=$C11="土曜日"」と入力して、[書式]をクリックします。
⑤[セルの書式設定]ダイアログボックスの[塗りつぶし]タブをクリックし、[背景色]の青系（上から2行目の左から5列目）をクリックして、[OK]をクリックします。
⑥[新しい書式ルール]ダイアログボックスの[OK]をクリックします。
⑦[ホーム]タブの[条件付き書式]ボタンをクリックし、[新しいルール]をクリックします。
⑧[新しい書式ルール]ダイアログボックスの[数式を使用して、書式設定するセルを決定]をクリックします。
⑨[次の数式を満たす場合に値を書式設定]ボックスをクリックし、「=$C11="日曜日"」と入力して、[書式]をクリックします。
⑩[セルの書式設定]ダイアログボックスの[塗りつぶし]タブの[背景色]のオレンジ系（上から2行目の左から8列目）をクリックして、[OK]をクリックします。
⑪[新しい書式ルール]ダイアログボックスの[OK]をクリックします。

**15.** ワークシートの保護の設定をします。
①セルF6～F7を範囲選択します。
②Ctrlキーを押しながらセルL6～L7、D11～F41、J11～J41を範囲選択します。
③[ホーム]タブの[書式]ボタンをクリックし、[保護]の[セルのロック]をクリックします。
④[ホーム]タブの[書式]ボタンをクリックし、[保護]の[シートの保護]をクリックします。
⑤[シートの保護]ダイアログボックスの[OK]をクリックします。

**16.** ワークシートの枠線を非表示にします。
①[表示]タブの[目盛線]チェックボックスをオフにします。

**17.** データを入力します。
①[社員番号]、[氏名]、[開始日]、[締め日]、[出社時間]、[退社時間]、[休憩時間]、[備考]に、以下の数値や文字列を入力します。
F6「2307001」、F7「竹瀬なつみ」
L6「7/1」、L7「7/31」
D11「8:00」、E11「17:30」、F11「1:00」
D14「12:00」、E14「24:00」、F14「1:00」
D16「8:00」、E16「19:00」、F16「1:00」
D18「8:00」、E18「17:30」、F18「1:00」
D21「8:00」、E21「17:00」、F21「1:00」
D23「12:00」、E23「25:00」、F23「1:00」
D25「8:00」、E25「17:30」、F25「1:00」
D29「8:00」、E29「17:30」、F29「1:00」
D31「8:00」、E31「14:00」、F31「2:00」
D34「8:00」、E34「17:00」、F34「1:00」
D37「8:00」、E37「19:00」、F37「1:00」
D39「8:00」、E39「21:00」、F39「2:00」
J14「夜間シフト勤務」
J23「夜間シフト勤務」
J31「病院に行くため早退」
J34「緊急対応のため休日出勤」
②出勤日数合計が「12」日（セルD42）勤務時間定時が「96:00」（セルG42）、勤務時間早出・残業が「12:00」（セルH42）、勤務時間深夜が「5:00」（セルI42）になっていることを確認します。

# 第2章 集計

## 基礎問題 12 在庫棚卸表

**1.**

①セルA1をクリックし、[ホーム]タブの B [太字]ボタンをクリックします。

② 11 [フォントサイズ]ボックスの▼をクリックし、[16]をクリックします。

③セルA1～F1を範囲選択し、[ホーム]タブの [セルを結合して中央揃え][セルを結合して中央揃え]ボタンをクリックします。

**2.**

①セルA2～F2を範囲選択し、[ホーム]タブの [中央揃え]ボタンをクリックします。

**3.**

①セルA3～A9を範囲選択し、Ctrlキーを押しながらセルA10～A17、A18～A23を範囲選択して、[ホーム]タブの [セルを結合して中央揃え][セルを結合して中央揃え]ボタンをクリックします。

②セルB9～E9を範囲選択し、Ctrlキーを押しながらセルB17～E17、B23～E23、A24～E24を範囲選択して、[ホーム]タブの [セルを結合して中央揃え][セルを結合して中央揃え]ボタンをクリックします。

**4.**

①セルA2～F2を範囲選択し、Ctrlキーを押しながらセルA3～A18、B9～F9、B17～F17、B23～F23、A24～F24を範囲選択して、[ホーム]タブの B [太字]ボタンをクリックします。

**5.**

①セルA2～F2を範囲選択し、Ctrlキーを押しながらセルB9～F9、B17～F17、B23～F23を範囲選択して、[ホーム]タブの [塗りつぶしの色]ボタンの▼をクリックし、[テーマの色]の[緑、アクセント6、白+基本色60%]（上から3行目の右端）をクリックします。

②セルA24～F24を範囲選択し、[ホーム]タブの [塗りつぶしの色]ボタンの▼をクリックして、[テーマの色]の[緑、アクセント6、黒+基本色25%]（上から5行目の右端）をクリックします。

③[ホーム]タブの A [フォントの色]ボタンの▼をクリックし、[テーマの色]の[白、背景1]（1行目の左端）をクリックします。

**6.**

数式：=D3*E3

①セルF3をクリックし、「=D3*E3」と入力してEnterキーを押します。

②セルF3をクリックしフィルハンドルをポイントし、マウスポインターの形が ✚ になっていることを確認して、セルF22まで右ドラッグして、ショートカットメニューの[書式なしコピー（フィル）]をクリックします。

**7.**

数式：=SUM(F3:F8)

数式：=SUM(F10:F16)

数式：=SUM(F18:F22)

①セルF9をクリックし、[ホーム]タブの Σ [合計]ボタンをクリックし、セルF9に「=SUM(F3:F8)」と入力されていることを確認して、Σ [合計]ボタンをクリックします。

②セルF17をクリックし、[ホーム]タブの Σ [合計]ボタンをクリックし、セルF17に「=SUM(F10:F16)」と入力されていることを確認して、Σ [合計]ボタンをクリックします。

③セルF23をクリックし、[ホーム]タブの Σ [合計]ボタンをクリックし、セルF23に「=SUM(F18:F22)」と入力されていることを確認して、Σ [合計]ボタンをクリックします。

**8.**

数式：=SUM(F23,F17,F9)

①セルF24をクリックし、[ホーム]タブの Σ [合計]ボタンをクリックし、セルF24に「=SUM(F23,F17,F9)」と入力されていることを確認して、Σ [合計]ボタンをクリックします。

**9.**

①セルD3～E8を範囲選択し、Ctrlキーを押しながらセルD10～E16、D18～E22、F3～F24を範囲選択して、[ホーム]タブの , [桁区切りスタイル]ボタンをクリックします。

## 基礎問題 13 販売店別機種別売上表

**1.**
① 表内の任意のセルをクリックします。
② [データ] タブの [並べ替え] ボタンをクリックします。
③ [並べ替え] ダイアログボックスの [最優先されるキー] ボックスの▼をクリックし、[販売店] をクリックします。
④ [並べ替えのキー] ボックスに [値] と表示されていることを確認します。
⑤ [順序] ボックスに [昇順] と表示されていることを確認します。
⑥ [レベルの追加] をクリックします。
⑦ [次に優先されるキー] ボックスの▼をクリックし、[機種] をクリックします。
⑧ [並べ替えのキー] ボックスに [値] と表示されていることを確認します。
⑨ [順序] ボックスに [昇順] と表示されていることを確認し、[OK] をクリックします。

**2.**
① 表内の任意のセルをクリックします。
② [データ] タブの [小計] ボタンをクリックします。
③ [集計の設定] ダイアログボックスの [グループの基準] ボックスの▼をクリックし、[販売店] をクリックします。
④ [集計の方法] ボックスに [合計] と表示されていることを確認します。
⑤ [集計するフィールド] の [数量] チェックボックスをオンにし、[売上額] と [集計行をデータの下に挿入する] のチェックボックスがオンになっていることを確認して、[OK] をクリックします。
⑥ 販売店ごとの数量と売上額の集計行が挿入され、最終行には総計行が挿入されたことを確認します。

**3.**
① 表内の任意のセルをクリックします。
② [データ] タブの [小計] ボタンをクリックします。
③ [集計の設定] ダイアログボックスの [グループの基準] ボックスの▼をクリックし、[機種] をクリックします。
④ [集計の方法] ボックスに [合計] と表示されていることを確認します。
⑤ [集計するフィールド] の [数量] と [売上額] のチェックボックスがオンになっていることを確認します。
⑥ [現在の小計をすべて置き換える] チェックボックスをオフにし、[OK] をクリックします。

> [現在の小計をすべて置き換える] チェックボックスは既に表を集計しているときに使用します。オンにすると、既存の集計行が削除され、新規の集計行に置き換わります。オフにすると、既存の集計行に新規の集計行が追加されます。

⑦ 販売店ごとの集計に機種ごとの数量と売上額の集計行と総計行が挿入されたことを確認します。

> 集計した表からすべての集計行を削除するには、[集計の設定] ダイアログボックスの [すべて削除] をクリックします。

**4.**
① アウトラインのレベル記号 [3] をクリックします。
② 集計行と総計行だけが表示されていることを確認します。

**5.**
① セルA563〜J563を範囲選択します。
② Ctrlキーを押しながらセルA1152〜J1152、A1736〜J1736を範囲選択します。
③ [ホーム] タブの [塗りつぶしの色] ボタンの▼をクリックし、[テーマの色] の [緑、アクセント6、白+基本色80%]（上から2行目の右端）をクリックします。

**6.**
① セルA1737〜J1737を範囲選択します。
② [ホーム] タブの [塗りつぶしの色] ボタンの▼をクリックし、[テーマの色] の [緑、アクセント6、白+基本色40%]（上から4行目の右端）をクリックします。

**7.**
① セルA1をダブルクリックします。
② セル内のカーソル位置を移動し、「売上表」の先頭に「販売店別・機種別」と入力します。

## 基礎問題 14 売上成績比較（クロス集計）

**1.**
① 表内の任意のセルをクリックします。
② [挿入] タブの [ピボットテーブル] ボタンをクリックします。
③ [ピボットテーブルの作成] ダイアログボックスの [テーブルまたは範囲を選択] が選択されていることを確認します。
④ [テーブル/範囲] ボックスに [問題14売上表!$A$3:$F$51] と表示されていることを確認します。
⑤ [新規ワークシート] が選択されていることを確認し、[OK] をクリックします。

**2.**
① 新しいワークシート（Sheet1）が挿入され、空のピボットテーブルが作成されていることを確認します。
② [ピボットテーブルのフィールド] 作業ウィンドウが表示されていることを確認します。
③ [担当者] [四半期] のチェックボックスをオンにします。
④ [行ラベル] のボックスに表示された [四半期] をレイアウトセクションの [列ラベル] ボックスにドラッグします。
⑤ [売上数]、[売上額] の順にチェックボックスをオンにします。

レポートに追加するフィールドを各ラベルボックスに指定する際、フィールドを右クリックし、ショートカットメニューから選択することもできます。また、一度追加したフィールドはピボットテーブルのフィールドリストのボックス間でドラッグして移動することもできます。

**3.**
① [ピボットテーブルのフィールドリスト] のレイアウトセクションで [列ラベル] ボックスの [Σ値] を [行ラベル] ボックスの [担当者] の下にドラッグします。

**4.**
① セルB6～F18を範囲選択します。
② [ホーム] タブの [桁区切りスタイル] ボタンをクリックします。
③ 列番号B～Fを範囲選択し、[ホーム] タブの [書式] ボタンをクリックして、[セルのサイズ] の [列の幅の自動調整] をクリックします。

そのほかにも、[ピボットテーブルのフィールド] 作業ウィンドウの [Σ値] ボックスの値フィールドで表示されている値の項目の横にある▼をクリックし、[値フィールドの設定] をクリックし、[値フィールドの設定] ダイアログボックスの [表示形式] をクリックして、各値フィールドごとに表示形式を設定することができます。

**5.**
① [ピボットテーブルツール] の [デザイン] タブの [ピボットテーブルスタイル] グループの [その他] ボタンをクリックし、[淡色] の [ピボットスタイル（淡色）17]（上から3行目の左から4列目）をクリックします。

## 基礎問題 15 顧客別売上集計表

**1.**
数式：=IF(B5="","",VLOOKUP(B5,問題15顧客リスト!$B$5:$D$11,2,FALSE))
① [問題15顧客別売上集計表] のシート見出しをクリックします。
② セルC5をクリックし、[関数の挿入] ボタンをクリックします。
③ [関数の挿入] ダイアログボックスの [関数の分類] ボックスの▼をクリックして [論理] をクリックし、[関数名] ボックスの [IF] をクリックして、[OK] をクリックします。
④ [関数の引数] ダイアログボックスの [論理式] ボックスにカーソルが表示されていることを確認し、「B5=""」と入力します。
⑤ [真の場合] ボックスをクリックし、「""」と入力します。
⑥ [偽の場合] ボックスをクリックし、関数ボックスの▼をクリックして、[その他の関数] をクリックします。
⑦ [関数の挿入] ダイアログボックスの [関数の分類] ボックスの▼をクリックして [検索/行列] をクリックし、[関数名] ボックスの [VLOOKUP] をクリックして、[OK] をクリックします。
⑧ [関数の引数] ダイアログボックスの [検索値] ボックスにカーソルが表示されていることを確認し、「B5」と入力します。
⑨ [範囲] ボックスをクリックし、[問題15顧客リス

ト]のシート見出しをクリックします。
⑩セルB5～D11を範囲選択し、F4キーを押します。
⑪[列番号]ボックスをクリックし、「2」と入力します。
⑫[検索方法]ボックスをクリックし、「FALSE」と入力して、[OK]をクリックします。
⑬セルC5のフィルハンドルをポイントし、マウスポインターの形が+になっていることを確認して、セルC11までドラッグします。

## 2.
①入力データを参考にデータを入力します。

## 3.
①[問題15 8月度売上台帳]のシート見出しをクリックします。
②表内の任意のセルをクリックします。
③[データ]タブの[並べ替え]ボタンをクリックします。
④[並べ替え]ダイアログボックスの[最優先されるキー]ボックスの▼をクリックし、[顧客NO]をクリックします。
⑤[並べ替えのキー]ボックスに[値]と表示されていることを確認します。
⑥[順序]ボックスに[昇順]と表示されていることを確認し、[OK]をクリックします。

## 4.
①表内の任意のセルをクリックします。
②[データ]タブの[小計]ボタンをクリックします。
③[集計の設定]ダイアログボックスの[グループの基準]ボックスの▼をクリックし、[顧客名]をクリックします。
④[集計の方法]ボックスに[合計]と表示されていることを確認します。
⑤[集計するフィールド]の[売上金額(円)]チェックボックスをオンにし、その他のフィールドのチェックボックスをオフにします。
⑥[集計行をデータの下に挿入する]チェックボックスがオンになっていることを確認し、[OK]をクリックします。
⑦顧客名ごとの売上金額の集計行が挿入され、最終行には総計行が挿入されたことを確認します。

## 5.
①アウトラインのレベル記号[2]をクリックします。
②集計行と総計行だけが表示されていることを確認します。

## 6.
①セルL11～L49を範囲選択します。
②[ホーム]タブの[検索と選択]ボタンをクリックし、[ジャンプ]をクリックします。
③[ジャンプ]ダイアログボックスの[セル選択]をクリックします。
④[選択オプション]ダイアログボックスの[可視セル]をクリックし、[OK]をクリックします。

> 可視セルだけを選択するショートカットキーは、Altキー+;(セミコロン)を使用します。

⑤[ホーム]タブの[コピー]ボタンをクリックします。
⑥[問題15顧客別売上集計表]のシート見出しをクリックします。
⑦セルE5をクリックします。
⑧[ホーム]タブの[貼り付け]ボタンをクリックします。

## 7.
数式:=SUM(D5:E5)
①セルF5をクリックし、[ホーム]タブの[Σ▼][合計]ボタンをクリックします。
②セルF5に[=SUM(D5:E5)]と表示されていることを確認し、[Σ▼][合計]ボタンをクリックします。
③セルF5のフィルハンドルをポイントし、マウスポインターの形が+になっていることを確認して、セルF11までドラッグします。

## 8.
数式:=SUM(D5:D11)
①セルD12をクリックし、[ホーム]タブの[Σ▼][合計]ボタンをクリックします。
②セルD12に[=SUM(D5:D11)]と表示されていることを確認し、[Σ▼][合計]ボタンをクリックします。
③セルD12のフィルハンドルをポイントし、マウスポインターの形が+になっていることを確認して、セルF12までドラッグします。

**9.**
数式：=F5/$F$12
①セルG5をクリックし、「=F5/$F$12」と入力して、Enterキーを押します。
②セルG5をクリックし、フィルハンドルをポイントし、マウスポインターの形が ✚ になっていることを確認して、セルG11までドラッグします。

**10.**
①セルH5をクリックし、「=E5/D5」と入力してEnterキーを押します。
②セルH5をクリックし、フィルハンドルをポイントし、マウスポインターの形が ✚ になっていることを確認して、セルH11までドラッグします。

**11.**
①セルG5～H11を範囲選択します。
②[ホーム] タブの [%] [パーセントスタイル] ボタンをクリックします。
③[ホーム] タブの [小数点以下の表示桁数を増やす] ボタンをクリックします。

**12.**
①セルD5～F12を範囲選択します。
②[ホーム] タブの [,] [桁区切りスタイル] ボタンをクリックします。

## 基礎問題 16　全店経費集計表（シートの統合）

**1.**
①シート見出しの右にある [⊕] [新しいシート] ボタンをクリックします。
②シート [問題16丸の内本店] の右に新しいワークシート（Sheet1）を移動します。

**2.**
①シート見出し [Sheet1] をダブルクリックし、シート見出し名が反転したことを確認し、シート名を「全支店合計」に書き換えて、Enterキーを押します。
②[ホーム] タブの [書式] ボタンをクリックし、[シートの整理] の [シート見出しの色] をポイントして [標準の色] の [オレンジ]（左から3列目）をクリックします。

**3.**
①[全支店合計] のシート見出しが選択されていることを確認します。
②セルA1をクリックし、「経費　年次集計（全支店）」と入力します。
③セルA1～N1を範囲選択します。
④[ホーム] タブの [セルを結合して中央揃え ▼] [セルを結合して中央揃え] ボタンの▼をクリックし、[横方向に結合] をクリックします。

**4.**
①セルA3をクリックします。
②[データ] タブの [統合] [統合] ボタンをクリックします。
③[統合の設定] ダイアログボックスの [集計の方法] ボックスに [合計] と表示され、[統合元範囲] ボックスにカーソルが表示されていることを確認します。
④[問題16大宮支店] のシート見出しをクリックします。
⑤セルB4～H17を範囲選択し、[追加] をクリックします。
⑥[統合元] ボックスに [問題16大宮支店!$B$4:$H$17] と表示されていることを確認します。
⑦[問題16横浜支店] のシート見出しをクリックします。
⑧セルA3～J16を範囲選択し、[追加] をクリックします。
⑨[統合元] ボックスに [問題16横浜支店!$A$3:$J$16] と表示されていることを確認します。
⑩[問題16丸の内本店] のシート見出しをクリックします。
⑪セルA5～M16を範囲選択し、[追加] をクリックします。
⑫[統合元] ボックスに [問題16丸の内本店!$A$5:$M$16] と表示されていることを確認します。
⑬[統合の基準] の [上端行] と [左端列] のチェックボックスをオンにし、[OK] をクリックします。

**5.**
①セルN3をクリックし、「合計」と入力します。
②セルN4をクリックし、[ホーム] タブの [Σ ▼] [合計] ボタンをクリックします。
③セルN4に [=SUM(B4:M4)] と表示されていることを確認し、[Σ ▼] [合計] ボタンをクリックします。

④セルN4のフィルハンドルをポイントし、マウスポインターの形が╋になっていることを確認して、セルN16までドラッグします。

**6.**
①列番号A～Nを範囲選択します。
②選択した任意の列番号の右側の境界線をポイントし、マウスポインターの形が╋になっていることを確認して、ダブルクリックします。

**7.**
①セルA3～N3を範囲選択します。
②Ctrlキーを押しながらセルA4～A16を範囲選択します。
③［ホーム］タブの ［塗りつぶしの色］ボタンの▼をクリックし、［テーマの色］の［**ゴールド、アクセント4、白+基本色80％**］（上から2行目の右から3列目）をクリックします。

**8.**
①セルA1をクリックします。
②［ホーム］タブの ［セルのスタイル］ボタンをクリックし、［**タイトルと見出し**］の［**タイトル**］をクリックします。
③［ホーム］タブの ［**太字**］ボタンをクリックします。
④セルA16～N16を範囲選択します。
⑤［ホーム］タブの ［セルのスタイル］ボタンをクリックし、［**タイトルと見出し**］の［**集計**］をクリックします。

**9.**
①［ファイル］タブをクリックし［情報］にある［プロパティ］の▼をクリックして［詳細プロパティ］をクリックします。
②［タイトル］ボックスに「経費　年次集計」、［作成者］ボックスに「User00」、［分類］ボックスに「経理部」と入力して［OK］をクリックします。

**基礎問題 17　研修会申込記録**

**1.**
①セルA1をクリックし、［ホーム］タブの ［フォントサイズ］ボックスの▼をクリックして、［**16**］をクリックします。

**2.**
①列番号A～Bを範囲選択します。
②選択した任意の列番号の右側の境界線をポイントし、マウスポインターの形が╋になっていることを確認して、ダブルクリックします。
③列番号Gをクリックし、［ホーム］タブの ［書式］ボタンをクリックして、［セルのサイズ］の［列の幅］をクリックします。
④［列幅］ダイアログボックスの［列幅］ボックスに「25.00」と入力し、［OK］をクリックします。
⑤列番号Hを範囲選択します。
⑥［ホーム］タブの ［書式］ボタンをクリックして、［セルのサイズ］の［列の幅］をクリックします。
⑦［列幅］ダイアログボックスの［列幅］ボックスに「20.00」と入力し、［OK］をクリックします。

**3.**
①セルA3～H20を範囲選択します。
②Ctrlキーを押しながらセルA22～B26を範囲選択します。
③［ホーム］タブの ［罫線］ボタンの▼をクリックし、［その他の罫線］をクリックします。
④［セルの書式設定］ダイアログボックスの［罫線］タブの［スタイル］ボックスの［二重線］をクリックします。
⑤［色］ボックスの▼をクリックし、［テーマの色］の［**青、アクセント5**］（1行目の右から2列目）をクリックします。
⑥［プリセット］の［外枠］をクリックします。
⑦［スタイル］ボックスの任意の点線をクリックします。
⑧［プリセット］の［内側］をクリックし、［OK］をクリックします。

**4.**
①セルA3～H4を範囲選択します。
②Ctrlキーを押しながらセルA22、A23～A26を範囲選択します。
③［ホーム］タブの ［塗りつぶしの色］ボタンの▼をクリックし、［テーマの色］の［**薄い灰色、背景2、黒+基本色10％**］（上から2行目の左から3列目）をクリックします。

**5.**
数式：=COUNTA(E5:E20)
①セルB23をクリックし、 ［関数の挿入］ボタ

②**[関数の挿入]** ダイアログボックスの **[関数の分類]** ボックスの▼をクリックして**[統計]**をクリックし、**[関数名]** ボックスの **[COUNTA]** をクリックして、**[OK]** をクリックします。

③**[関数の引数]** ダイアログボックスの **[値1]** ボックスにカーソルが表示されていることを確認し、セル「E5:E20」と入力して、**[OK]** をクリックします。

**6.**

数式：=COUNTA(F5:F20)

①セルB24をクリックし、 *fx* **[関数の挿入]** ボタンをクリックします。

②**[関数の挿入]** ダイアログボックスの **[関数の分類]** ボックスに**[統計]**と表示されていることを確認し、**[関数名]** ボックスの **[COUNTA]** をクリックして、**[OK]** をクリックします。

③**[関数の引数]** ダイアログボックスの **[値1]** ボックスにカーソルが表示されていることを確認し、「F5:F20」と入力して、**[OK]** をクリックします。

**7.**

数式：=COUNT(D5:D20)

①セルB25をクリックし、 *fx* **[関数の挿入]** ボタンをクリックします。

②**[関数の挿入]** ダイアログボックスの **[関数の分類]** ボックスに**[統計]**と表示されていることを確認し、**[関数名]** ボックスの **[COUNT]** をクリックして、**[OK]** をクリックします。

③**[関数の引数]** ダイアログボックスの **[値1]** ボックスにカーソルが表示されていることを確認し、「D5:D20」と入力して、**[OK]** をクリックします。

> この場合、COUNTA関数を使用しても同じ結果が得られます。

**8.**

数式：=COUNTBLANK(D5:D20)

①セルB26をクリックし、 *fx* **[関数の挿入]** ボタンをクリックします。

②**[関数の挿入]** ダイアログボックスの **[関数の分類]** ボックスに**[統計]**と表示されていることを確認し、**[関数名]** ボックスの **[COUNTBLANK]** をクリックして、**[OK]** をクリックします。

③**[関数の引数]** ダイアログボックスの **[範囲]** ボックスにカーソルが表示されていることを確認し、「D5:D20」と入力して、**[OK]** をクリックします。

**9.**

①セルD8に「5/12」、セルE8に「○」と入力します。
②セルB23～26の値がそれぞれ「12」、「4」、「16」、「0」に更新されたことを確認します。

## 基礎問題 18　アンケート集計（クロス集計）

**1.**

①表内の任意のセルをクリックします。

②**[挿入]** タブの [ピボットテーブル] **[ピボットテーブル]** ボタンをクリックします。

③**[ピボットテーブルの作成]** ダイアログボックスの **[テーブルまたは範囲を選択]** が選択されていることを確認します。

④**[テーブル/範囲]** ボックスに **[アンケート調査結果!$A$3:$I$105]** と表示されていることを確認します。

⑤**[新規ワークシート]** が選択されていることを確認し、**[OK]** をクリックします。

**2.**

①新しいワークシート（Sheet1）が挿入され、空のピボットテーブルが作成されていることを確認します。

②**[ピボットテーブルのフィールド]** 作業ウィンドウが、が表示されていることを確認します。

③**[ピボットテーブルのフィールドリスト]** の **[職種]** **[所属] [理解度] [よく使う機能]** のチェックボックスをオンにします。

④**[所属]** をレイアウトセクションの **[フィルター]** ボックスにドラッグします。

⑤**[よく使う機能]** をレイアウトセクションの **[列]** ボックスにドラッグします。

⑥**[ピボットテーブルのフィールドリスト]** の **[NO]** のチェックボックスをオンにし、**[Σ値]** ボックスに「合計/NO」が表示されていることを確認します。

**3.**

①セルA3をクリックし、**[ピボットテーブルツール]** の **[分析]** タブの [フィールドの設定] **[フィールドの設定]** をクリックします。

②**[集計方法]** タブの **[選択したフィールドのデータ]**

ボックスの [個数] をクリックします。
③ [値フィールドの設定] ダイアログボックスの [名前の指定] ボックスに「回答数」と入力し、[OK] をクリックします。

**4.**
① [ピボットテーブルツール] の [分析] タブの [ピボットテーブル] グループの [オプション] をクリックします。
② [ピボットテーブルオプション] ダイアログボックスの [レイアウトと書式] タブの [書式] の [空白セルに表示する値] チェックボックスがオンになっていることを確認し、「0」と入力して、[OK] をクリックします。

**5.**
① [ピボットテーブルツール] の [デザイン] タブの [レポートのレイアウト] ボタンをクリックし、[アウトライン形式で表示] をクリックします。

**6.**
① セルB4の▼をクリックし、[降順] をクリックします。
② セルC3の▼をクリックし、[降順] をクリックします。

**7.**
① [ピボットテーブルツール] の [デザイン] タブの [ピボットテーブルスタイル] グループの [その他] ボタンをクリックし、[中間] の [ピボットスタイル (中間) 2] (1行目の左から2列目) をクリックします。
② 列番号A～Gを範囲選択します。
③ [ホーム] タブの [書式] ボタンをクリックし、[セルのサイズ] の [列の幅] をクリックします。
④ [列幅] ダイアログボックスの [列幅] ボックスに「16」と入力し、[OK] をクリックします。
⑤ シート見出し [Sheet1] をダブルクリックしてシート見出し名が反転したことを確認し、シート名を「アンケート集計」に書き換えて、Enterキーを押します。

**8.**
① [ピボットテーブルツール] の [分析] タブの [ピボットテーブル] グループにある [オプション] の▼をクリックし、[レポートフィルターページの表示] をクリックします。
② [レポートフィルターページの表示] ダイアログボックスの [レポートフィルターページフィールド] ボックスの [所属] が選択されていることを確認し、[OK] をクリックします。

## 応用問題 19 店舗別売上日報

**1.** 表を店舗ごとの商品番号順に並べ替えます。
① 表内の任意のセルをクリックし、[データ] タブの [並べ替え] ボタンをクリックします。
② [並べ替え] ダイアログボックスの [最優先されるキー] ボックスの▼をクリックし、[販売店] をクリックします。
③ [並べ替えのキー] ボックスに [値]、[順序] ボックスに [昇順] と表示されていることを確認します。
④ [レベルの追加] をクリックします。
⑤ [次に優先されるキー] ボックスの▼をクリックし、[商品番号] をクリックします。
⑥ [並べ替えのキー] ボックスに [値]、[順序] ボックスに [昇順] と表示されていることを確認し、[OK] をクリックします。

**2.** 店舗ごとの売上数 (箱) と売上金額 (円) を集計します。
① 表内の任意のセルをクリックし、[データ] タブの [小計] ボタンをクリックします。
② [集計の設定] ダイアログボックスの [グループの基準] ボックスの▼をクリックし、[販売店] をクリックします。
③ [集計の方法] ボックスに [合計] と表示されていることを確認します。
④ [集計するフィールド] ボックスの [売上数 (箱)] チェックボックスと [売上金額 (円)] チェックボックスをオンに、それ以外をオフにして [OK] をクリックします。

**3.** 集計結果に商品名ごとの売上数 (箱) と売上金額 (円) の集計の基準を追加します。
① 表内の任意のセルをクリックし、[データ] タブの [小計] ボタンをクリックします。
② [集計の設定] ダイアログボックスの [グループの基準] ボックスの▼をクリックし、[商品名] をクリックします。
③ [集計の方法] ボックスに [合計] と表示されていることを確認します。

④[集計するフィールド]の[売上数（箱）]と[売上金額（円）]のチェックボックスがオンになっていることを確認し、[現在の小計をすべて置き換える]チェックボックスをオフにして、[OK]をクリックします。

4. 表を折りたたんで、販売店ごとの商品名の集計が表示されるようにします。
①アウトラインのレベル記号[3]をクリックします。

## 応用問題 20　店舗別商品別売上集計（シートの統合）

1. ワークシートを挿入し、シート名を変更して、シート見出しの色を任意に設定します。
①シート見出しの右にある⊕[新しいシート]ボタンをクリックします。
②シート[問題20 7月]の右に新しいワークシート（Sheet1）が挿入されたことを確認します。
③シート見出し[Sheet1]をポイントし、シート[問題20 7月]の左側にドラッグして移動します。
④[ホーム]タブの[書式]ボタンをクリックし、[シートの整理]の[シート名の変更]をクリックします。
⑤シート見出し名が反転したことを確認し、シート名を「7-9月集計」に書き換えて、Enterキーを押します。
⑥[ホーム]タブの[書式]ボタンをクリックし、[シートの整理]の[シート見出しの色]をポイントして、[標準の色]の[薄い緑]（左から5列目）をクリックします。

2. シート[7-9月集計]に表のタイトルを入力します。
①セルA1をクリックし、「季節の贈答用フルーツ売上　7-9月度集計」と入力します。
②セルF2をクリックし、「単位：円」と入力します。

3. シート[7-9月集計]に、シート[問題20 7月]～[問題20 9月]の売上データを集計します。
①シート[7-9月集計]のセルA3をクリックします。
②[データ]タブの[統合]ボタンをクリックします。
③[統合の設定]ダイアログボックスの[集計の方法]ボックスに[合計]と表示され、[統合元範囲]ボックスにカーソルが表示されていることを確認します。

④[問題20 7月]のシート見出しをクリックし、セルC4～H9を範囲選択して、[追加]をクリックします。
⑤[統合元]ボックスに「'問題20 7月'!$C$4:$H$9」と表示されていることを確認します。
⑥[問題20 8月]のシート見出しをクリックし、セルB5～F10を範囲選択して、[追加]をクリックします。
⑦[統合元]ボックスに「'問題20 8月'!$B$5:$F$10」と表示されていることを確認します。
⑧[問題20 9月]のシート見出しをクリックし、セルB3～G10を範囲選択して、[追加]をクリックします。
⑨[統合元]ボックスに「'問題20 9月'!$B$3:$G$10」と表示されていることを確認します。
⑩[統合の基準]の[上端行]と[左端列]のチェックボックスをオンにし、[OK]をクリックします。

4. 表の各列幅を均等に設定します。
①列番号A～Fを範囲選択します。
②選択した任意の列番号の右側の境界線をポイントし、マウスポインターの形が↔になっていることを確認して、右方向にドラッグします（14.00程度）。

5. 「季節の贈答用フルーツ売上　7-9月度集計」の表にテーブルスタイルを利用して書式を任意に設定します。
①セルA3～F14を範囲選択します。
②[ホーム]タブの[テーブルとして書式設定]ボタンをクリックし、[淡色]の[テーブルスタイル（淡色）14]（上から2行目の右端）をクリックします。
③[テーブルとして書式設定]ダイアログボックスの[テーブルに変換するデータ範囲を指定してください]ボックスに[=$A$3:$F$14]と表示され、[先頭行をテーブルの見出しとして使用する]チェックボックスがオンになっていることを確認して、[OK]をクリックします。
④テーブル範囲の任意のセルが選択されていることを確認し、[テーブルツール]の[デザイン]タブの[範囲に変換]ボタンをクリックします。
⑤メッセージを確認し、[はい]をクリックします。
⑥セルA3の文字列を「商品名」に変更します。
⑦セルA3～F3を範囲選択します。

⑧[ホーム]タブの[中央揃え]ボタンをクリックします。

**6.** 表のタイトルに書式を任意に設定します。
①セルA1をクリックします。
②[ホーム]タブの[11▼][フォントサイズ]ボックスの▼をクリックし、[18]をクリックします。
③[ホーム]タブの[B][太字]ボタンをクリックします。
④[ホーム]タブの[A▼][フォントの色]ボタンの▼をクリックし、[テーマの色]の[緑、アクセント6、黒＋基本色25％]（上から5行目の右端）をクリックします。

## 応用問題 21 贈答品売上集計（3次元クロス集計）

**1.** ピボットテーブルを作成します。
①表内の任意のセルをクリックし、[挿入]タブの[ピボットテーブル]ボタンをクリックします。
②[ピボットテーブルの作成]ダイアログボックスの[テーブルまたは範囲を選択]が選択されていることを確認します。
③[テーブル/範囲]ボックスに[問題21上半期売上!$A$4:$H$70]と表示されていることを確認します。
④[新規ワークシート]が選択されていることを確認し、[OK]をクリックします。

**2.** ピボットテーブルのレイアウトを設定します。
①新しいワークシート（Sheet1）が挿入され、空のピボットテーブルが作成されていることを確認します。
②[ピボットテーブルのフィールド]作業ウィンドウが表示されていることを確認します。
③[ピボットテーブルのフィールドリスト]で、[日付][担当][商品区分][販売区分][売上合計]のチェックボックスにチェックを入れオンにし、それ以外のチェックはオフにします。
④[行ラベル]ボックスにある[日付]を[列ラベル]ボックスにドラッグします。
⑤[担当]を[フィルター]ボックスにドラッグします。
⑥[行ラベル]ボックスで[商品区分][販売区分]の順になっていることを確認します。
⑦[Σ値]ボックスに[合計/売上合計]と表示されていることを確認します。

**3.** 日付を月別にグループ化し、月単位で集計します。
①ピボットテーブル内の日付を表す任意のセルをクリックします。
②[ピボットテーブルツール]の[分析]タブの[→グループの選択][グループの選択]ボタンをクリックします。
③[グループ化]ダイアログボックスの[単位]ボックスで[月]のみを選択し、[OK]をクリックします。

**4.** 全体の総計に対する売上の比率を表すように変更します。
①セルA3をクリックし、[ピボットテーブルツール]の[分析]タブの[アクティブなフィールド]グループにある[フィールドの設定][フィールドの設定]ボタンをクリックします。
②[値フィールドの設定]ダイアログボックスの[計算の種類]タブをクリックし、[計算の種類]ボックスの▼をクリックし、[総計に対する比率]をクリックして、[OK]をクリックします。

**5.** 全体の総計に対する売上の比率にパーセントスタイルの小数点第1位までを表示する表示形式を設定します。
①セルA3をクリックし、[ピボットテーブルツール]の[分析]タブの[アクティブなフィールド]グループにある[フィールドの設定][フィールドの設定]ボタンをクリックします。
②[値フィールドの設定]ダイアログボックスの[表示形式]をクリックします。
③[セルの書式設定]ダイアログボックスの[分類]ボックスの[パーセンテージ]を選択し、[小数点以下の桁数]ボックスに「1」を設定して、[OK]をクリックします。
④[値フィールドの設定]ダイアログボックスの[OK]をクリックします。

**6.** ピボットテーブルスタイルを使用して書式を任意に設定します。
①[ピボットテーブルツール]の[デザイン]タブの[ピボットテーブルスタイル]グループの[▼][その他]ボタンをクリックし、[淡色]の[ピボットスタイル（淡色）15]（上から3行目の左から2列目）をクリックします。

**7.** ピボットテーブルの列幅を整えます。
① 列番号Aの右側の境界線をポイントし、マウスポインターの形が ✣ になっていることを確認して、ダブルクリックします。
② 列番号B～Hを範囲選択し、選択した任意の列番号の右側の境界線をポイントし、マウスポインターの形が ✣ になっていることを確認して、右方向にドラッグします（10.00程度）。

**8.** ピボットテーブルのシート名を変更します。
① シート見出し [Sheet1] をダブルクリックしてシート見出し名が反転したことを確認し、シート名を「売上比率集計」に書き換えて、Enterキーを押します。

**9.** 担当別に、別のワークシートに分けて表示します。
① [ピボットテーブルツール] の [分析] タブの [ピボットテーブル] グループの [オプション] の▼をクリックして、[レポートフィルターページの表示] をクリックします。
② [レポートフィルターページの表示] ダイアログボックスの [レポートフィルターページフィールド] ボックスの [担当] が選択されていることを確認し、[OK] をクリックします。

**10.** 担当別のシートをグループ化し、列B～Hの列幅を整えます。
① [河本] のシート見出しをクリックします。
② Shiftキーを押しながら [片岡] のシート見出しをクリックし、タイトルバーに [作業グループ]" と表示されていることを確認します。
③ 列番号B～Hを範囲選択し、選択した任意の列の右側の境界線をポイントし、マウスポインターの形が ✣ になっていることを確認して、右方向にドラッグします（10.00程度）。
④ 任意のシート見出しを右クリックし、ショートカットメニューの [シートのグループ解除] をクリックします。

**11.** スライサーを作成します。
① [売上比率集計] シートの見出しをクリックし、ピボットテーブル内の任意のセルをクリックします。
② [ピボットテーブルツール] の [分析] タブの ▦スライサーの挿入 [スライサーの挿入] ボタンをクリックします。

③ [スライサーの挿入] ダイアログボックスの [商品名] チェックボックスをオンにし、[OK] をクリックします。
④ [スライサー] の外枠にポイントし、マウスポインターの形が になっていることを確認して、Altキーを押しながらセルJ3までドラッグします。
⑤ [スライサー] の右下隅をポイントし、マウスポインターの形が になっていることを確認して、Altキーを押しながらセルL17と重なるようにドラッグします。
⑥ [スライサーツール] の [オプション] タブの [スライサースタイル] グループの ▽ [その他] ボタンをクリックし、[濃色] の [スライサースタイル濃色6]（右端）をクリックします。

> スライサーを使うと、ボタンをクリックするだけでフィルター処理をすばやく実行することができます。

**12.** タイムラインで一定期間のデータを絞り込みます。
① ピボットテーブル内の任意のセルをクリックします。
② [挿入] タブの ▦ [タイムライン] ボタンをクリックします。
③ [タイムラインの挿入] ダイアログボックスの [日付] のチェックボックスをオンにして、[OK] をクリックします。
④ すべての期間の [月] が選択されていることを確認します。
⑤ タイムラインの上部をポイントし、マウスポインターの形が になっていることを確認して、Altキーを押しながらセルB21までドラッグします。
⑥ [3] と [4] の間をクリックします。
⑦ 3月のデータが絞り込まれて表示されたことを確認します。
⑧ タイムラインの右中央のハンドルをポイントしてマウスポインターの形が になったら、左上の表示が「2016年3月～6月」となる位置までドラッグします。

# 第3章 グラフ作成

## 基礎問題 22 事業別売上高推移（棒グラフ）

**1.**
①セルA3～G13を範囲選択し、**[挿入]** タブの **[縦棒/横棒グラフの挿入]** ボタンをクリックし、**[2-D縦棒]** から **[積み上げ縦棒]** をクリックします。
②グラフ上にある「グラフタイトル」をポイントし、**[グラフタイトル]** と表示されていることを確認してクリックします。
③**[数式]** バーをクリックして、「=」と入力し、セルA1をクリックして、数式バーに「=問題22!$A$1」と表示されていることを確認してEnterキーを押します。

**2.**
①グラフの余白部分をポイントし、**[グラフエリア]** と表示されていることを確認して、Altキーを押しながらグラフの左上がセルA15と重なるようにドラッグします。
②グラフエリアの右下隅をポイントし、マウスポインターの形が になっていることを確認して、Altキーを押しながらセルG33までドラッグします。

**3.**
①グラフタイトルをポイントし、**[グラフタイトル]** と表示されていることを確認して、クリックします。
②**[ホーム]** タブの **[フォントサイズ]** ボックスの▼をクリックし、**[16]** をクリックします。
③**[ホーム]** タブの **[太字]** ボタンをクリックします。

**4.**
①**[グラフツール]** の **[デザイン]** タブ **[グラフ要素を追加]** ボタンをクリックし、**[軸ラベル]** をポイントして、**[第1縦軸]** をクリックします。
②**[グラフツール]** の **[デザイン]** タブ **[グラフ要素を追加]** ボタンをクリックし、**[軸ラベル]** をポイントして、**[その他の軸ラベルオプション]** をクリックします。
③**[軸ラベルの書式設定]** 作業ウィンドウの **[タイトルのオプション]** で **[サイズとプロパティ]** をクリックし、**[配置]** の **[文字列の方向]** ボックスの▼をクリックして、**[横書き]** をクリックします。
④**[閉じる]** ボタンをクリックして、作業ウィンドウを閉じます。
⑤グラフ上の「軸ラベル」が選択されていることを確認し、「数式」バーをクリックして、「=」と入力し、セルG2をクリックします。
⑥数式バーに「=問題22!$G$2」と表示されていることを確認して、Enterキーを押します。
⑦「単位：万円」と表示された軸ラベルの外枠をポイントし、マウスポインターの形状が になっていることを確認して、縦軸の「250,000」の上にドラッグして配置します。

**5.**
①**[グラフツール]** の **[デザイン]** タブの **[グラフ要素を追加]** ボタンをクリックし、**[凡例]** をポイントして、**[右]** をクリックします。

**6.**
①**[グラフツール]** の **[デザイン]** タブの **[グラフ要素を追加]** ボタンをクリックし、**[線]** をポイントして、**[区分線]** をクリックします。

**7.**
①**[グラフツール]** の **[書式]** タブの **[現在の選択範囲]** グループにある グラフエリア **[グラフ要素]** ボックスの▼をクリックし、**[系列"ビル管理事業"]** をクリックします。
②**[グラフツール]** の **[書式]** タブの **[現在の選択範囲]** グループにある 選択対象の書式設定 **[選択対象の書式設定]** をクリックします。
③**[データ系列の書式設定]** 作業ウィンドウの **[系列のオプション]** で、**[要素の間隔]** ボックスの値を「50%」にします。
④**[閉じる]** ボタンをクリックして、作業ウィンドウを閉じます。

**8.**
①**[グラフツール]** の **[デザイン]** タブの **[色の変更]** ボタンをクリックし、**[カラフル]** の **[色2]**（2行目）をクリックします。

## 基礎問題 23　商品別問合せ件数推移（折れ線グラフ）

### 1.

① セルA3～F15を範囲選択し、[挿入] タブの [折れ線/面グラフの挿入] ボタンをクリックして、[2-D折れ線] から [マーカー付き折れ線] をクリックします。

② グラフ上にある「グラフタイトル」をポイントし、[グラフタイトル] と表示されていることを確認してクリックします。

③ [数式] バーをクリックして、「=」と入力し、セルA1をクリックして、数式バーに「=問題23!$A$1」と表示されていることを確認してEnterキーを押します。

### 2.

① グラフの余白部分をポイントし、[グラフエリア] と表示されていることを確認して、Altキーを押しながらグラフの左上がセルA17と重なるようにドラッグします。

② グラフエリアの右下隅をポイントし、マウスポインターの形が になっていることを確認して、AltキーをおしながらセルH37までドラッグします。

### 3.

① グラフタイトルをポイントし、[グラフタイトル] と表示されていることを確認して、クリックします。

② [ホーム] タブの [フォントサイズ] ボックスの▼をクリックし、[16] をクリックします。

③ [ホーム] タブの B [太字] ボタンをクリックします。

### 4.

① [グラフツール] の [デザイン] タブの [グラフ要素を追加] ボタンをクリックし、[軸ラベル] をポイントして、[第1縦軸] をクリックします。

② [グラフツール] の [デザイン] タブの [グラフ要素を追加] ボタンをクリックし、[軸ラベル] をポイントして、[その他の軸ラベルオプション] をクリックします。

③ [軸ラベルの書式設定] 作業ウィンドウの [タイトルのオプション] で [サイズとプロパティ] をクリックし、[配置] の [文字列の方向] ボックスの▼をクリックして、[横書き] をクリックします。

④ [閉じる] ボタンをクリックして、作業ウィンドウを閉じます。

⑤ グラフ上の「軸ラベル」が選択されていることを確認し、「数式」バーをクリックして、「=」と入力し、セルF2をクリックします。

⑥ 数式バーに「=問題23!$F$2」と表示されていることを確認して、Enterキーを押します。

⑦ 「単位：件」と表示された軸ラベルの外枠にポイントし、マウスポインターの形状が になっていることを確認して、垂直に上へドラッグして17行目と18行目の間に配置します。

⑧ [プロットエリア] をクリックして、左中央のハンドルをポイントし、マウスポインターが になっていることを確認して、左にドラッグし、点線の左端が軸ラベル「単位：件」の左端と揃うようにします。

### 5.

① [グラフツール] の [デザイン] タブの [グラフスタイル] から、[スタイル11]（左から3列目）をクリックします。

### 6.

① [グラフツール] の [デザイン] タブの [グラフ要素を追加] ボタンをクリックし、[凡例] をポイントして、[下] をクリックします。

### 7.

① [グラフツール] の [デザイン] タブの [グラフ要素を追加] ボタンをクリックし、[データラベル] をポイントして、[上] をクリックします。

② [グラフツール] の [書式] タブの [現在の選択範囲] グループにある グラフ エリア [グラフ要素] ボックスの▼をクリックし、[系列"冷蔵庫"データラベル] をクリックします。

③ [グラフツール] の [デザイン] タブの [グラフ要素を追加] ボタンをクリックし、[データラベル] をポイントして、[下] をクリックします。

④ ほかにも、折れ線と重なるデータラベルがあれば、ドラッグして位置を変更します（「パソコン」のデータラベルの「7,662」と「2,604」、「エアコン」のデータラベルの「4,885」など）。

> 移動したいデータラベルをクリックすると、同じデータ系列のすべてのデータラベルが選択されます。もう1回クリックすると、該当のデータラベルのみの選択となります。

**8.**
①[グラフツール]の[デザイン]タブの[グラフ要素を追加]ボタンをクリックし、[目盛線]をポイントして、[第1補助横軸]をクリックします。

**9.**
①[グラフツール]の[書式]タブの グラフエリア [グラフ要素]ボックスの▼をクリックし、[縦（値）軸]をクリックします。
②[グラフツール]の[書式]タブの現在の選択範囲グループにある [選択対象の書式設定] ボタンをクリックします。
③[軸の書式設定]作業ウィンドウの[軸のオプション]にある[境界値]の[最大値]ボックスの値を「11000」にし、[最小値]ボックスにカーソルを移動させます。
④[最小値]ボックスの値を「0」にしてEnterキーを押します。
⑤[閉じる]ボタンをクリックして、作業ウィンドウを閉じます。

## 基礎問題 24　社員構成比率（円グラフ）

**1.**
①セルA4～B7を範囲選択し、[挿入]タブの[円またはドーナツグラフの挿入]ボタンをクリックして、[2-D円]から[円]をクリックします。
②グラフ上にある「グラフタイトル」をポイントし、[グラフタイトル]と表示されていることを確認してクリックします。
③[数式]バーをクリックして、「=」と入力し、セルA1をクリックして、数式バーに「=問題24!$A$1」と表示されていることを確認してEnterキーを押します。

**2.**
①グラフの余白部分をポイントし、[グラフエリア]と表示されていることを確認して、Altキーを押しながらグラフの左上がセルA9と重なるようにドラッグします。
②グラフエリアの右下隅をポイントし、マウスポインターの形が になっていることを確認して、Altキーを押しながらセルD31までドラッグします。

**3.**
①グラフタイトルをポイントし、[グラフタイトル]と表示されていることを確認して、クリックします。
②[ホーム]タブの 11 [フォントサイズ]ボックスの▼をクリックし、[18]をクリックします。
③[ホーム]タブの B [太字]ボタンをクリックします。

**4.**
①[グラフツール]の[デザイン]タブの[グラフ要素を追加]ボタンをクリックし、[データラベル]をポイントして、[その他のデータラベルオプション]をクリックします。
②[データラベルの書式設定]作業ウィンドウの[ラベルオプション]で[ラベルの内容]の[分類名]と[パーセンテージ]のチェックボックスをオンにし、[値]のチェックボックスをオフにします。[引き出し線を表示する]のチェックボックスはオンにしたままにします。
③[区切り文字]ボックスの▼をクリックし、[(改行)]をクリックします。
④[表示形式]をクリックし、[カテゴリ]ボックスの▼をクリックして、[パーセンテージ]をクリックします。
⑤[小数点以下の桁数]ボックスの値を「1」にしてEnterキーを押します。
⑥[閉じる]ボタンをクリックして、作業ウィンドウを閉じます。

**5.**
①[グラフツール]の[デザイン]タブの[色の変更]ボタンをクリックし、[モノクロ]から[色9]（5行目）をクリックします。
②[グラフツール]の[書式]タブの[現在の選択範囲]グループにある グラフエリア [グラフ要素]ボックスの▼をクリックし、[系列1]をクリックします。
③[グラフツール]の[書式]タブの [選択対象の書式設定] ボタンをクリックします。
④[データ系列の書式設定]作業ウィンドウの[塗りつぶしと線]をクリックし、[枠線]をクリックして[線なし]のチェックをオンにします。
⑤[閉じる]ボタンをクリックして、作業ウィンドウを閉じます。

**6.**
① [グラフツール] の [書式] タブの [現在の選択範囲] グループにある グラフエリア [グラフ要素] ボックスの▼をクリックし、[系列1データラベル] をクリックします。
② [ホーム] タブの 11 [フォントサイズ] ボックスの▼をクリックし、[12] をクリックします。
③ [ホーム] タブの A [フォントの色] ボタンの▼をクリックし、[テーマの色] の [白, 背景1] (1行目左端) をクリックします。
④ [ホーム] タブの B [太字] ボタンをクリックします。
⑤ 「アルバイト・その他」のデータラベルをクリックし、[ホーム] タブの A [フォントの色] ボタンの▼をクリックして、[自動] をクリックします。

**7.**
① 「アルバイト・その他」のデータラベルのテキストボックス右中央のハンドルをポイントし、マウスポインターの形状が になったことを確認して、右へドラッグし、「アルバイト・その他」の文字列が1行で収まるようにします。
② 「アルバイト・その他」のデータラベルの外枠をポイントし、マウスポインターの形状が になったことを確認して、円グラフの左上にある空白スペースにドラッグします。

**8.**
① 「期間契約社員」のデータラベルをクリックします。
② テキストボックス右中央のハンドルをポイントし、マウスポインターの形状が になったことを確認して、右へドラッグし、「期間契約社員」の文字列が1行で収まるようにします。
③ 「期間契約社員」のデータラベルの外枠をポイントし、マウスポインターの形状が になったことを確認して、完成例を参考にドラッグしてパイの中央に配置します。

**9.**
① 「派遣社員」のデータラベルをクリックします。
② データラベルの外枠をポイントし、マウスポインターの形状が になったことを確認して、完成例を参考にドラッグしてパイの中央に配置します。
③ 「正社員」のデータラベルをクリックします。
④ データラベルの外枠をポイントし、マウスポインターの形状が になったことを確認して、完成例を参考にドラッグしてパイの中央に配置します。

**10.**
① [グラフツール] の [書式] タブの グラフエリア [グラフ要素] ボックスの▼をクリックし、[凡例] をクリックします。
② [ホーム] タブの 11 [フォントサイズ] ボックスの▼をクリックし、[10] をクリックします。
③ [凡例] の外枠にポイントし、マウスポインターの形状が になったことを確認して、完成例を参考にドラッグしてやや上に配置します。

### 応用問題 25 月別分野別売上集計(積み上げ横棒グラフ)

**1.** 表のデータを4月度の分野別に多い順に並び替えます。
① セルA3～E9を選択します。
② [ホーム] タブの [並べ替えとフィルター] ボタンをクリックして [ユーザー設定の並べ替え] をクリックします。
③ [並べ替え] ダイアログボックスの [優先されるキー] ボックスの▼をクリックして [4月] をクリックします。
④ [並べ替えのキー] ボックスに [値] と表示されていることを確認します。
⑤ [順序] ボックスの▼をクリックし、[降順] をクリックします。
⑥ [レベルの追加] をクリックします。
⑦ [次に優先されるキー] ボックスの▼をクリックして [分野] をクリックします。
⑧ [並べ替えのキー] ボックスに [値] と表示されていることを確認します。
⑨ [順序] ボックスの▼をクリックし、[降順] をクリックして、[OK] をクリックします。

**2.** 積み上げ横棒グラフを作成します。
① セルB3～E9を範囲選択し、[挿入] タブの [縦棒/横棒グラフの挿入] ボタンをクリックして、[2-D横棒] の [積み上げ横棒] (1行目の左から2列目) をクリックします。

**3.** グラフが月別になるようにします。
① グラフの余白をポイントし、[グラフエリア] と表示されていることを確認して、[グラフツール] の [デザイン] タブの [行/列の切り替え] ボタンをクリックします。

**4.** グラフのサイズと位置を調整します。
① グラフの余白部分をポイントし、**[グラフエリア]** と表示されていることを確認して、Altキーを押しながらグラフの左上がセルA12と重なるようにドラッグします。
② グラフエリアの右下隅をポイントし、マウスポインターの形が になっていることを確認して、Altキーを押しながらセルF26までドラッグします。

**5.** グラフの縦軸の4月が一番上に来るようにします。
① グラフの縦軸をクリックし、**[グラフツール]** の **[書式]** タブの **[選択対象の書式設定]** ボタンをクリックします。
② **[軸の書式設定]** 作業ウィンドウが表示されたら、**[軸のオプション]** グループの **[軸を反転する]** にチェックを入れます。

**6.** 横軸（金額）の目盛を下に配置します。
① グラフの横軸をクリックします。
② **[軸の書式設定]** 作業ウィンドウの **[軸のオプション]** の **[ラベル]** をクリックして **[ラベルの位置]** ボックスの▼をクリックして **[上端/右端]** をクリックします。

**7.** 横軸の表示単位を「万」に変更します。
① グラフの横軸をクリックし、**[グラフツール]** の **[書式]** タブの **[選択対象の書式設定]** ボタンをクリックします。
② **[軸の書式設定]** 作業ウィンドウが開いたら **[軸のオプション]** の **[表示単位]** ボックスの▼をクリックし、**[万]** をクリックします。
③ **[表示単位のラベルをグラフに表示する]** チェックボックスがオンになっていることを確認します。同様にグラフの右下に文字列「万」と単位が表示されたことを確認します。
④ 文字列「万」を右クリックし、メニューから **[テキストの編集]** をクリックします。
⑤ カーソルを「万」の右側に移動して、「円」と入力して、Escキーを押します。

**8.** データラベルを追加します。
① グラフエリアを選択して、グラフの右横にある ![+] **[グラフ要素]** ボタンをクリックして **[データラベル]** にチェックを入れます。

**9.** グラフ全体の文字のサイズを変更します。
① グラフの余白部分をポイントし、**[グラフエリア]** と表示されていることを確認してクリックし、**[ホーム]** タブの ![11] **[フォントサイズ]** ボックスの▼をクリックして、**[8]** をクリックします。

**10.** グラフタイトルを入力します。
① **[グラフタイトル]** をクリックして「月別分野別売上集計表」と入力します。
② タイトルを選択して **[ホーム]** タブの ![11] **[フォントサイズ]** ボックスの▼をクリックして **[11]** をクリックします。

**11.** 売上傾向に対する考察を記入します。
① **[挿入]** タブの ![テキスト] **[テキスト]** ボタンをクリックして、**[テキストボックス]** をクリックします。
② カーソルが ↓ になっていることを確認し、Altキーを押しながら、セルA28〜F32までドラッグします。
③ 作成したテキストボックスに、次のテキストを入力します。
【考察】
● 新生活に向けて4月はベッド・寝具・インテリアの売上が好調だった。
● 5月はインテリア・照明・衣料雑貨が伸びた。
● 6月は全体に売上が低調だった。

## 応用問題 26　上半期売上実績

**1.** 売上数合計を算出します。
数式：=SUM(E4:J4)
① セルL4をクリックし、**[ホーム]** タブの ![Σ] **[合計]** ボタンをクリックします。
② セルE4〜J4を範囲選択し、**[=SUM(E4:J4)]** と表示されていることを確認して、![Σ] **[合計]** ボタンをクリックします。
③ セルL4のフィルハンドルをポイントし、マウスポインターの形が ✚ になっていることを確認して、セルL27までドラッグします。

**2.** 売上金額（円）を算出します。
数式：=C4*L4
① セルM4をクリックし、「=C4*L4」と入力して、Enterキーを押します。
② セルM4をクリックし、フィルハンドルをポイントし、マウスポインターの形が ✚ になっているこ

とを確認して、セルM27までドラッグします。

**3.** 数値データに桁区切りスタイルを設定します。
①セルC4〜M27を範囲選択します。
②[ホーム]タブの[　][桁区切りスタイル]ボタンをクリックします。

**4.** 売上数合計と売上金額（円）にセルの値を相対的に比較するデータバーを設定します。
①セルL4〜L27を範囲選択します。
②[ホーム]タブの[　][条件付き書式]ボタンをクリックし、[データバー]をポイントして[塗りつぶし（グラデーション）]の[緑のデータバー]をクリックします。
③セルM4〜M27を範囲選択します。
④[ホーム]タブの[　][条件付き書式]ボタンをクリックし、[データバー]をポイントして[塗りつぶし（グラデーション）]の[赤のデータバー]をクリックします。

**5.** コードの値をグループに分類してデータの傾向を分析するアイコンセットを設定します。
①セルA4〜A27を範囲選択します。
②[ホーム]タブの[　][条件付き書式]ボタンをクリックし、[アイコンセット]をポイントして[図形]の[3つの信号（枠なし）]をクリックします。

**6.** 表のデータをコードの独自の分類順（1000番台、5000番台、3000番台）、売上金額の多い順に並べ替えます。
①表内の任意のセルをクリックします。
②[データ]タブの[　][並べ替え]ボタンをクリックします。
③[並べ替え]ダイアログボックスの[最優先されるキー]ボックスの▼をクリックし、[コード]をクリックします。
④[並べ替えのキー]ボックスの▼をクリックし、[セルのアイコン]をクリックします。
⑤[順序]ボックスの▼をクリックし、[輪郭付きの赤い円]をクリックします。
⑥[レベルの追加]をクリックします。
⑦[次に優先されるキー]ボックスの▼をクリックし、[コード]をクリックします。
⑧[並べ替えのキー]ボックスの▼をクリックし、[セルのアイコン]をクリックします。
⑨[順序]ボックスの▼をクリックし、[緑の丸]をクリックします。
⑩[レベルの追加]をクリックします。
⑪[次に優先されるキー]ボックスの▼をクリックし、[コード]をクリックします。
⑫[並べ替えのキー]ボックスの▼をクリックし、[セルのアイコン]をクリックします。
⑬[順序]ボックスに[黄色の丸]が選択されていることを確認します。
⑭[レベルの追加]をクリックします。
⑮[次に優先されるキー]ボックスの▼をクリックし、[売上金額（円）]をクリックします。
⑯[並べ替えのキー]ボックスに[値]と表示されていることを確認します。
⑰[順序]ボックスの▼をクリックし、[降順]をクリックして、[OK]をクリックします。

**7.** 各月の売上数の推移を表現するスパークラインを設定します。
①セルK4〜K27を範囲選択します。
②[挿入]タブの[スパークライン]グループの[　][折れ線]ボタンをクリックします。
③[スパークラインの作成]ダイアログボックスの[データ範囲]にカーソルがあることを確認して、セルE4〜J27を範囲選択します。
④[場所の範囲]ボックスに"$K$4:$K$27"と表示されていることを確認して、[OK]をクリックします。
⑤[スパークラインツール]の[デザイン]タブの[マーカー]チェックボックスをオンにします。
⑥[スタイル]グループの[　][その他]ボタンをクリックし、[スパークラインスタイルアクセント3、黒＋基本色50％]（1行目の左から3列目）をクリックします。

## 応用問題 **27** 第2四半期売上集計（グラフ上での絞り込み）

**1.** ピボットテーブルを作成します。
①表内の任意のセルをクリックし、[挿入]タブの[　][ピボットテーブル]ボタンをクリックします。
②[ピボットテーブルの作成]ダイアログボックスの[テーブルまたは範囲を選択]が選択されていることを確認します。
③[テーブル/範囲]ボックスに[問題27第2四半期!$A$3:$J$2883]と表示されていることを確認します。
④[新規ワークシート]が選択されていることを確認

し、[OK] をクリックします。

**2.** ピボットテーブルのレイアウトを設定します。
①新しいワークシート（Sheet1）が挿入され、空のピボットテーブルが作成されていることを確認します。
②[ピボットテーブルツール]、[ピボットテーブルのフィールド] 作業ウィンドウが表示されていることを確認します。
③[ピボットテーブルのフィールドリスト] で、[売上年月日][販売店][製品コード] のチェックボックスをオンにして、それ以外はオフにします。
④[行ラベル] ボックスの [販売店] を [フィルター] ボックスにドラッグします。
⑤[製品コード] をレイアウトセクションの [列ラベル] ボックスにドラッグします。
⑥[ピボットテーブルのフィールドリスト] で、[売上額] のチェックボックスをオンにします。[Σ値] ボックスに [合計/売上額] が表示されていることを確認します。

**3.** 売上年月日を月別にグループ化し、月単位で集計します。
①ピボットテーブル内の日付を表す任意のセルをクリックします。
②[ピボットテーブルツール] の [分析] タブの [グループの選択] ボタンをクリックします。
③[グループ化] ダイアログボックスの [単位] ボックスで、[日] の選択を解除し、[月] のみを選択して [OK] をクリックします。

**4.** 値フィールドのフィールド名を「売上額（千円）」に変更し、数値データの表示単位を千円に変更して、桁区切りスタイルの表示形式を設定します。
①セルA3をクリックし、[ピボットテーブルツール] の [分析] タブの [アクティブなフィールド] グループにある [フィールドの設定] ボタンをクリックします。
②[値フィールドの設定] ダイアログボックスの [名前の指定] ボックスに「売上額（千円）」と入力します。
③[表示形式] をクリックします。
④[セルの書式設定] ダイアログボックスの [分類] ボックスの [ユーザー定義] をクリックし、[種類]

ボックスに「#,###,」と入力して、[OK] をクリックします。
⑤[値フィールドの設定] ダイアログボックスの [OK] をクリックします。

> 表示形式で「#,###,」というように、末尾に「,」を付けると千を基本単位として表示できます。「,,」を付けると百万を基本単位として表示できます。

**5.** ピボットテーブルの行ラベルと列ラベルのラベル名を変更します。
①セルA4をクリックし、「売上年月日」と入力します。
②セルB3をクリックし、「製品コード」と入力します。

**6.** ピボットテーブルの列幅を整えます。
①列番号A～Gを範囲選択し、選択した任意の列番号の右側の境界線をポイントし、マウスポインターの形が ✥ になっていることを確認して、右方向にドラッグします（12.00程度）。

**7.** ピボットグラフを作成します。
①ピボットテーブル内の任意のセルをクリックします。
②[ピボットテーブルツール] の [分析] タブの [ピボットグラフ] ボタンをクリックします。
③[グラフの挿入] ダイアログボックスの [縦棒] が選択されていることを確認し、[積み上げ縦棒]（1行目の左から2列目）をクリックして、[OK] をクリックします。

**8.** ピボットグラフのサイズと位置を調整します。
①グラフの余白部分をポイントし、[グラフエリア] と表示されていることを確認して、Altキーを押しながらグラフの左上がセルA10と重なるようにドラッグします。
②グラフエリアの右下隅をポイントし、マウスポインターの形が になっていることを確認して、Altキーを押しながらセルG35までドラッグします。

> ピボットグラフに表示されるフィールドボタンをクリックすると、ピボットグラフ上で絞込みをすることができます。この機能をピボットチャートといいます。

**9.** ピボットグラフのタイトルを入力します。
①グラフをクリックするとグラフの右横にある ➕

[グラフ要素]ボタンをクリックし、[グラフタイトル]にチェックを入れます。
②[グラフタイトル]が選択されていることを確認し、「第2四半期売上」と入力します。

**10.** グラフの色を変更します。
①[ピボットグラフツール]の[デザイン]タブの[色の変更]ボタンをクリックします。
②[モノクロ]の[色5]をクリックします。

## 応用問題 28 買上率（複合グラフ）

**1.** 買上点数、買上単価、客単価、買上率の見出しを作成します。
①セルE3に「買上点数」、F3に「買上単価」、G3に「客単価」、H3に「買上率」と入力します。
②セルA3をクリックし、[ホーム]タブの[書式のコピー/貼り付け]ボタンをクリックして、セルE3～H3までドラッグします。

**2.** 買上点数を入力します。
①セルE4～E15に買上点数を参考にデータを入力します。

**3.** 客単価を算出し、小数点第1位で四捨五入の処理をして、1の位まで表示するように設定します。
数式：=ROUND(D4/C4,0)
①セルG4をクリックし、[関数の挿入]ボタンをクリックします。
②[関数の挿入]ダイアログボックスの[関数の分類]ボックスの▼をクリックして[数学/三角]をクリックし、[関数名]ボックスの[ROUND]をクリックして、[OK]をクリックします。
③[関数の引数]ダイアログボックスの[数値]ボックスにカーソルが表示されていることを確認し、「D4/C4」と入力します。
④[桁数]ボックスをクリックし、「0」と入力して、[OK]をクリックします。

> ROUND関数の桁数は、四捨五入した結果の小数点以下の桁数を指定します。

⑤セルG4のフィルハンドルをポイントし、マウスポインターの形が＋になっていることを確認して、セルG15までドラッグします。

**4.** 買上単価を算出し、小数点第1位で四捨五入の処理をして、1の位まで表示するように設定します。
数式：=ROUND(G4/E4,0)
①セルF4をクリックし、[関数の挿入]ボタンをクリックします。
②[関数の挿入]ダイアログボックスの[関数の分類]ボックスに[数学/三角]と表示されていることを確認し、[関数名]ボックスの[ROUND]をクリックして、[OK]をクリックします。
③[関数の引数]ダイアログボックスの[数値]ボックスにカーソルが表示されていることを確認し、「G4/E4」と入力します。
④[桁数]ボックスをクリックし、「0」と入力して、[OK]をクリックします。
⑤セルF4のフィルハンドルをポイントし、マウスポインターの形が＋になっていることを確認して、セルF15までドラッグします。

**5.** 買上率を算出し、パーセントの小数点第2位で四捨五入の処理をして、パーセントの小数点第1位まで表示するように設定します。
数式：=ROUND(C4/B4,3)
①セルH4をクリックし、[関数の挿入]ボタンをクリックします。
②[関数の挿入]ダイアログボックス[関数の分類]ボックスに[数学/三角]と表示されていることを確認し、[関数名]ボックスの[ROUND]をクリックして、[OK]をクリックします。
③[関数の引数]ダイアログボックスの[数値]ボックスにカーソルが表示されていることを確認し、「C4/B4」と入力します。
④[桁数]ボックスをクリックし、「3」と入力して、[OK]をクリックします。
⑤セルH4のフィルハンドルをポイントし、マウスポインターの形が＋になっていることを確認して、セルH15までドラッグします。
⑥[ホーム]タブの[パーセントスタイル]ボタンをクリックして、[小数点以下の表示桁数を増やす]ボタンをクリックします。

**6.** 来店客数、買上客数、売上高の合計を算出します。
数式：=SUM(B4:B15)
①セルA16に「計」と入力します。
②セルA3をクリックし、[ホーム]タブの[書式のコピー/貼り付け]ボタンをクリックして、セ

ルA16をクリックします。
③セルB16を選択し、[ホーム] タブの [Σ・] [合計] ボタンをクリックします。
④セルB16に [=SUM(B4:B15)] と表示されていることを確認し、[Σ・] [合計] ボタンをクリックします。
⑤セルB16のフィルハンドルをポイントし、マウスポインターの形が ✚ になっていることを確認して、セルD16までドラッグします。

**7.** 買上点数、買上単価、客単価、買上率の平均を算出します。
数式：=ROUND(AVERAGE(E4:E15),1)
①セルE16をクリックし、[fx] [関数の挿入] ボタンをクリックします。
②[関数の挿入] ダイアログボックスの [関数の分類] ボックスに [数学/三角] と表示されていることを確認し、[関数名] ボックスの [ROUND] をクリックして、[OK] をクリックします。
③[関数の引数] ダイアログボックスの [数値] ボックスにカーソルが表示されていることを確認し、関数ボックスの▼をクリックして、[その他の関数] をクリックします。
④[関数の挿入] ダイアログボックスの [関数の分類] ボックスから [統計] を選択して、[関数名] ボックスの [AVERAGE] をクリックして、[OK] をクリックします。
⑤[関数の引数] ダイアログボックスの [数値1] ボックスに [E4:E15] と表示されていることを確認し、数式バーの「ROUND」の関数名をクリックします。
⑥[関数の引数] ダイアログボックスの [桁数] ボックスをクリックし、「1」と入力して、[OK] をクリックします。
数式：=ROUND(AVERAGE(F4:F15),0)
⑦セルF16をクリックし、[fx] [関数の挿入] ボタンをクリックします。
⑧[関数の挿入] ダイアログボックスの [関数の分類] ボックスから [数学/三角] を選択し、[関数名] ボックスの [ROUND] をクリックして、[OK] をクリックします。
⑨[関数の引数] ダイアログボックスの [数値] ボックスにカーソルが表示されていることを確認し、関数ボックスの▼をクリックして、[AVERAGE] をクリックします。
⑩[関数の引数] ダイアログボックスの [数値1] ボックスに [F4:F15] と表示されていることを確認し、数式バーの「ROUND」の関数名をクリックします。
⑪[関数の引数] ダイアログボックスの [桁数] ボックスをクリックし、「0」と入力して、[OK] をクリックします。
⑫セルF16のフィルハンドルをポイントし、マウスポインターの形が ✚ になっていることを確認して、セルG16までドラッグします。
数式：=AVERAGE(H4:H15)
⑬セルH16をクリックし、[ホーム] タブの [Σ・] [合計] ボタンの▼をクリックして [平均] をクリックし、[=AVERAGE(H4:H15)] と表示されていることを確認して、[Σ・] [合計] ボタンをクリックします。

**8.** 数値データに桁区切りスタイルを設定し、表全体の列幅を自動調整して罫線を設定します。
①セルF4～G16を範囲選択し、[ホーム] タブの [,] [桁区切りスタイル] ボタンをクリックします。
②列番号A～Hを範囲選択し、[ホーム] タブの [書式] ボタンをクリックして、[セルのサイズ] の [列の幅の自動調整] をクリックします。
③セルA3～H16を範囲選択し、[ホーム] タブの [罫線] ボタンの▼をクリックして、[格子] をクリックします。

**9.** 売上高を集合縦棒グラフ、第2軸として買上率を折れ線グラフにして比較する複合グラフを作成します。
①セルA3～A15を範囲選択し、Ctrlキーを押しながらセルD3～D15、H3～H15を範囲選択します。
②[挿入] タブの [縦棒/横棒グラフの挿入] ボタンをクリックし、[2-D縦棒] の [集合縦棒]（1行目の左端）をクリックします。

**10.** グラフのサイズや位置を任意に調整します。
①グラフの余白部分をポイントし、[グラフエリア] と表示されていることを確認して、Altキーを押しながらグラフの左上がセルA18と重なるようにドラッグします。
②グラフエリアの右下隅をポイントし、マウスポインターの形が になっていることを確認して、Altキーを押しながらセルH31までドラッグします。

**11.** 買上率を第2軸を使用する折れ線グラフに変更します。

① [グラフツール] の [デザイン] タブの [グラフの種類の変更] ボタンをクリックします。

② [グラフの種類の変更] ダイアログボックスの [すべてのグラフ] タブで [組み合わせ] をクリックし、[集合縦棒 - 第2軸の折れ線]（左から2列目）をクリックします。

③ ダイアログボックス下部にある系列名とグラフの種類の設定画面で、系列「売上高」のグラフの種類が「集合縦棒」で第2軸はチェックなしに、系列「買上率」のグラフの種類が「折れ線」で第2軸はチェックありになっているのを確認し、[OK] をクリックします。

**12.** グラフの書式を任意に変更します。

① [グラフツール] の [デザイン] タブの [グラフ要素を追加] ボタンをクリックし、[グラフタイトル] をポイントして、[なし] をクリックします。

② [グラフツール] の [デザイン] タブの [グラフ要素を追加] ボタンをクリックし、[凡例] をポイントして、[上] をクリックします。

**13.** 表とグラフを統一した配色を任意に設定します。

① [ページレイアウト] タブの [配色] [配色] ボタンをクリックし、[緑] をクリックします。

## 応用問題 29 海外売上比率推移（複合グラフ）

**1.** 海外売上高を計算します。

① セルE3をクリックし、「海外売上高合計（万円）」と入力します。

② 列番号Eをクリックし、[ホーム] タブの「書式」ボタンをクリックして、[セルのサイズ] の [列の幅] をクリックします。

③ [列幅] ダイアログボックスの [列幅] ボックスに「20」と入力し、[OK] をクリックします。

④ セルE4に「=C4+D4」と入力し、Enterキーを押します。

⑤ セルE4をクリックしてフィルハンドルをポイントし、マウスポインターの形が＋になっていることを確認して、セルE13までドラッグします。

**2.** 海外売上比率を計算します。

① セルF3をクリックし、「海外売上比率」と入力します。

② 列番号Fをクリックし、[ホーム] タブの「書式」ボタンをクリックして、[セルのサイズ] の [列の幅] をクリックします。

③ [列幅] ダイアログボックスの [列幅] ボックスに「20」と入力し、[OK] をクリックします。

④ セルF4をクリックし、「=E4/(B4+C4+D4)」と入力してEnterキーを押します。

⑤ セルF4をクリックしてフィルハンドルをポイントし、マウスポインターの形が＋になっていることを確認して、セルF13までドラッグします。

**3.** 表の見栄えを整えます。

① セルE3～F13を範囲選択し、[ホーム] タブにある [罫線] ボタンの▼をクリックして、[格子] をクリックします。

② セルA3～F13を範囲選択し、[ホーム] タブにある [罫線] ボタンの▼をクリックして、[太い外枠] をクリックします。

③ セルA3～F3を範囲選択し、Ctrlキーを押しながらセルA3～A13、E3～E13を範囲選択します。

④ [ホーム] タブの [罫線] ボタンの▼をクリックし、[太い外枠] をクリックします。

⑤ セルB4～E13を範囲選択し、[ホーム] タブの [桁区切りスタイル] ボタンをクリックします。

⑥ セルF4～F13を範囲選択し、[ホーム] タブの [パーセントスタイル] ボタンをクリックして、[小数点以下の表示桁数を増やす] ボタンをクリックします。

**4.** 複合グラフを作成します。

① セルA3～D13を範囲選択し、Ctrlキーを押しながらセルF3～F13を範囲選択します。

② [挿入] タブの [複合グラフの挿入] ボタンをクリックし、[ユーザー設定の複合グラフを作成する] をクリックします。

③ [グラフの挿入] ダイアログボックスの [すべてのグラフ] タブの [データ系列に使用するグラフの種類と軸を選択してください] ボックスにある [系列名] の [海外売上比率] の [第2軸] チェックボックスをオンにします。

④ [グラフの挿入] ダイアログボックスの [すべてのグラフ] タブの [データ系列に使用するグラフの種類と軸を選択してください] ボックスにある [系列名] の [ヨーロッパ（万円）] の [グラフの種類] の▼をクリックし、[縦棒] にある [積み上げ縦棒] をクリックして、[OK] をクリックします。

**5.** 複合グラフの見栄えを整えます。

①グラフの余白部分をポイントし、**[グラフエリア]** と表示されていることを確認して、Altキーを押しながらグラフの左上がセルA15と重なるようにドラッグします。

②グラフエリアの右下隅をポイントし、マウスポインターの形が ![icon] になっていることを確認して、Altキーを押しながらセルF30までドラッグします。

③**[グラフツール]** の **[デザイン]** タブの ![icon] **[グラフ要素を追加]** ボタンをクリックし、**[グラフタイトル]** をポイントして、**[なし]** をクリックします。

④**[グラフツール]** の **[デザイン]** タブの ![icon] **[グラフ要素を追加]** ボタンをクリックし、**[軸ラベル]** をポイントして、**[第1縦軸]** をクリックします。

⑤**[グラフツール]** の **[デザイン]** タブの ![icon] **[グラフ要素を追加]** ボタンをクリックし、**[軸ラベル]** をポイントして、**[その他の軸ラベルオプション]** をクリックします。

⑥**[軸ラベルの書式設定]** 作業ウィンドウの **[文字のオプション]** をクリックし、![icon] **[テキストボックス]** をクリックします。

⑦**[文字列の方向]** ボックスの▼をクリックし、**[横書き]** をクリックします。

⑧グラフエリアに表示された「軸ラベル」のテキストをクリックし、**[数式]** バーに「単位：万円」と入力して、Enterキーを押します。

⑨軸ラベル「単位：万円」の外枠をドラッグし、縦軸の右上に配置します。

⑩**[グラフツール]** の **[書式]** タブの `グラフエリア ▼` **[グラフ要素]** ボックスの▼をクリックして **[系列"海外売上比率"]** をクリックします。

⑪**[データ系列の書式設定]** 作業ウィンドウの **[塗りつぶしと線]** をクリックし、**[線]** の **[色]** ボックスの▼をクリックして、**[標準の色]** から **[濃い赤]**（左端）をクリックします。

⑫**[グラフツール]** の **[書式]** タブの `グラフエリア ▼` **[グラフ要素]** ボックスの▼をクリックして **[系列"日本（万円）"]** をクリックします。

⑬**[データ系列の書式設定]** 作業ウィンドウで **[塗りつぶし]** をクリックして **[色]** ボックスの▼をクリックし、**[テーマの色]** から **[オレンジ、アクセント2、白＋基本色60%]**（3行目の左から6列目）をクリックします。

⑭**[グラフツール]** の **[書式]** タブの `グラフエリア ▼` **[グラフ要素]** ボックスの▼をクリックして **[系列"アジア（万円）"]** をクリックします。

⑮**[データ系列の書式設定]** 作業ウィンドウで **[塗りつぶし]** の **[色]** ボックスの▼をクリックし、**[テーマの色]** から **[青、アクセント1]**（上から1行目、左から5列目）をクリックします。

⑯**[グラフツール]** の **[書式]** タブの `グラフエリア ▼` **[グラフ要素]** ボックスの▼をクリックして **[系列"ヨーロッパ（万円）"]** をクリックします。

⑰**[データ系列の書式設定]** 作業ウィンドウで **[塗りつぶし]** の **[色]** ボックスの▼をクリックし、**[テーマの色]** から **[青、アクセント1、白＋基本色40%]**（上から4行目、左から5列目）をクリックします。

⑱**[データ系列の書式設定]** 作業ウィンドウの **[系列のオプション]** をクリックし、**[要素の間隔]** ボックスの値を「50%」にしてEnterキーを押します。

⑲**[閉じる]** ボタンをクリックして、作業ウィンドウを閉じます。

## 応用問題 30　予算実績比較と将来予測

**1.** 2016年実績、差異、予算達成率の見出しを作成し、罫線を任意に設定します。

①セルA12をクリックし、**[ホーム]** タブの ![icon] **[書式のコピー/貼り付け]** ボタンをクリックします。

②セルA14～A16を範囲選択します。

③セルA14に「2016/1/1」、A15に「差異」、A16に「予算達成率」と入力します。

④セルA3をクリックし、**[ホーム]** タブの ![icon] **[書式のコピー/貼り付け]** ボタンをクリックします。

⑤セルB14～N16を範囲選択します。

**2.** 今期の売上実績を入力し、桁区切りスタイルを設定します。

①セルC14～N14に2016年の売上実績のデータを入力します。

> データを入力すると年間計は自動的に計算されます。

②セルB14～N16を範囲選択し、**[ホーム]** タブの ![icon] **[桁区切りスタイル]** ボタンをクリックします。

**3.** 2016年予算との差異と年間計を算出し、数値データに桁区切りスタイルを設定します。
数式：=B14-B13
①セルB15をクリックし、「=B14-B13」と入力して、Enterキーを押します。
②セルB15をクリックし、フィルハンドルをポイントし、マウスポインターの形が＋になっていることを確認して、セルN15までドラッグします。

**4.** 予算達成率を算出し、パーセントスタイルの小数点第1位までを表示する表示形式を設定します。
数式：=B14/B13
①セルB16をクリックし、「=B14/B13」と入力して、Enterキーを押します。
②セルB16をクリックし、フィルハンドルをポイントし、マウスポインターの形が＋になっていることを確認して、セルN16までドラッグします。
③[ホーム] タブの [％] [パーセントスタイル] ボタンをクリックし、[小数点以下の表示桁数を増やす] ボタンをクリックします。

**5.** 予測グラフを作成します。
①行番号13をクリックします。
②[ホーム] タブの [書式] ボタンをクリックし、[表示設定] の [非表示/再表示] をポイントして、[行を表示しない] をクリックします。
③セルA4～B14を範囲選択します。
④[データ] タブの [予測シート] ボタンをクリックします。
⑤[予測ワークシートの作成] ダイアログで、右上にある [折れ線グラフの作成] が選択されていることを確認し、[作成] をクリックします。
⑥新しいシート [Sheet1] が作成され、予測グラフと予測テーブルが作成されていることを確認します。

> 予測シートに関するメッセージが表示された場合は [閉じる] ボタンをクリックします。[了解] をクリックすると、次回以降、このメッセージは表示されなくなります。

**6.** グラフのサイズと位置を調整します。
①グラフの余白部分をポイントし、[グラフエリア] と表示されていることを確認して、Altキーを押しながらグラフの左上がセルA17と重なるようにドラッグします。
②グラフエリアの右下隅をポイントし、マウスポインターの形が になっていることを確認して、Altキーを押しながらセルH30までドラッグします。

**7.** グラフのラベルを任意に設定します。
①グラフの横軸を選択して、[グラフツール] の [書式] タブから [選択対象の書式設定] をクリックします。
②[軸の書式設定] 作業ウィンドウの [軸オプション] の [表示形式] をクリックして、[カテゴリ] ボックスの▼をクリックして [ユーザー設定] をクリックします。
③[種類] ボックスの▼をクリックし、「yyyy"年実績"」をクリックして、[表示形式コード] ボックスの文字列を「yyyy"年"」に書き換えて [追加] ボタンをクリックします。
④グラフの縦軸を選択します。
⑤[軸の書式設定] 作業ウィンドウの [軸オプション] の [表示形式] をクリックして、[カテゴリ] ボックスの▼をクリックして [数値] をクリックし、「桁区切り（,）を使用する」がオンになっていることを確認します。
⑥[グラフツール] の [デザイン] タブの [グラフ要素を追加] ボタンをクリックして [軸ラベル] をポイントして [第1縦軸] をクリックします。
⑦縦軸の「軸ラベル」が選択されていることを確認して、[軸ラベルの書式設定] 作業ウィンドウの [文字のオプション] にある [テキストボックス] をクリックします。
⑧[文字列の方向] ボックスの▼をクリックして、「縦書き」をクリックします。
⑨グラフの縦軸の「軸ラベル」を選択し、「単位 千円」に書き換えてEscキーを押します。
⑩[軸ラベルの書式設定] 作業ウィンドウの [閉じる] ボタンをクリックして、作業ウィンドウを閉じます。
⑪[ホーム] タブの [書式] ボタンをクリックし、[シートの整理] にある [シート名の変更] をクリックします。
⑫「予測グラフ」と入力して、Enterキーを押します。

**8.** グラフフィルターで一定期間のデータに絞り込みます。
①グラフを選択して、グラフの右にある [グラフ

フィルター]ボタンをクリックします。
②カテゴリの[(すべて選択)]をクリックしてチェックボックスをオフにします。
③[2013年]～[2020年]のチェックボックスをオンにします。
④[適用]をクリックします。

## 応用問題 31 TOEIC スコア分布（ヒストグラム）

**1.** 集計表を作成します。
①セルG3をクリックして「点数分布」と入力します。次に、セルH3を入力して「人数」と入力します。
②セルG4からG13に次のように入力します。
　100点以下
　100点超200点以下
　200点超300点以下
　300点超400点以下
　400点超500点以下
　500点超600点以下
　600点超700点以下
　700点超800点以下
　800点超900点以下
　900点超
③列番号Gを選択し、GとHの境界をダブルクリックします。
④セルG3～H13を範囲選択します。
⑤[ホーム]タブの[罫線]ボタンの▼をクリックし、[格子]をクリックします。

**2.** 100点以下と900点超えを集計します。
数式：=COUNTIF($D$4:$D$206,"<=100")
①セルH4をクリックし、[関数の挿入]ボタンをクリックします。
②[関数の挿入]ダイアログボックスの[関数の分類]ボックスの▼をクリックして[統計]をクリックし、[関数名]ボックスの[COUNTIF]をクリックして、[OK]をクリックします。
③[関数の引数]ダイアログボックスの[範囲]ボックスにカーソルが表示されていることを確認し、「D4」と入力してF4キーを押し、「:D206」と入力してF4キーを押します。
④[検索条件]ボックスをクリックし、「<=100」と入力して、[OK]をクリックします。
⑤[ホーム]タブの[コピー]ボタンをクリックします。
⑥セルH13をクリックし、[ホーム]タブの[貼り付け]ボタンをクリックします。
⑦[関数の挿入]ボタンをクリックし、[関数の引数]ダイアログボックスの[範囲]ボックスに「$D$4:$D$206」と入力されていることを確認し、[検索条件]ボックスの"<=100"を削除し、「>900」と入力して、[OK]をクリックします。

**3.** 100点超200点以下を集計します。
①セルH5をクリックし、[関数の挿入]ボタンをクリックします。
②[関数の挿入]ダイアログボックスの[関数の分類]ボックスの▼をクリックして[統計]をクリックし、[関数名]ボックスの[COUNTIFS]をクリックして、[OK]をクリックします。
③[関数の引数]ダイアログボックスの[検索条件範囲1]ボックスにカーソルが表示されていることを確認し、「D4」と入力してF4キーを押し、「:D206」と入力してF4キーを押します。
④[検索条件1]ボックスをクリックし、「>100」と入力します。
⑤[検索条件範囲2]ボックスをクリックし、「D4」と入力してF4キーを押し、「:D206」と入力してF4キーを押します。
⑥[検索条件2]ボックスをクリックし、「<=200」と入力して、[OK]をクリックします。

**4.** 数式をコピーして、数式の内容を一部変更します。
①セルH5をクリックし、フィルハンドルをポイントし、マウスポインターの形が✚になっていることを確認して、セルH12まで右ドラッグし、ショートカットメニューの[書式なしコピー（フィル）]をクリックします。
②セルH6をクリックし、[関数の挿入]ボタンをクリックします。
③[検索条件1]ボックスの内容を「">200"」、[検索条件2]ボックスの内容を「"<=300"」と、それぞれ書き換えます。
④セルH7をクリックし、[関数の挿入]ボタンをクリックします。
⑤[検索条件1]ボックスの内容を「">300"」、[検索条件2]ボックスの内容を「"<=400"」と、それぞれ書き換えます。
⑥セルH8をクリックし、[関数の挿入]ボタンをクリックします。
⑦[検索条件1]ボックスの内容を「">400"」、[検

索条件2]ボックスの内容を「"<=500"」と、それぞれ書き換えます。

⑧セルH9をクリックし、[fx][関数の挿入]ボタンをクリックします。

⑨[検索条件1]ボックスの内容を「">500"」、[検索条件2]ボックスの内容を「"<=600"」と、それぞれ書き換えます。

⑩セルH10をクリックし、[fx][関数の挿入]ボタンをクリックします。

⑪[検索条件1]ボックスの内容を「">600"」、[検索条件2]ボックスの内容を「"<=700"」と、それぞれ書き換えます。

⑫セルH11をクリックし、[fx][関数の挿入]ボタンをクリックします。

⑬[検索条件1]ボックスの内容を「">700"」、[検索条件2]ボックスの内容を「"<=800"」と、それぞれ書き換えます。

⑭セルH12をクリックし、[fx][関数の挿入]ボタンをクリックします。

⑮[検索条件1]ボックスの内容を「">800"」、[検索条件2]ボックスの内容を「"<=900"」と、それぞれ書き換えます。

**5.** ヒストグラムを作成します。

①シート見出しの右にある[+][新しいシート]ボタンをクリックし、「Sheet1」のシート見出しをダブルクリックし、「ヒストグラム」と入力してEnterキーを押します。

②シート見出し「ヒストグラム」が選ばれていることを確認し、セルA1をクリックして「社員のTOEICスコア分布と教育部としての考察」と入力します。

③セルA1を選択している状態で、[ホーム]タブの[B][太字]ボタンをクリックし、[11▼][フォントサイズ]ボックスの▼をクリックし[16]をクリックします。

④シート見出し「問題31」をクリックし、セルD4～D206を範囲選択し、[挿入]タブの[グラフ]グループにある[統計グラフの挿入]ボタンをクリックして、[ヒストグラム]をクリックします。

⑤作成したヒストグラムが選択されている状態で、[ホーム]タブの[✂][切り取り]ボタンをクリックします。

⑥シート見出し「ヒストグラム」をクリックし、セルA3をクリックして、[ホーム]タブの[貼り付け]ボタンをクリックします。

⑦ヒストグラムの右下隅のハンドルをポイントし、マウスポインターの形が✎になっていることを確認して、Altキーを押しながらセルI19までドラッグします。

⑧[グラフツール]の[書式]タブの[グラフエリア▼][グラフ要素]ボックスの▼をクリックし、[横 項目軸]を選びます。

⑨[グラフツール]の[書式]タブをクリックし、[選択対象の書式設定][選択対象の書式設定]ボタンをクリックします。

⑩[軸の書式設定]作業ウィンドウの[軸のオプション]の中にある、[ビン]から[ビンの幅]のチェックをオンにして数値ボックスに「100」と入力します。

⑪[ビンのオーバーフロー]チェックボックスをオンにして、数値ボックスに「900」と入力します。

⑫[ビンのアンダーフロー]チェックボックスをオンにして、数値ボックスに「100」と入力します。

**6.** グラフの見栄えを整えます。

①ヒストグラムが選択されている状態で、右横にある[+][グラフ要素]ボタンをクリックし、[グラフタイトル]チェックボックスをオフにします。

②[+][グラフ要素]ボタンをクリックし、[データラベル]チェックボックスをオンにします。

③ヒストグラムの外側に表示されたデータラベルをクリックし、[ホーム]タブの[11▼][フォントサイズ]ボックスの▼をクリックして、[12]をクリックします。

④[ホーム]タブの[B][太字]ボタンをクリックします。

⑤[グラフツール]の[デザイン]タブの[色の変更]ボタンをクリックし、[カラフル]から[色3]（3行目）をクリックします。

**7.** 考察を入力します。

①セルA20をクリックし、「教育部より」と入力します。

②セルA20を選択した状態で、[ホーム]タブの[B][太字]ボタンをクリックします。

③セルA21をクリックして、「・400～500点と700～800点の社員が多く、次いで300～400点、600～700点が続いている」と入力します。

④セルA22をクリックして、「・英語力の基本はク

リアしている層（A層）と大幅に不足している層（B層）に2極化している」と入力します。
⑤セルA23をクリックして、「・A層向けには、英語学校の上級クラス受講料補助制度を設けて、さらに英語力向上を図る」と入力します。
⑥セルA24をクリックして、「・B層向けには、英語学校の出張レッスンを依頼し、できるだけ参加させるなどの施策が必要」と入力します。

## 応用問題 32 不良品発生原因（パレート図）

**1.** 製造工程別、不良現象別で並べ替えを実行します。
①表内の任意のセルを選択した状態で、[データ]タブの[並べ替え]ボタンをクリックします。
②[並べ替え]ダイアログボックスの[最優先されるキー]ボックスの▼をクリックし、[製造工程番号]をクリックします。
③[並べ替えのキー]ボックスに[値]、[順序]ボックスに[昇順]と表示されていることを確認します。
④[並べ替え]ダイアログボックスの[レベルの追加]ボタンをクリックします。
⑤[次に優先されるキー]ボックスの▼をクリックし、[不良現象]をクリックします。
⑥[並べ替えのキー]ボックスに[値]、[順序]ボックスに[昇順]と表示されていることを確認して、[OK]をクリックします。

**2.** 小計機能で工程ごとの不良品を集計します。
①表内の任意のセルを選択した状態で、[データ]タブの[小計]ボタンをクリックします。
②[集計の設定]ダイアログボックスの[グループの基準]ボックスの▼をクリックし、[製造工程番号]をクリックします。
③[集計の方法]ボックスの▼をクリックし、[個数]をクリックします。
④[集計するフィールド]の[製造工程番号]チェックボックスをオンにし、それ以外のチェックボックスをオフにします。
⑤[現在の小計をすべて置き換える]と[集計行をデータの下に挿入する]のチェックボックスがオンになっていることを確認し、[OK]をクリックします。
⑥製造工程ごとの不良品の個数の集計行が挿入され、最終行には総合計行が挿入されたことを確認します。
⑦アウトラインボタンの[2]をクリックします。

工程ごとの小計と総合計のみが表示されたことを確認します。

**3.** 工程別のパレート図を作成します。
①セルA16、A117、A129、A145、A160の文字列から「 個数」を削除し、それぞれ「工程1」、「工程2」、「工程3」、「工程4」、「工程5」となるようにします。
②セルA16～B160を範囲選択し、[ホーム]タブの[検索と選択]ボタンをクリックして、[条件を選択してジャンプ]をクリックします。
③[選択オプション]ダイアログボックスの[可視セル]のチェックをオンにして[OK]をクリックします。
④[挿入]タブの[統計グラフの挿入]ボタンをクリックし、[ヒストグラム]の[パレート図]（右端）をクリックします。
⑤グラフの余白部分をポイントし、[グラフエリア]と表示されていることを確認して、Altキーを押しながらグラフの左上がセルA162と重なるようにドラッグします。
⑥グラフエリアの右下隅をポイントし、マウスポインターの形が になっていることを確認して、Altキーを押しながらセルD175までドラッグします。
⑦「グラフタイトル」をクリックして選択し、「工程別不良品発生個数」に書き換えてEscキーを押します。

**4.** 「考察」を入力します。
①[挿入]タブの[テキスト]ボタンをクリックし、[テキストボックス]をクリックして、Altキーを押しながらセルA176～D181までドラッグします。
②作成したテキストボックスに次のテキストを入力します。
【考察】
●パレート図作成の結果、「工程2」の不良品発生個数が突出して多いことがわかる。
●他の工程については横並びであり、「工程2」の不良発生原因をさらに追及する必要がある。
③シート見出しをダブルクリックして、「工程別パレート図」と入力してEnterキーを押します。

**5.** 工程別に「不良現象」の個数を算出します。
①[ホーム]タブの[書式]ボタンをクリックし、

［シートの整理］の［シートの移動またはコピー］をクリックします。

② ［シートの移動またはコピー］ダイアログボックスの［挿入先］ボックスから［(末尾へ移動)］を選び、［コピーを作成する］チェックボックスをオンにして、［OK］をクリックします。

③ コピーしたシート見出しをダブルクリックして、「工程2パレート図」と書き換えてEnterキーを押します。

④ A176〜D181にあるテキストボックスの外枠を選択してDeleteキーを押します。

⑤ グラフを選択してDeleteキーを押します。

⑥ アウトラインボタンの［3］をクリックします。

⑦ 表内の任意のセルを選択した状態で、［データ］タブの［小計］ボタンをクリックします。

⑧ ［集計の設定］ダイアログボックスの［グループの基準］ボックスの▼をクリックし、［不良現象］をクリックします。

⑨ ［集計の方法］ボックスが［個数］になっているか確認します。

⑩ ［集計するフィールド］の［不良現象］チェックボックスをオンにし、それ以外のチェックボックスをオフにします。

⑪ ［現在の小計をすべて置き換える］のチェックをオフにし、［OK］をクリックします。

⑫ アウトラインボタンの［3］をクリックします。

⑬ アウトラインボタンの［2］をクリックします。

⑭ セルA129の「工程2」の左方向にある「＋」ボタンをクリックします。

⑮ 「工程2」の「不良現象」の個数が表示されたことを確認します。

**6.** 工程2の不良現象のパレート図を描きます。

① セルB51、B100、B107、B113、B120、B128の文字列から「 個数」を削除し、それぞれ「キズ」、「接続不良」、「塗装不良」、「部品違い」、「部品不足」、「汚れ」となるようにします。

② セルB51〜C128を範囲選択し、［ホーム］タブの［検索と選択］ボタンをクリックして、［条件を選択してジャンプ］をクリックします。

③ ［選択オプション］ダイアログボックスの［可視セル］のチェックをオンにして［OK］をクリックします。

④ ［挿入］タブの［統計グラフの挿入］ボタンをクリックし、［ヒストグラム］の［パレート図］（右端）をクリックします。

⑤ グラフの余白部分をポイントし、［グラフエリア］と表示されていることを確認して、Altキーを押しながらグラフの左上がセルA189と重なるようにドラッグします。

⑥ グラフエリアの右下隅をポイントし、マウスポインターの形が になっていることを確認して、Altキーを押しながらセルD202までドラッグします。

⑦ 「グラフタイトル」をクリックして選択し、「工程2不良品発生原因」に書き換えてEscキーを押します。

**7.** 「考察」を入力します。

① ［挿入］タブの［テキスト］ボタンをクリックし、［テキストボックス］をクリックして、Altキーを押しながらセルA203〜D208までドラッグします。

② 作成したテキストボックスに次のテキストを入力します。

【考察】
● パレート図作成の結果、接続不良の発生個数が突出して多いことがわかる。
● また、キズを原因とした不良品発生が多いこともわかる。
● 接続不良とキズに対する改善策を導入する必要がある。

# 第4章 自動化・マクロ

## 基礎問題 33 受注一覧（自動入力）

**1.**
①セルH1をクリックし、[ホーム] タブの [書式のコピー/貼り付け] ボタンをクリックして、セルA1をクリックします。

**2.**
①セルI3をクリックし、[ホーム] タブの [書式のコピー/貼り付け] ボタンをクリックして、セルA3～F3を範囲選択します。

**3.**
①セルH4～J10を範囲選択します。
②[数式] タブの [名前の定義] [名前の定義] ボタンをクリックします。
③[新しい名前] ダイアログボックスの [名前] ボックスに「商品価格」と入力し、[OK] をクリックします。

> セル範囲に付けた名前は、名前ボックスの▼をクリックして表示し、選択することができます。また、セル範囲に付けた名前は、[数式] タブの [名前の管理] ボタンをクリックして表示される [名前の管理] ダイアログボックスで削除することができます。

**4.**
数式：=VLOOKUP(B4,商品価格,2,FALSE)
①セルC4をクリックし、[関数の挿入] ボタンをクリックします。
②[関数の挿入] ダイアログボックスの [関数の分類] ボックスの▼をクリックして[検索/行列]をクリックし、[関数名] ボックスの [VLOOKUP] をクリックして、[OK] をクリックします。
③[関数の引数] ダイアログボックスの [検索値] ボックスにカーソルが表示されていることを確認し、「B4」と入力します。
④[範囲] ボックスをクリックし、「商品価格」と入力します。
⑤[列番号] ボックスをクリックし、「2」と入力します。
⑥[検索方法] ボックスをクリックし、「FALSE」と入力して、[OK] をクリックします。
⑦セルC4のフィルハンドルをポイントし、マウスポインターの形が＋になっていることを確認して、セルC22までドラッグします。

**5.**
数式：=VLOOKUP(B4,商品価格,3,FALSE)
①セルE4をクリックし、[関数の挿入] ボタンをクリックします。
②[関数の挿入] ダイアログボックスの [関数の分類] ボックスに [検索/行列] と表示されていることを確認し、[関数名] ボックスの [VLOOKUP] をクリックして、[OK] をクリックします。
③[関数の引数] ダイアログボックスの [検索値] ボックスにカーソルが表示されていることを確認し、「B4」と入力します。
④[範囲] ボックスをクリックし、「商品価格」と入力します。
⑤[列番号] ボックスをクリックし、「3」と入力します。
⑥[検索方法] ボックスをクリックし、「FALSE」と入力して、[OK] をクリックします。
⑦セルE4のフィルハンドルをポイントし、マウスポインターの形が＋になっていることを確認して、セルE22までドラッグします。

**6.**
数式：=D4*E4
①セルF4をクリックし、「=D4*E4」と入力して、Enterキーを押します。
②セルF4をクリックし、フィルハンドルをポイントし、マウスポインターの形が＋になっていることを確認して、セルF22までドラッグします。

**7.**
①セルE4～F22を範囲選択します。
②[ホーム] タブの [通貨表示形式] ボタンをクリックします。

**8.**
①セルA3～F22を範囲選択します。
②[ホーム] タブの [罫線] ボタンの▼をクリックし、[格子] をクリックし、再度 [罫線] ボタンの▼をクリックして、[太い外枠] をクリックします。

**9.**
①列番号Aをクリックし、Ctrlキーを押しながら列番号Hをクリックします。
②**[ホーム]** タブの [書式] ボタンをクリックし、**[セルのサイズ]** の **[列の幅]** をクリックします。
③**[列幅]** ダイアログボックスの **[列幅]** ボックスに「8」と入力し、**[OK]** をクリックします。
④列番号B～Dを範囲選択します。
⑤Ctrlキーを押しながら列番号Iをクリックします。
⑥**[ホーム]** タブの [書式] ボタンをクリックし、**[セルのサイズ]** の **[列の幅の自動調整]** をクリックします。
⑦列番号E～Fを範囲選択します。
⑧Ctrlキーを押しながら列番号Jをクリックします。
⑨**[ホーム]** タブの [書式] ボタンをクリックし、**[セルのサイズ]** の **[列の幅]** をクリックします。
⑩**[列幅]** ダイアログボックスの **[列幅]** ボックスに「10」と入力し、**[OK]** をクリックします。
⑪列番号Gをクリックします。
⑫**[ホーム]** タブの [書式] ボタンをクリックし、**[セルのサイズ]** の **[列の幅]** をクリックします。
⑬**[列幅]** ダイアログボックスの **[列幅]** ボックスに「2」と入力し、**[OK]** をクリックします。

## 基礎問題 34 発注一覧(自動入力)

**1.**
①セルA1をクリックします。
②**[ホーム]** タブの [11 ▼] **[フォントサイズ]** ボックスの▼をクリックし、**[14]** をクリックします。
③**[ホーム]** タブの **B** **[太字]** ボタンをクリックします。

**2.**
①セルA1～F1を範囲選択します。
②**[ホーム]** タブの [セルを結合して中央揃え ▼] **[セルを結合して中央揃え]** ボタンをクリックします。

**3.**
①セルA3～F15を範囲選択します。
②Ctrlキーを押しながらセルH3～J10を範囲選択します。
③**[ホーム]** タブの [罫線] ボタンの▼をクリックし、**[格子]** をクリックします。
④セルA3～F3を範囲選択します。
⑤Ctrlキーを押しながらセルA14～F14、H3～J3を範囲選択します。
⑥**[ホーム]** タブの [罫線] ボタンの▼をクリックし、**[下二重罫線]** をクリックします。

**4.**
①セルA3～F3を範囲選択します。
②Ctrlキーを押しながらセルA15、H3～J3を範囲選択します。
③**[ホーム]** タブの [中央揃え] ボタンをクリックします。

**5.**
①セルH4～J10を範囲選択します。
②**[数式]** タブの [名前の定義 ▼] **[名前の定義]** ボタンをクリックします。
③**[新しい名前]** ダイアログボックスの **[名前]** ボックスに「商品リスト」と入力し、**[OK]** をクリックします。

**6.**
数　式：=IF(B4="","",VLOOKUP(B4,商品リスト,2,FALSE))
①セルC4をクリックし、$f_x$ **[関数の挿入]** ボタンをクリックします。
②**[関数の挿入]** ダイアログボックスの **[関数の分類]** ボックスの▼をクリックして**[論理]**をクリックし、**[関数名]** ボックスの **[IF]** をクリックして、**[OK]** をクリックします。
③**[関数の引数]** ダイアログボックスの **[論理式]** ボックスにカーソルが表示されていることを確認し、「B4=""」と入力します。
④**[真の場合]** ボックスをクリックし、「""」と入力します。
⑤**[偽の場合]** ボックスをクリックし、関数ボックスの▼をクリックして、**[その他の関数]** をクリックします。
⑥**[関数の挿入]** ダイアログボックスの **[関数の分類]** ボックスの▼をクリックして**[検索/行列]**をクリックし、**[関数名]** ボックスの **[VLOOKUP]** をクリックして、**[OK]** をクリックします。
⑦**[関数の引数]** ダイアログボックスの **[検索値]** ボックスにカーソルが表示されていることを確認し、「B4」と入力します。
⑧**[範囲]** ボックスをクリックし、「商品リスト」と入力します。
⑨**[列番号]** ボックスをクリックし、「2」と入力し

⑩ **[検索方法]** ボックスをクリックし、「FALSE」と入力して、**[OK]** をクリックします。
⑪ セルC4のフィルハンドルをポイントし、マウスポインターの形が＋になっていることを確認し、セルC14まで右ドラッグして、ショートカットメニューの **[書式なしコピー（フィル）]** をクリックします。

## 7.
① 列番号Cをクリックし、Ctrlキーを押しながら列番号Iをクリックします。
② 選択した任意の列番号の右側の境界線をポイントし、マウスポインターの形が＋になっていることを確認して、ダブルクリックします。

## 8.
数　式：=IF(B4="","",VLOOKUP(B4,商品リスト,3,FALSE))
① セルE4をクリックし、**fx** **[関数の挿入]** ボタンをクリックします。
② **[関数の挿入]** ダイアログボックスの **[関数の分類]** ボックスの▼をクリックして **[論理]** をクリックし、**[関数名]** ボックスの **[IF]** をクリックして、**[OK]** をクリックします。
③ **[関数の引数]** ダイアログボックスの **[論理式]** ボックスにカーソルが表示されていることを確認し、「B4=""」と入力します。
④ **[真の場合]** ボックスをクリックし、「""」と入力します。
⑤ **[偽の場合]** ボックスをクリックし、関数ボックスの▼をクリックして、**[VLOOKUP]** をクリックします。
⑥ **[関数の引数]** ダイアログボックスの **[検索値]** ボックスにカーソルが表示されていることを確認し、「B4」と入力します。
⑦ **[範囲]** ボックスをクリックし、「商品リスト」と入力します。
⑧ **[列番号]** ボックスをクリックし、「3」と入力します。
⑨ **[検索方法]** ボックスをクリックし、「FALSE」と入力して、**[OK]** をクリックします。
⑩ セルE4のフィルハンドルをポイントし、マウスポインターの形が＋になっていることを確認し、セルE14まで右ドラッグして、ショートカットメニューの **[書式なしコピー（フィル）]** をクリックします。

## 9.
数式：=IF(B4="","",D4*E4)
① セルF4をクリックし、**fx** **[関数の挿入]** ボタンをクリックします。
② **[関数の挿入]** ダイアログボックスの **[関数の分類]** ボックスに **[論理]** と表示されていることを確認し、**[関数名]** ボックスの **[IF]** をクリックして、**[OK]** をクリックします。
③ **[関数の引数]** ダイアログボックスの **[論理式]** ボックスにカーソルが表示されていることを確認し、「B4=""」と入力します。
④ **[真の場合]** ボックスをクリックし、「""」と入力します。
⑤ **[偽の場合]** ボックスをクリックし、「D4*E4」と入力して、**[OK]** をクリックします。
⑥ セルF4のフィルハンドルをポイントし、マウスポインターの形が＋になっていることを確認し、セルF14まで右ドラッグして、ショートカットメニューの **[書式なしコピー（フィル）]** をクリックします。

## 10.
数式：=SUM(D4:D14)
① セルD15をクリックし、**[ホーム]** タブの **Σ▼** **[合計]** ボタンをクリックします。
② セルD4～D14を範囲選択します。
③ セルD15に **[=SUM(D4:D14)]** と表示されていることを確認し、**Σ▼** **[合計]** ボタンをクリックします。

## 11.
数式：=SUM(F4:F14)
① セルF15をクリックし、**[ホーム]** タブの **Σ▼** **[合計]** ボタンをクリックします。
② セルF4～F14を範囲選択します。
③ セルF15に **[=SUM(F4:F14)]** と表示されていることを確認し、**Σ▼** **[合計]** ボタンをクリックします。

## 12.
① セルE4～F15を範囲選択します。
② Ctrlキーを押しながらセルJ4～J10を範囲選択します。
③ **[ホーム]** タブの **[通貨表示形式]** ボタンを

**13.**
①列番号Bをクリックし、Ctrlキーを押しながら列番号D、列番号Hをクリックします。
②選択した任意の列番号の右側の境界線をポイントし、マウスポインターの形が✚になっていることを確認して、ダブルクリックします。
③列番号Gの右側の境界線をポイントし、マウスポインターの形が✚になっていることを確認して、左方向にドラッグします（3.00程度）。

## 基礎問題 35 会議室予約表（マクロの記録／登録）

**1.**
①入力データを参考にデータを入力します。

**2.**
①セルA1をクリックします。
②[ホーム] タブの 11 [フォントサイズ] ボタンの▼をクリックし、[16] をクリックします。
③[ホーム] タブの B [太字] ボタンをクリックします。
④セルA1～K1を範囲選択し、[ホーム] タブの [セルを結合して中央揃え] [セルを結合して中央揃え] ボタンをクリックします。

**3.**
①セルB2～C2を範囲選択し、[ホーム] タブの [セルを結合して中央揃え] [セルを結合して中央揃え] ボタンをクリックします。
②セルB3～C3を範囲選択し、F4キーを押します。
③セルB2～B3を範囲選択し、[ホーム] タブの [書式のコピー/貼り付け] ボタンをクリックして、D2～K3までドラッグします。

**4.**
①セルB2～B3を範囲選択します。
②[ホーム] タブの [塗りつぶしの色] ボタンの▼をクリックし、[テーマの色] の [青、アクセント1、白＋基本色60％]（上から3行目の左から5列目）をクリックします。
③[ホーム] タブの [罫線] ボタンの▼をクリックし、[格子] をクリックします。
④[ホーム] タブの [罫線] ボタンの▼をクリックし、[太い外枠] をクリックします。
⑤セルB2～B3を範囲選択します。
⑥セルB3のフィルハンドルをポイントし、マウスポインターの形が✚になっていることを確認し、セルJ2～J3まで右ドラッグして、ショートカットメニューの [書式のみコピー（フィル）] をクリックします。

**5.**
①セルA5～A6を範囲選択します。
②[ホーム] タブの [塗りつぶしの色] ボタンの▼をクリックし、[テーマの色] の [青、アクセント1、白＋基本色60％]（上から3行目の左から5列目）をクリックします。
③[ホーム] タブの [罫線] ボタンの▼をクリックし、[その他の罫線] をクリックします。
④[セルの書式設定] ダイアログボックスの [罫線] タブの [スタイル] ボックスの [太線]（上から6行目の2列目）をクリックし、[罫線] の上罫線と下罫線のボタンをクリックして、罫線が表示されていることを確認します。
⑤[スタイル] ボックスの [点線]（任意のもの）をクリックし、[罫線] の中罫線のボタンをクリックし、罫線が表示されていることを確認して、[OK] をクリックします。
⑥セルA5～A6を範囲選択します。
⑦セルA6のフィルハンドルをポイントし、マウスポインターの形が✚になっていることを確認し、セルA27～A28まで右ドラッグして、ショートカットメニューの [書式のみコピー（フィル）] をクリックします。

**6.**
①セルB4～C4を範囲選択します。
②[ホーム] タブの [中央揃え] ボタンをクリックします。
③セルB4をクリックします。
④[ホーム] タブの [塗りつぶしの色] ボタンの▼をクリックし、[テーマの色] の [オレンジ、アクセント2、白＋基本色60％]（上から3行目の左から6列目）をクリックします。
⑤セルC4をクリックします。
⑥[ホーム] タブの [塗りつぶしの色] ボタンの▼をクリックし、[テーマの色] の [緑、アクセント6、白＋基本色60％]（上から3行目の右端）をクリックします。
⑦セルB4～C4を範囲選択します。

⑧セルC4のフィルハンドルをポイントし、マウスポインターの形が + になっていることを確認し、セルJ4～K4までドラッグします。

**7.**
①列番号A～Kを範囲選択します。
②[ホーム]タブの [書式]ボタンをクリックし、[セルのサイズ]の[列の幅]をクリックします。
③[列の幅]ダイアログボックスの[列幅]ボックスに「10」と入力し、[OK]をクリックします。

**8.**
①行番号2～3を範囲選択します。
②[ホーム]タブの [書式]ボタンをクリックし、[セルのサイズ]の[行の高さ]をクリックします。
③[行の高さ]ダイアログボックスの[行の高さ]ボックスに「21」と入力し、[OK]をクリックします。

**9.**

> マクロに関する操作は[表示]タブか[開発]タブの [マクロ]ボタンで行います。[開発]タブを表示するには、[ファイル]タブをクリックして、[オプション]をクリックします。[Excelのオプション]ダイアログボックスの[リボンのユーザー設定]をクリックし、[開発]チェックボックスをオンにします。ここでは、[開発]タブを表示して説明をしています。

①セルB5～B6を範囲選択し、[開発]タブの [マクロの記録]ボタンをクリックします。

> ここでクリックするセルは、セルB5よりも下、あるいは右にある任意のセルでもかまいません。

②[マクロの記録]ダイアログボックスの[マクロ名]ボックスの「Macro1」を削除し、[予約]と入力します。
③[マクロの保存先]ボックスに[作業中のブック]と表示されていることを確認し、[OK]をクリックします。
④[ホーム]タブの [セルを結合して中央揃え]ボタンをクリックします。
⑤[ホーム]タブの [罫線]ボタンの▼をクリックし、[太い外枠]をクリックします。
⑥[ホーム]タブの [塗りつぶしの色]ボタンの▼をクリックし、[標準の色]の[黄](左から4列目)をクリックします。

⑦[開発]タブの [記録終了]ボタンをクリックします。

**10.**
①[開発]タブの [挿入]ボタンをクリックし、[フォームコントロール]の [ボタン(フォームコントロール)]をクリックし、Altキーを押しながらセルA2の上をドラッグして、セルと同じ大きさの四角形を描画します。
②[マクロの登録]ダイアログボックスの[マクロ名]ボックスの[予約]をクリックし、[OK]をクリックします。

> このボタンは印刷されません。

③ボタンが選択されている状態で、「ボタン1」を「予約」に書き換えます。

> ボタンを選択するにはCtrlキーを押しながらクリックします。

④Escキーを押してボタンの選択を解除します。

**11.**
①セルB9～B11を範囲選択し、操作**10.**で作成した[予約]ボタンをクリックします。
②「営業部」と入力し、Enterキーを押します。

**12.**
①[開発]タブの [相対参照で記録]ボタンが選択されていないことを確認します。
②セルB5をクリックし、[開発]タブの [マクロの記録]ボタンをクリックします。

> ここでは操作**10.**でマクロの記録に使用したセルをクリックします。

③[マクロの記録]ダイアログボックスの[マクロ名]ボックスの「Macro2」を削除し、「取り消し」と入力します。
④[マクロの保存先]ボックスに[作業中のブック]と表示されていることを確認し、[OK]をクリックします。
⑤Delキーを押します。
⑥[ホーム]タブの [セルを結合して中央揃え]ボタンをクリックします。
⑦[ホーム]タブの [罫線]ボタンの▼をクリックし、[枠なし]をクリックします。
⑧[ホーム]タブの [塗りつぶしの色]ボタン

の▼をクリックし、[塗りつぶしなし]をクリックします。
⑨セルA4をクリックします。
⑩[開発]タブの ■記録終了 [記録終了]ボタンをクリックします。

## 13.
①[開発]タブの [挿入]ボタンをクリックし、[フォームコントロール]の □ [ボタン（フォームコントロール）]をクリックし、Altキーを押しながらセルA3の上をドラッグして、セルと同じ大きさの四角形を描画します。
②[マクロの登録]ダイアログボックスの[マクロ名]ボックスの[取り消し]をクリックし、[OK]をクリックします。
③ボタンが選択されている状態で、「ボタン2」を「取り消し」に書き換えます。
④Escキーを押してボタンの選択を解除します。

## 14.
①Ctrlキーを押しながら[予約]ボタンをクリックします。
②[ホーム]タブの [書式]ボタンをクリックし、[保護]の[コントロールの書式設定]をクリックします。
③[コントロールの書式設定]ダイアログボックスの[フォント]タブの[スタイル]ボックスの[太字]をクリックし、[サイズ]ボックスの[12]をクリックします。
④[色]ボックスの▼をクリックし、[青]（上から2行目の左から6列目）をクリックして、[OK]をクリックします。
⑤Escキーを押します。
⑥Ctrlキーを押しながら[取り消し]ボタンをクリックします。
⑦[ホーム]タブの [書式]ボタンをクリックし、[保護]の[コントロールの書式設定]をクリックします。
⑧[コントロールの書式設定]ダイアログボックスの[フォント]タブの[スタイル]ボックスの[太字]をクリックし、[サイズ]ボックスの[12]をクリックします。
⑨[色]ボックスの▼をクリックし、[赤]（上から3行目の左端）をクリックして、[OK]をクリックします。

## 15.
①セルB9をクリックし、操作**13.**で作成した[取り消し]ボタンをクリックします。
②セルH13～H14を範囲選択し、操作**10.**で作成した[予約]ボタンをクリックし、「営業　山田」と入力して、Enterキーを押します。

## 16.
①ファイルの保存先を指定します。
②[ファイル]タブの[名前を付けて保存]をクリックし、ファイル名を「問題35-2E」と入力します。
③[ファイル種類]ボックスの▼をクリックして、[Excelマクロ有効ブック]をクリックします。
④[保存]ボタンをクリックします。

> マクロを記録したブックは、Excel 2016の既定のファイル形式である「Excelブック」では、セキュリティへの配慮からマクロを保存できないようになっています。マクロを記録したブックを保存するには、ファイルを保存する際に[ファイルの種類]から[Excelマクロ有効ブック]を選択する必要があります。
> マクロを記録したブックを開くと、いったんマクロは強制的に無効にされます。セキュリティの警告を示すメッセージバーの[コンテンツの有効化]をクリックすることで、マクロを利用できます。

## 基礎問題 36　顧客満足度調査

### 1.
①列番号Bを選択し[ホーム]タブの [挿入]ボタンをクリックします。
②セルB3に「平均」と入力します。
③セルC3をクリックし[ホーム]タブの [書式のコピー/貼り付け]ボタンをクリックして、セルB3をクリックします。

### 2.
①セルA14をクリックし、「最小値」と入力します。
②セルA15をクリックし、「最大値」と入力します。
③セルA16をクリックし、「平均点」と入力します。
④セルA13をクリックし[ホーム]タブの [書式のコピー/貼り付け]ボタンをクリックして、A14～A16までドラッグします。

### 3.
①セルB14～G16を範囲選択します。

②[ホーム]タブの[罫線]ボタンの▼をクリックし、[格子]をクリックします。
③セルA3～G3を範囲選択します。
④Ctrlキーを押しながらセルB4～B16を範囲選択します。
⑤[ホーム]タブの[罫線]ボタンの▼をクリックし、[太い外枠]をクリックします。
⑥セルA3～G16を範囲選択します。
⑦[ホーム]タブの[罫線]ボタンの▼をクリックし、[太い外枠]をクリックします。
⑥セルA13～G13を範囲選択します。
⑦[ホーム]タブの[罫線]ボタンの▼をクリックし、[下二重線]をクリックします。

**4.**
①セルA3～セルG3を範囲選択します。
②Ctrlキーを押しながらセルA4～A16を範囲選択します。
③[ホーム]タブの[塗りつぶしの色]ボタンの▼をクリックし、[テーマの色]の[緑、アクセント6、白＋基本色60％]（上から3行目の右端）をクリックします。

**5.**
数式：=AVERAGE(C4:G4)
①セルB4をクリックします。
②[ホーム]タブの[Σ・][合計]ボタンの▼をクリックして[平均]をクリックします。
③セルC4～G4を範囲選択し、セルB4に数式が[=AVERAGE(C4:G4)]と表示されていることを確認し、[Σ・][合計]ボタンをクリックします。
④セルB4をクリックし、フィルハンドルをポイントし、マウスポインターの形が＋になっていることを確認し、セルB5～B13まで右ドラッグして、ショートカットメニューの[書式なしコピー（フィル）]をクリックします。

**6.**
数式：=MIN(B4:B13)
①セルB14をクリックします。
②[ホーム]タブの[Σ・][合計]ボタンの▼をクリックして[最小値]をクリックします。
③セルB14に数式が[=MIN(B4:B13)]と表示されていることを確認し、[Σ・][合計]ボタンをクリックします。
④セルB14をクリックし、フィルハンドルをポイントし、マウスポインターの形が＋になっていることを確認し、セルC14～G14まで右ドラッグして、ショートカットメニューの[書式なしコピー（フィル）]をクリックします。

**7.**
数式：=MAX(B4:B13)
①セルB15をクリックします。
②[ホーム]タブの[Σ・][合計]ボタンの▼をクリックして[最大値]をクリックします。
③セルB15に数式が[=MAX(B4:B13)]と表示されるように範囲選択し、[Σ・][合計]ボタンをクリックします。
④セルB15をクリックし、フィルハンドルをポイントし、マウスポインターの形が＋になっていることを確認し、セルC15～G15まで右ドラッグして、ショートカットメニューの[書式なしコピー（フィル）]をクリックします。

**8.**
数式：=AVERAGE(B4:B13)
①セルB16をクリックします。
②[ホーム]タブの[Σ・][合計]ボタンの▼をクリックして[平均]をクリックします。
③セルB16に数式が[=AVERAGE(B4:B13)]と表示されるように範囲選択し、[Σ・][合計]ボタンをクリックします。
④セルB14をクリックし、フィルハンドルをポイントし、マウスポインターの形が＋になっていることを確認し、セルC16～G16まで右ドラッグして、ショートカットメニューの[書式なしコピー（フィル）]をクリックします。

**9.**
①セルB4～B16を範囲選択し、[ホーム]タブの[右揃え]ボタンをクリックします。
②セルB14～B16を範囲選択し、[ホーム]タブの[B][太字]ボタンをクリックします。
③セルB4～B16を範囲選択し、Ctrlキーを押しながらセルC16～G16を範囲選択します。
④[ホーム]タブの[小数点以下の表示桁数を減らす]ボタンを、表示が小数第1位までになるまでクリックします。

**10.**
①セルC4～G13を範囲選択します。

②[ホーム]タブの[条件付き書式]ボタンの▼をクリックして[セルの強調表示ルール]をポイントし、[その他のルール]をクリックします。

③[新しい書式ルール]ダイアログボックスの[ルールの内容を編集してください]のところにある、左のボックスが[セルの値]になっていることを確認し、真ん中のボックスの▼をクリックして[次の値以上]をクリックし、右のボックスに「4」と入力して[書式]をクリックします。

④[セルの書式設定]ダイアログボックスの[フォント]タブの[スタイル]ボックスの[太字]をクリックし、[色]ボックスの▼をクリックして[標準の色]の[濃い青](右から2列目)をクリックします。

⑤[セルの書式設定]ダイアログボックスの[塗りつぶし]タブをクリックし、[背景色]から[青、アクセント1、白+基本色60%](上から3行目の左から5列目)をクリックして[OK]をクリックします。

⑥[新しい書式ルール]ダイアログボックスの[OK]をクリックします。

> ここの塗りつぶしで表示されるカラーパレットでは、色をポイントしても色名がポップアップ表示されませんが、色のパターンは通常のセルの塗りつぶしと同様です。

⑦セルC4～G13を範囲選択します。

⑧[ホーム]タブの[条件付き書式]ボタンの▼をクリックして[セルの強調表示ルール]をポイントし、[指定の値より小さい]をクリックします。

⑨[指定の値より小さい]ダイアログボックスの[次の値より小さいセルを書式設定]ボックスに「3」と入力し、[書式]ボックスの▼をクリックし[ユーザー設定の書式]をクリックします。

⑩[セルの書式設定]ダイアログボックスの[フォント]タブの[スタイル]ボックスの[太字]をクリックし、[色]ボックスの▼をクリックして[標準の色]の[赤](左から2列目)をクリックします。

⑪[セルの書式設定]ダイアログボックスの[塗りつぶし]タブをクリックし、[背景色]から[ゴールド、アクセント4、白+基本色60%]薄いオレンジ(上から3行目の右から3列目)をクリックして[OK]をクリックします。

⑫[指定の値より小さい]ダイアログボックスの[OK]をクリックします。

**11.**

①セルB4～G16を範囲選択します。

②[ホーム]タブの[書式]ボタンをクリックして、[保護]の[セルの書式設定]をクリックします。

③[セルの書式設定]ダイアログボックスの[表示形式]タブの[分類]ボックスの[ユーザー定義]をクリックして[種類]ボックスに「0.0"点"」と入力して、[OK]をクリックします。

## 応用問題 37　出荷伝票(自動入力)

**1.** 得意先番号に自動入力の設定を行います。

数式：=IF(B4="","",VLOOKUP(B4,問題37契約リスト!A4:H28,3,FALSE))

①セルB6をクリックし、[関数の挿入]ボタンをクリックします。

②[関数の挿入]ダイアログボックスの[関数の分類]ボックスの▼をクリックして[論理]をクリックし、[関数名]ボックスの[IF]をクリックして、[OK]をクリックします。

③[関数の引数]ダイアログボックスの[論理式]ボックスにカーソルが表示されていることを確認し、「B4=""」と入力します。

④[真の場合]ボックスをクリックし、「""」と入力します。

⑤[偽の場合]ボックスをクリックし、関数ボックスの▼をクリックして、[その他の関数]をクリックします。

⑥[関数の挿入]ダイアログボックスの[関数の分類]ボックスの▼をクリックして[検索/行列]をクリックし、[関数名]ボックスの[VLOOKUP]をクリックして、[OK]をクリックします。

⑦[関数の引数]ダイアログボックスの[検索値]ボックスにカーソルが表示されていることを確認し、「B4」と入力します。

⑧[範囲]ボックスをクリックし、シート[問題37契約リスト]のセルA4～H28を範囲選択します。

⑨[列番号]ボックスをクリックし、「3」と入力します。

⑩[検索方法]ボックスをクリックし、「FALSE」と入力して、[OK]をクリックします。

**2.** 得意先名に自動入力の設定を行います。

数式：=IF(B4="","",VLOOKUP(B4,問題37契約リスト!A4:H28,4,FALSE))

①セルC6をクリックし、[関数の挿入]ボタン

をクリックします。
② [関数の挿入] ダイアログボックスの [関数の分類] ボックスの▼をクリックして [論理] をクリックし、[関数名] ボックスの [IF] をクリックして、[OK] をクリックします。
③ [関数の引数] ダイアログボックスの [論理式] ボックスにカーソルが表示されていることを確認し、「B4=""」と入力します。
④ [真の場合] ボックスをクリックし、「""」と入力します。
⑤ [偽の場合] ボックスをクリックし、関数ボックスの▼をクリックして、[VLOOKUP] をクリックします。
⑥ [関数の引数] ダイアログボックスの [検索値] ボックスにカーソルが表示されていることを確認し、「B4」と入力します。
⑦ [範囲] ボックスをクリックし、シート [問題37契約リスト] のセルA4～H28を範囲選択します。
⑧ [列番号] ボックスをクリックし、「4」と入力します。
⑨ [検索方法] ボックスをクリックし、「FALSE」と入力して、[OK] をクリックします。

**3．** 届先住所に自動入力の設定を行います。
数式：=IF(B6="","",VLOOKUP(B6,問題37得意先リスト!A4:G18,3,FALSE))
① セルB8をクリックし、 $f_x$ [関数の挿入] ボタンをクリックします。
② [関数の挿入] ダイアログボックスの [関数の分類] ボックスに [論理] と表示されていることを確認し、[関数名] ボックスの [IF] をクリックして、[OK] をクリックします。
③ [関数の引数] ダイアログボックスの [論理式] ボックスにカーソルが表示されていることを確認し、「B6=""」と入力します。
④ [真の場合] ボックスをクリックし、「""」と入力します。
⑤ [偽の場合] ボックスをクリックし、関数ボックスの▼をクリックして、[VLOOKUP] をクリックします。
⑥ [関数の引数] ダイアログボックスの [検索値] ボックスにカーソルが表示されていることを確認し、「B6」と入力します。
⑦ [範囲] ボックスをクリックし、シート [問題37得意先リスト] のセルA4～G18を範囲選択します。

⑧ [列番号] ボックスをクリックし、「3」と入力します。
⑨ [検索方法] ボックスをクリックし、「FALSE」と入力して、[OK] をクリックします。

**4．** 製品番号に自動入力の設定を行います。
数式：=IF(B4="","",VLOOKUP(B4,問題37契約リスト!A4:H28,5,FALSE))
① セルB10をクリックし、 $f_x$ [関数の挿入] ボタンをクリックします。
② [関数の挿入] ダイアログボックスの [関数の分類] ボックスに [論理] と表示されていることを確認し、[関数名] ボックスの [IF] をクリックして、[OK] をクリックします。
③ [関数の引数] ダイアログボックスの [論理式] ボックスにカーソルが表示されていることを確認し、「B4=""」と入力します。
④ [真の場合] ボックスをクリックし、「""」と入力します。
⑤ [偽の場合] ボックスをクリックし、関数ボックスの▼をクリックして、[VLOOKUP] をクリックします。
⑥ [関数の引数] ダイアログボックスの [検索値] ボックスにカーソルが表示されていることを確認し、「B4」と入力します。
⑦ [範囲] ボックスをクリックし、シート [問題37契約リスト] のセルA4～H28を範囲選択します。
⑧ [列番号] ボックスをクリックし、「5」と入力します。
⑨ [検索方法] ボックスをクリックし、「FALSE」と入力して、[OK] をクリックします。

**5．** 製品名に自動入力の設定を行います。
数式：=IF(B4="","",VLOOKUP(B4,問題37契約リスト!A4:H28,6,FALSE))
① セルC10をクリックし、 $f_x$ [関数の挿入] ボタンをクリックします。
② [関数の挿入] ダイアログボックスの [関数の分類] ボックスに [論理] と表示されていることを確認し、[関数名] ボックスの [IF] をクリックして、[OK] をクリックします。
③ [関数の引数] ダイアログボックスの [論理式] ボックスにカーソルが表示されていることを確認し、「B4=""」と入力します。
④ [真の場合] ボックスをクリックし、「""」と入力します。

⑤ [偽の場合] ボックスをクリックし、関数ボックスの▼をクリックして、[VLOOKUP] をクリックします。
⑥ [関数の引数] ダイアログボックスの [検索値] ボックスにカーソルが表示されていることを確認し、「B4」と入力します。
⑦ [範囲] ボックスをクリックし、シート [問題37契約リスト] のセルA4～H28を範囲選択します。
⑧ [列番号] ボックスをクリックし、「6」と入力します。
⑨ [検索方法] ボックスをクリックし、「FALSE」と入力して、[OK] をクリックします。

**6.** タイプに自動入力の設定を行います。
数式：=IF(B4="","",VLOOKUP(B4,問題37契約リスト!A4:H28,7,FALSE))
① セルF10をクリックし、[fx] [関数の挿入] ボタンをクリックします。
② [関数の挿入] ダイアログボックスの [関数の分類] ボックスに [論理] と表示されていることを確認し、[関数名] ボックスの [IF] をクリックして、[OK] をクリックします。
③ [関数の引数] ダイアログボックスの [論理式] ボックスにカーソルが表示されていることを確認し、「B4=""」と入力します。
④ [真の場合] ボックスをクリックし、「""」と入力します。
⑤ [偽の場合] ボックスをクリックし、関数ボックスの▼をクリックして、[VLOOKUP] をクリックします。
⑥ [関数の引数] ダイアログボックスの [検索値] ボックスにカーソルが表示されていることを確認し、「B4」と入力します。
⑦ [範囲] ボックスをクリックし、シート [問題37契約リスト] のセルA4～H28を範囲選択します。
⑧ [列番号] ボックスをクリックし、「7」と入力します。
⑨ [検索方法] ボックスをクリックし、「FALSE」と入力して、[OK] をクリックします。

**7.** 出荷日に本日の日付を表示し、「○○○○年○○月○○日」の表示形式に設定します。
数式：=IF(B4="","",TODAY())
① セルB12をクリックし、[fx] [関数の挿入] ボタンをクリックします。
② [関数の挿入] ダイアログボックスの [関数の分類] ボックスに [論理] と表示されていることを確認し、[関数名] ボックスの [IF] をクリックして、[OK] をクリックします。
③ [関数の引数] ダイアログボックスの [論理式] ボックスにカーソルが表示されていることを確認し、「B4=""」と入力します。
④ [真の場合] ボックスをクリックし、「""」と入力します。
⑤ [偽の場合] ボックスをクリックし、「TODAY()」と入力して、[OK] をクリックします。
⑥ [ホーム] タブの 標準 ▼ [数値の書式] ボックスの▼をクリックし、[長い日付形式] をクリックします。

**8.** 数量の自動入力の設定を行います。
数式：=IF(B4="","",VLOOKUP(B4,問題37契約リスト!A4:H28,8,FALSE))
① セルC12をクリックし、[fx] [関数の挿入] ボタンをクリックします。
② [関数の挿入] ダイアログボックスの [関数の分類] ボックスに [論理] と表示されていることを確認し、[関数名] ボックスの [IF] をクリックして、[OK] をクリックします。
③ [関数の引数] ダイアログボックスの [論理式] ボックスにカーソルが表示されていることを確認し、「B4=""」と入力します。
④ [真の場合] ボックスをクリックし、「""」と入力します。
⑤ [偽の場合] ボックスをクリックし、関数ボックスの▼をクリックして、[VLOOKUP] をクリックします。
⑥ [関数の引数] ダイアログボックスの [検索値] ボックスにカーソルが表示されていることを確認し、「B4」と入力します。
⑦ [範囲] ボックスをクリックし、シート [問題37契約リスト] のセルA4～H28を範囲選択します。
⑧ [列番号] ボックスをクリックし、「8」と入力します。
⑨ [検索方法] ボックスをクリックし、「FALSE」と入力して、[OK] をクリックします。

**9.** 単価に自動入力の設定を行い、通貨スタイルを設定します。
数式：=IF(B10="","",VLOOKUP(B10,問題37製品リスト!A4:D20,4,FALSE))
① セルD12をクリックし、[fx] [関数の挿入] ボタ

ンをクリックします。
② [関数の挿入] ダイアログボックスの [関数の分類] ボックスに [論理] と表示されていることを確認し、[関数名] ボックスの [IF] をクリックして、[OK] をクリックします。
③ [関数の引数] ダイアログボックスの [論理式] ボックスにカーソルが表示されていることを確認し、「B10=""」と入力します。
④ [真の場合] ボックスをクリックし、「""」と入力します。
⑤ [偽の場合] ボックスをクリックし、関数ボックスの▼をクリックして、[VLOOKUP] をクリックします。
⑥ [関数の引数] ダイアログボックスの [検索値] ボックスにカーソルが表示されていることを確認し、「B10」と入力します。
⑦ [範囲] ボックスをクリックし、シート [問題37製品リスト] のセルA4～D23を範囲選択します。
⑧ [列番号] ボックスをクリックし、「4」と入力します。
⑨ [検索方法] ボックスをクリックし、「FALSE」と入力して、[OK] をクリックします。
⑩ [ホーム] タブの [通貨表示形式] ボタンをクリックします。

**10.** 合計を算出し、通貨スタイルを設定します。
数式：=IF(D12="","",C12*D12)
① セルE12をクリックし、 [関数の挿入] ボタンをクリックします。
② [関数の挿入] ダイアログボックスの [関数の分類] ボックスに [論理] と表示されていることを確認し、[関数名] ボックスの [IF] をクリックして、[OK] をクリックします。
③ [関数の引数] ダイアログボックスの [論理式] ボックスにカーソルが表示されていることを確認し、「D12=""」と入力します。
④ [真の場合] ボックスをクリックし、「""」と入力します。
⑤ [偽の場合] ボックスをクリックし、「C12*D12」と入力して、[OK] をクリックします。
⑥ [ホーム] タブの [通貨表示形式] ボタンをクリックします。

**11.** 担当者名に自動入力の設定を行います。
数式：=IF(B4="","",VLOOKUP(B4,問題37契約リスト!A4:H28,2,FALSE))

① セルG12をクリックし、 [関数の挿入] ボタンをクリックします。
② [関数の挿入] ダイアログボックスの [関数の分類] ボックスに [論理] と表示されていることを確認し、[関数名] ボックスの [IF] をクリックして、[OK] をクリックします。
③ [関数の引数] ダイアログボックスの [論理式] ボックスにカーソルが表示されていることを確認し、「B4=""」と入力します。
④ [真の場合] ボックスをクリックし、「""」と入力します。
⑤ [偽の場合] ボックスをクリックし、関数ボックスの▼をクリックして、[VLOOKUP] をクリックします。
⑥ [関数の引数] ダイアログボックスの [検索値] ボックスにカーソルが表示されていることを確認し、「B4」と入力します。
⑦ [範囲] ボックスをクリックし、シート [問題37契約リスト] のセルA4～H28を範囲選択します。
⑧ [列番号] ボックスをクリックし、「2」と入力します。
⑨ [検索方法] ボックスをクリックし、「FALSE」と入力して、[OK] をクリックします。

**12.** ユーザーの入力する契約番号、伝票番号、備考のセルに書式を任意に設定します。
① セルB4～F4を範囲選択し、Ctrlキーを押しながらセルB14をクリックします。
② [ホーム] タブの [塗りつぶしの色] ボタンの▼をクリックし、[テーマの色] の [オレンジ、アクセント2、白＋基本色80％]（上から2行目の左から6列目）をクリックします。

**13.** ワークシートの枠線を非表示に設定します。
① [表示] タブの [目盛線] チェックボックスをオフにします。

**14.** ユーザーの入力するセル（契約番号、伝票番号、備考）以外の編集ができないように設定します。
① セルB4～F4を範囲選択し、Ctrlキーを押しながらセルB14をクリックします。
② [ホーム] タブの [書式] ボタンをクリックし、[保護] の [セルのロック] をクリックします。
③ [ホーム] タブの [書式] ボタンをクリックし、[保護] の [シートの保護] をクリックします。
④ [シートの保護] ダイアログボックスの [OK] を

クリックします。

**15.** 出荷伝票が「A4横」に収まるようにページの設定をします。
① [ページレイアウト] タブの [サイズ] ボタンをクリックし、[A4] が選択されていることを確認します。
② [ページレイアウト] タブの [印刷の向き] ボタンをクリックし、[横] をクリックします。
③ セルB1〜B14を範囲選択します。
④ [ページレイアウト] タブの [印刷範囲] ボタンをクリックし、[印刷範囲の設定] をクリックします。

## 応用問題 38 支払予定一覧表

**1.** 支払予定日に年数も表示するように「○○○○/○○/○○」の表示形式を設定します。
① セルB4〜B40を範囲選択し、[ホーム] タブの [標準] [数値の書式] ボックスの▼をクリックして、[短い日付形式] をクリックします。

**2.** 支払先の文字列が長い場合、セルの幅を変更することなく縮小して表示するように設定します。
① セルC4〜C40を範囲選択し、[ホーム] タブの [書式] ボタンをクリックして、[保護] の [セルの書式設定] をクリックします。
② [セルの書式設定] ダイアログボックスの [配置] タブをクリックし、[文字の制御] の [縮小して全体を表示する] チェックボックスをオンにして、[OK] をクリックします。

**3.** 支払方法を入力する際にリストから候補が選択できるように設定します。
① セルE4〜E40を範囲選択し、[データ] タブの [データの入力規則] ボタンをクリックします。
② [データの入力規則] ダイアログボックスの [設定] タブの [入力値の種類] ボックスの▼をクリックし、[リスト] をクリックします。
③ [元の値] ボックスをクリックし、セルH4〜H8を範囲選択します。
④ [元の値] ボックスに [=$H$4:$H$8] と表示されていることを確認し、[OK] をクリックします。

**4.** リストの参照に使用したセル範囲を非表示に設定します。
① 列番号Hをクリックします。
② [ホーム] タブの [書式] ボタンをクリックし、[表示設定] の [非表示/再表示] をポイントして [列を表示しない] をクリックします。

**5.** 支払額合計を算出し、通貨スタイルを設定します。
数　式：=IF(COUNT(D4:D40)=0,"",SUM(D4:D40))
① セルD41をクリックし、[fx] [関数の挿入] ボタンをクリックします。
② [関数の挿入] ダイアログボックスの [関数の分類] ボックスの▼をクリックして [論理] をクリックし、[関数名] ボックスの [IF] をクリックして、[OK] をクリックします。
③ [関数の引数] ダイアログボックスの [論理式] ボックスにカーソルが表示されていることを確認し、関数ボックスの▼をクリックして、[その他の関数] をクリックします。[関数の挿入] ダイアログボックスの [関数の分類] ボックスの"統計"をクリックして、[関数名] ボックスの [COUNT] をクリックします。
④ [値1] ボックスに「D4:D40」と入力します。
⑤ 数式バーの「IF」の関数名をクリックします。
⑥ [関数の引数] ダイアログボックスの [論理式] ボックスの「COUNT(D4:D40)」の後ろをクリックし、「=0」と入力します。
⑦ [真の場合] ボックスをクリックし、「""」と入力します。
⑧ [偽の場合] ボックスをクリックし、関数ボックスの▼をクリックして、[SUM] をクリックします。
⑨ [関数の引数] ダイアログボックスの [数値1] ボックスに「D4:D40」と入力し、[OK] をクリックします。
⑩ [ホーム] タブの [通貨表示形式] ボタンをクリックします。

**6.** 予定件数を算出し、セルに独自の表示形式を設定します。
数式：=COUNTIF(D4:D40,">=1")
① セルE41をクリックし、[fx] [関数の挿入] ボタンをクリックします。
② [関数の挿入] ダイアログボックスの [関数の分類] ボックスの▼をクリックして [統計] をクリックし、

［関数名］ボックスの［COUNTIF］をクリックして、［OK］をクリックします。

③［関数の引数］ダイアログボックスの［範囲］ボックスにカーソルが表示されていることを確認し、セルD4～D40を範囲選択します。

④［検索条件］ボックスをクリックし、「>=1」と入力して、［OK］をクリックします。

⑤［ホーム］タブの［書式］ボタンをクリックし、［保護］の［セルの書式設定］をクリックします。

⑥［セルの書式設定］ダイアログボックスの［表示形式］タブをクリックし、［分類］ボックスの［ユーザー定義］をクリックし、［種類］ボックスに「"（予定件数："0"件）"」と入力して、［OK］をクリックします。

> 任意の文字列を表示するには" "（ダブルクォーテーション）で囲みます。

**7.** ウィンドウ枠を固定します。
①セルB4をクリックします。
②［表示］タブの［ウィンドウ枠の固定］ボタンをクリックし、［ウィンドウ枠の固定］をクリックします。

**8.** 支払方法を参考にデータを入力します。
①セルE4～E8にリストから選択し、各支払先のデータを入力します。

**9.** ワークシートをコピーして支払予定一覧表の左側に、入金予定一覧表を作成します。
①［ホーム］タブの［書式］ボタンをクリックし、［シートの整理］の［シートの移動またはコピー］をクリックします。
②［シートの移動またはコピー］ダイアログボックスの［挿入先］ボックスの［問題38支払予定一覧表］が選択されていることを確認し、［コピーを作成する］チェックボックスをオンにして、［OK］をクリックします。
③［ホーム］タブの［書式］ボタンをクリックし、［シートの整理］の［シート名の変更］をクリックします。
④シート名見出しが反転したことを確認し、シート名を「入金予定一覧表」と入力して、Enterキーを押します。
⑤［ホーム］タブの［検索と選択］ボタンをクリックし、［置換］をクリックします。

⑥［検索と置換］ダイアログボックスの［置換］タブの［検索する文字列］ボックスに「支払」と入力します。

⑦［置換後の文字列］ボックスに「入金」と入力し、［すべて置換］をクリックします。

⑧メッセージを確認し、［OK］をクリックします（非表示にしてあるセルH3も置換されるため、全部で7箇所の置換となります）。

⑨［検索と置換］ダイアログボックスの［閉じる］をクリックします。

⑩セルB4～E8を範囲選択し、Delキーを押して支払予定一覧表のデータを削除します。

**10.** 入金予定一覧表に任意のセルの塗りつぶしの色を設定し、支払予定一覧表と区別します。
①セルB3～F3を範囲選択し、Ctrlキーを押しながらセルE4～E40、B41～E41を範囲選択します。
②［ホーム］タブの［塗りつぶしの色］ボタンの▼をクリックし、［テーマの色］の［ゴールド、アクセント4、白＋基本色80%］（上から2行目の右から3列目）をクリックします。

## 応用問題 39　DVD売上ベスト10自動抽出（マクロ）

**1.** 抽出を行うマクロを作成します。

> ここでは、［開発］タブを表示して説明をしています。

①［開発］タブの［マクロの記録］［マクロの記録］ボタンをクリックします。
②［マクロの記録］ダイアログボックスの［マクロ名］ボックスの「Macro1」を削除し、「売上ベスト10」と入力します。
③［マクロの保存先］ボックスに［作業中のブック］と表示されていることを確認し、［OK］をクリックします。

**2.** 金額の多い上位10件のデータを抽出し、金額の多い順に並べ替えを行う操作をマクロに記録します。
①表内の任意のセルをクリックし、［データ］タブの［フィルター］ボタンをクリックします。
②［金額］列の▼をクリックし、［数値フィルター］をポイントして［トップテン］をクリックします。
③［トップテンオートフィルター］ダイアログボックスの左のボックスに［上位］、中央のボックスに

[10]、右のボックスに [項目] と表示されていることを確認し、[OK] をクリックします。
④[金額] の列内の任意のセルをクリックし、[データ] タブの ↓ [降順] ボタンをクリックします。

**3.** マクロの記録を終了します。
①[開発] タブの [記録終了] [記録終了] ボタンをクリックします。

**4.** 抽出結果の解除を行うマクロを作成します。
①[開発] タブの [マクロの記録] [マクロの記録] ボタンをクリックします。
②[マクロの記録] ダイアログボックスの [マクロ名] ボックスの「Macro2」を削除し、「リセット」と入力します。
③[マクロの保存先] ボックスに [作業中のブック] と表示されていることを確認し、[OK] をクリックします。

**5.** 抽出結果を解除し、売上日順に並べ替えを行う操作をマクロに記録します。
①表内の任意のセルをクリックし、[データ] タブの [フィルター] ボタンをクリックします。
②[売上日] の列内の任意のセルをクリックし、[データ] タブの ↓ [昇順] ボタンをクリックします。

**6.** マクロの記録を終了します。
①[開発] タブの [記録終了] [記録終了] ボタンをクリックします。

**7.** [売上ベスト10] マクロを登録するボタンを作成し、マクロの登録を行います。
①[開発] タブの [挿入] [挿入] ボタンをクリックし、[フォームコントロール] の □ [ボタン（フォームコントロール）] をクリックし、セルF2の上をドラッグして、セルと同じ大きさの四角形を描画します。

> 挿入したボタンは印刷されないので、押しやすい位置に自由に作成します。また、Altキーを押しながらドラッグすると、位置やサイズの変更などの際にセルのグリッドに合わせることができます。

②[マクロの登録] ダイアログボックスの [マクロ名] ボックスの [売上ベスト10] をクリックします。
③[マクロの保存先] ボックスの▼をクリックし、[作業中のブック] をクリックして、[OK] をクリックします。
④ボタンが選択されている状態で、「ボタン1」のテキストを選択して「売上ベスト10」と書き換えます。
⑤Escキーを押してボタンの選択を解除します。

> ボタンを選択するにはCtrlキーを押しながらクリックします。

**8.** [リセット] マクロを登録するボタンを作成し、マクロの登録を行います。
①[開発] タブの [挿入] [挿入] ボタンをクリックし、[フォームコントロール] の □ [ボタン（フォームコントロール）] をクリックし、セルG2の上をドラッグして、セルと同じ大きさの四角形を描画します。
②[マクロの登録] ダイアログボックスの [マクロ名] ボックスの [リセット] をクリックします。
③[マクロの保存先] ボックスに [作業中のブック] と表示されていることを確認し、[OK] をクリックします。
④ボタンが選択されている状態で、「ボタン2」のテキストを選択して「リセット」と書き換えます。
⑤Escキーを押してボタンの選択を解除します。

**9.** 設定したマクロの動作を確認します。
①「売上ベスト10」ボタンをクリックして、「金額」が大きい順に売上ベスト10が表示されることを確認します。
②「リセット」ボタンを押して、売上ベスト10が解除され、日付順に並び替わることを確認します。

**10.** Excelマクロ有効ブックとして、名前を付けて保存します。
①[ファイル] タブをクリックし、[名前を付けて保存] をクリックします。
②[名前を付けて保存] 画面の [ファイルの種類] ボックスの▼をクリックし、[Excelマクロ有効ブック] をクリックして、「問題39-2E」という名前で保存します。

# 第5章 データベース

## 基礎問題 40 社員名簿

**1.**
①セルC4をクリックします。
②[表示]タブの [ウィンドウ枠の固定]ボタンをクリックし、[ウィンドウ枠の固定]をクリックします。

**2.**
①セルA4～A65を範囲選択します。
②[データ]タブの [データの入力規則]ボタンをクリックします。
③[データの入力規則]ダイアログボックスの[設定]タブの[入力値の種類]ボックスの▼をクリックし、[文字列(長さ指定)]をクリックします。
④[データ]ボックスの▼をクリックし、[次の値に等しい]をクリックします。
⑤[長さ]ボックスに「7」と入力します。
⑥[エラーメッセージ]タブをクリックし、[スタイル]ボックスに[停止]と表示されていることを確認します。
⑦[タイトル]ボックスに「社員番号入力エラー」と入力します。
⑧[エラーメッセージ]ボックスに「社員番号は7桁です。」と入力し、[OK]をクリックします。

**3.**
①セルB4～B65を範囲選択します。
②Ctrlキーを押しながらセルF4～F65、J4～L65を範囲選択します。
③[データ]タブの [データの入力規則]ボタンをクリックします。
④[データの入力規則]ダイアログボックスの[日本語入力]タブをクリックし、[日本語入力]ボックスの▼をクリックし、[ひらがな]をクリックして、[OK]をクリックします。

**4.**
①セルC4～C65を範囲選択します。
②[データ]タブの [データの入力規則]ボタンをクリックします。
③[データの入力規則]ダイアログボックスの[入力時メッセージ]タブをクリックし、[タイトル]ボックスに「フリガナ入力」と入力します。
④[メッセージ]ボックスに「姓名の間に空白を入力してください。」と入力します。
⑤[日本語入力]タブをクリックし、[日本語入力]ボックスの▼をクリックし、[全角カタカナ]をクリックして、[OK]をクリックします。

**5.**
①セルH4～I65を範囲選択します。
②Ctrlキーを押しながらセルM4～M65を範囲選択します。
③[データ]タブの [データの入力規則]ボタンをクリックします。
④[データの入力規則]ダイアログボックスの[日本語入力]タブをクリックし、[日本語入力]ボックスの▼をクリックし、[オフ(英語モード)]をクリックして、[OK]をクリックします。

**6.**
①セルD4に「カワムラ」と入力してEnterキーを押します。
②[データ]タブの [フラッシュフィル]ボタンをクリックします。
③セルD54までフリガナの姓が表示されたことを確認します。

**7.**
①セルE4に「タダシ」と入力してEnterキーを押します。
②[データ]タブの [フラッシュフィル]ボタンをクリックします。
③セルE54までフリガナの名が表示されたことを確認します。

**8.**
数　式：=IF(A4="","",LOWER(G4)&A4&"@example.jp")
①セルN4をクリックし、 [関数の挿入]ボタンをクリックします。
②[関数の挿入]ダイアログボックスの[関数の分類]ボックスの▼をクリックして[論理]をクリックし、[関数名]ボックスの[IF]をクリックして、[OK]をクリックします。
③[関数の引数]ダイアログボックスの[論理式]ボックスにカーソルが表示されていることを確認し、

「A4=""」と入力します。
④[真の場合]ボックスをクリックし、「""」と入力します。
⑤[偽の場合]ボックスをクリックし、関数ボックスの▼をクリックして、[その他の関数]をクリックします。
⑥[関数の挿入]ダイアログボックスの[関数の分類]ボックスの▼をクリックして[文字列操作]をクリックし、[関数名]ボックスの[LOWER]をクリックして、[OK]をクリックします。
⑦[関数の引数]ダイアログボックスの[文字列]ボックスにカーソルが表示されていることを確認し、「G4」と入力します。
⑧数式バーの「IF」の関数名をクリックします。
⑨[偽の場合]ボックスの「LOWER(G4)」の後ろをクリックし、「&A4&"@example.jp"」と入力して、[OK]をクリックします。
⑩セルN4のフィルハンドルをポイントし、マウスポインターの形が✛になっていることを確認し、セルN65まで右ドラッグして、ショートカットメニューの[書式なしコピー(フィル)]をクリックします。

**9.**
①[ページレイアウト]タブの[ページ設定]グループの右下にある[ページ設定]ボタンをクリックします。
②[ページ設定]ダイアログボックスの[ページ]タブの[印刷の向き]の[横]をクリックします。
③[拡大縮小印刷]の[次のページ数に合わせて印刷]をクリックし、[横]ボックスに「1」と表示されていることを確認して、[縦]ボックスに「2」を入力します。
④[シート]タブをクリックし、[印刷範囲]ボックスをクリックして「A1:N54」と入力します。
⑤[印刷タイトル]の[タイトル行]ボックスをクリックして「$1:$3」と入力し、[OK]をクリックします。

**10.**
①[ファイル]タブをクリックし、[問題のチェック]をクリックして[ドキュメント検査]をクリックします。
②[ドキュメント検査]ダイアログボックスの[検査]をクリックします。
③検査結果から[コメントと注釈]の[すべて削除]をクリックし、さらに[ドキュメントのプロパティと個人情報]の[すべて削除]をクリックして、[閉じる]をクリックします。

> ドキュメント検査を実行すると、検査結果の画面に詳細な情報が表示されます。削除したい項目の[すべて削除]をクリックすると、情報が削除されます。削除されたデータは原則として復元できないので、通常は元のファイルをコピーしてバックアップしてから行いましょう

## 基礎問題 41 宿泊施設一覧

**1.**
①列番号A～Gを範囲選択します。
②選択した任意の列番号の右側の境界線をポイントし、マウスポインターの形が記録終了になっていることを確認して、ダブルクリックします。

**2.**
①セルA2～G18を範囲選択します。
②[ホーム]タブの[罫線]ボタンの▼をクリックし、[格子]をクリックします。

**3.**
①セルA1をクリックします。
②[ホーム]タブの[フォントサイズ]ボックスの▼をクリックし、[12]をクリックします。
③[ホーム]タブの[太字]ボタンをクリックします。

**4.**
①セルA2～G2を範囲選択します。
②[ホーム]タブの[中央揃え]ボタンをクリックします。
③[ホーム]タブの[塗りつぶしの色]ボタンの▼をクリックし、[テーマの色]の「青、アクセント1、白+基本色40%」(上から4行目の左から5列目)をクリックします。

**5.**
①セルC3～C18を範囲選択します。
②[ホーム]タブの[桁区切りスタイル]ボタンをクリックします。

**6.**
①セルA2～G2を範囲選択します。

②[ホーム]タブの[コピー]ボタンをクリックします。
③セルA21をクリックし、[ホーム]タブの[貼り付け]ボタンをクリックします。

**7.**
①セルA20をクリックし、「検索条件入力」と入力します。
②セルA25をクリックし、「検索結果一覧」と入力します。
③セルA1をクリックし、[ホーム]タブの[書式のコピー/貼り付け]ボタンをダブルクリックします。
④セルA20をクリックします。
⑤セルA25をクリックします。
⑥Escキーを押します。

> [書式のコピー/貼り付け]ボタンをダブルクリックすると、連続して使用することができます。複数の場所に同じ書式を適用する場合に便利です。

**8.**
①セルB22をクリックし、「新横浜」と入力します。
②セルC22をクリックし、「<10000」と入力します。
③セルB23をクリックし、「東京」と入力します。
④セルC23をクリックし、「<10000」と入力します。
⑤表「提携宿泊施設一覧」の任意のセルをクリックします。
⑥[データ]タブの[詳細設定][詳細設定]ボタンをクリックします。
⑦[フィルターオプションの設定]ダイアログボックスの[抽出先]の[指定した範囲]をクリックします。
⑧[リスト範囲]ボックスに[$A$2:$G$18]と表示されていることを確認します。
⑨[検索条件範囲]ボックスをクリックし、セルB21~C23を範囲選択して、[$B$21:$C$23]と表示されていることを確認します。
⑩[抽出範囲]ボックスをクリックし、セルA26をクリックし、[シート名!$A$26]と表示されていることを確認して、[OK]をクリックします(シート名は環境によって異なります)。

## 基礎問題 42 売上台帳

**1.**
①セルA1をクリックし、[ホーム]タブの[11][フォントサイズ]ボックスの▼をクリックして、[24]をクリックします。
②[ホーム]タブの[B][太字]ボタンをクリックします。
③[ホーム]タブの[A][フォントの色]ボタンの▼をクリックし、[テーマの色]の[オレンジ、アクセント2](1行目の左から6列目)をクリックします。

**2.**
①表内の任意のセルをクリックします。
②[ホーム]タブの[テーブルとして書式設定]ボタンをクリックし、[中間]の[テーブルスタイル(中間)3](1行目の左から3列目)をクリックします。
③[テーブルとして書式設定]ダイアログボックスの[テーブルに変換するデータ範囲を指定してください]ボックスに[=$A$3:$I$116]と表示され、[先頭行をテーブルの見出しとして使用する]チェックボックスがオンになっていることを確認して、[OK]をクリックします。

**3.**
①テーブル範囲が選択されていることを確認し、[テーブルツール]の[デザイン]タブの[集計行]チェックボックスをオンにします。
②表の最終行(117行目)に売上高を合計した集計行が追加されていることを確認します。
③数量の集計行(セルG117)をクリックします。

> テーブルをスクロールして列見出しが隠れた場合、自動的に列見出しが列番号として表示されます。

④セルの▼をクリックし、[合計]をクリックします。

**4.**
①Ctrl+↑キーを押します。

> Ctrl+方向キーを押すと、ワークシートのデータ入力範囲の四隅にアクティブセルが移動します。Ctrl+Homeキーを押すと、ワークシートの先頭のセル(A1)にアクティブセルが移動します。

②セルJ3をクリックし、「備考」と入力します。

③列番号Jをクリックします。
④[ホーム]タブの　[書式]ボタンをクリックし、[セルのサイズ]の[列の幅]をクリックします。
⑤[列幅]ダイアログボックスの[列幅]ボックスに「50」と入力し、[OK]をクリックします。

**5.**
①セルJ3をクリックし、Ctrl+↓キーを押します。
②セルJ116をクリックし、Tabキーを押します。
③新しい行が挿入されたことを確認し、追加データを参考にデータを入力します。
④セルI117に売上高の数式が自動的に入力されたことを確認します。

**6.**
①Ctrl+Homeキーを押します。
②セルA3の▼をクリックし、[昇順]をクリックします。

**7.**
①テーブル範囲の任意のセルが選択されていることを確認し、[テーブルツール]の[デザイン]タブの　[重複の削除]ボタンをクリックします。
②[重複の削除]ダイアログボックスの[列]の各見出しのチェックボックスがオンになっていることを確認し、[OK]をクリックします。
③メッセージを確認し、[OK]をクリックします。

**8.**
①テーブル範囲の任意のセルが選択されていることを確認し、[テーブルツール]の[デザイン]タブの　[範囲に変換]ボタンをクリックします。
②メッセージを確認し、[はい]をクリックします。

**9.**
①[ページレイアウト]タブの[ページ設定]グループの右下にある　[ページ設定]ボタンをクリックします。
②[ページ設定]ダイアログボックスの[ページ]タブの[印刷の向き]の[横]をクリックします。
③[余白]タブをクリックし、[上]ボックスを[2.4]に設定して、[ページ中央]の[水平]チェックボックスをオンにします。
④[ヘッダー/フッター]タブをクリックし、[ヘッダーの編集]をクリックします。
⑤[ヘッダー]ダイアログボックスの[右側]ボックスをクリックし、「社外秘」と入力します。
⑥「社外秘」の文字列を範囲選択し、　[文字書式]ボタンをクリックします。
⑦[フォント]ダイアログボックスの[スタイル]ボックスの[太字斜体]をクリックし、[サイズ]ボックスの[12]をクリックして、[OK]をクリックします。
⑧[ヘッダー]ダイアログボックスの[OK]をクリックします。
⑨[フッターの編集]をクリックします。
⑩[フッター]ダイアログボックスの[中央部]ボックスをクリックし、　[ページ番号の挿入]ボタンをクリックします。
⑪[&[ページ番号]]の後ろにカーソルが表示されていることを確認し、続けて「/」を入力します。
⑫[&[ページ番号]/]の後ろにカーソルが表示されていることを確認し、　[ページ数の挿入]ボタンをクリックして、[OK]をクリックします。
⑬[シート]タブをクリックし、[印刷タイトル]の[タイトル行]ボックスをクリックして、行番号3をクリックします。
⑭[タイトル行]ボックスに[$3:$3]と表示されていることを確認し、[OK]をクリックします。

**10.**
①[表示]タブの　[改ページプレビュー]ボタンをクリックします。
②I列とJ列の間にある青い点線にマウスをポイントし、↔の形になったらJ列とK列の間までドラッグします。
③行番号29と30の間にある青い点線にマウスをポイントし、マウスポインターの形が↔になっていることを確認して、行番号33と34の間までドラッグして青い実線になったことを確認します。
④行番号67と68にある青い点線にマウスをポイントし、マウスポインターの形が↔になっていることを確認して、行番号63と64の間までドラッグして青い実線になったことを確認します。
⑤行番号97と98にある青い点線にマウスをポイントし、マウスポインターの形が↔になっていることを確認して、行番号93と94の間までドラッグして青い実線になったことを確認します。
⑥[表示]タブの　[標準]ボタンをクリックします。

> 改ページは、改ページ後の先頭行にしたい行にあるセルを選択して、[ページレイアウト]タブの [改ページ]ボタンをクリックし、[改ページの挿入]をクリックすることでも設定できます。

**11.**
①[ファイル]タブの[印刷]ボタンをクリックします。
②印刷プレビューで全体の印刷イメージを確認します。

## 応用問題 43 売上分析(条件抽出)

**1.** 検索条件範囲を作成します。
①行番号3〜8を範囲選択し、[ホーム]タブの [挿入]ボタンをクリックします。
②セルA9〜F10を範囲選択し、[ホーム]タブの [コピー]ボタンをクリックします。
③セルA3をクリックし、[ホーム]タブの [貼り付け]ボタンをクリックします。
④セルA3の文字列を「■検索条件」に変更します。

**2.** 検索条件範囲に条件を入力します。
①セルA5に「飲料」、A6に「炭製品」、A7に「UV対策」と入力します。
②セルD5〜D7にそれぞれ「<1000」と入力します。
③セルF5〜F7にそれぞれ「>=10000000」と入力します。

> 手順②と③のデータを、オートフィル機能を使用して入力する場合は、フィルハンドルをドラッグした後に現れるショートカットメニューで[セルのコピー]をクリックします。または、Ctrlキーを押しながらフィルハンドルをドラッグします。

**3.** 条件に合ったデータだけを表示します。
①「売上一覧」の表内の任意のセルをクリックし、[データ]タブの [詳細設定]ボタンをクリックします。
②[フィルターオプションの設定]ダイアログボックスの[抽出先]の[選択範囲内]が選択されていることを確認し、[リスト範囲]ボックスに[$A$10:$F$35]と表示されていることを確認します。
③[検索条件範囲]ボックスをクリックし、セルA4〜F7を範囲選択して、[検索条件範囲]ボックスに[問題43売上一覧!$A$4:$F$7]と表示され

ていることを確認し、[OK]をクリックします。

**4.** 抽出したデータを売上金額(円)の多い順に並べ替えます。
①[売上金額(円)]の列内の任意のセルをクリックし、[データ]タブの [降順]ボタンをクリックします。

## 応用問題 44 社員満足度調査

**1.** 職種別の評価項目の平均を算出するためにデータを並べ替えます。
①表内の任意のセルをクリックし、[データ]タブの [並べ替え]ボタンをクリックします。
②[先頭行をデータの見出しとして使用する]チェックボックスをオンにします。
③[並べ替え]ダイアログボックスの[優先されるキー]ボックスの▼をクリックし、「職種番号」をクリックします。
④[最優先されるキー]ボックスが「値」、[順序]ボックスが「昇順」になっていることを確認します。
⑤[並べ替え]ダイアログボックスの[レベルの追加]ボタンをクリックします。
⑥[次に優先されるキー]ボックスの▼をクリックし、「年代」をクリックします。
⑦[並べ替えのキー]ボックスが「値」、[順序]ボックスが「昇順」になっていることを確認します。
⑧[並べ替え]ダイアログボックスの[レベルの追加]ボタンをクリックします。
⑨[次に優先されるキー]ボックスの▼をクリックし、「性別」をクリックします。
⑩[並べ替えのキー]ボックスが「値」になっていることを確認し、[順序]ボックスの▼をクリックし、「降順」をクリックして、[OK]をクリックします。

**2.** 職種別の評価項目の平均を算出します。
①表内の任意のセルをクリックし、[データ]タブの [小計]ボタンをクリックします。
②メッセージが表示されたら[OK]をクリックします。
③[集計の設定]ダイアログボックスの[グループの基準]ボックスの▼をクリックし、「職種」をクリックします。
④[集計の方法]ボックスの▼をクリックし、「平均」をクリックします。
⑤[集計するフィールド]ボックスの「評価項目」「(列

F)」「(列G)」「(列H)」「(列Ⅰ)」「(列J)」「(列K)」のチェックボックスをオンにします。

⑥[現在の小計をすべて置き換える]チェックボックス、[グループごとに改ページを挿入する]チェックボックス、[集計行をデータの下に挿入する]チェックボックスを、それぞれオンにし、[OK]を押します。

**3.** 条件付き書式を用いて評価5のセルに色を付けます。

①セルE5～K33を範囲選択し、Ctrlキーを押しながらセルE35～K61、E63～K83、E85～K106、E108～K129を範囲選択します。

②[ホーム]タブの [条件付き書式]ボタンをクリックし、[セルの強調表示ルール]をポイントして、[指定の値に等しい]をクリックします。

③[指定の値に等しい]ダイアログボックスの[値]ボックスに「5」を入力し、[書式]ボックスの▼をクリックして、[ユーザー設定の書式]をクリックします。

④[セルの書式設定]ダイアログボックスの[フォント]タブにある[スタイル]ボックスの[太字]をクリックし、[色]ボックスの▼をクリックして、[テーマの色]の[白、背景1](1行目の左端)をクリックします。

⑤[塗りつぶし]タブをクリックし、[背景色]から[標準の色]の[濃い青](7行目の右から2列目)をクリックして、[OK]を押します。

⑥[指定の値に等しい]ダイアログボックスの[OK]をクリックします。

> ここの塗りつぶしで表示されるカラーパレットでは、色をポイントしても色名がポップアップ表示されませんが、色のパターンは通常のセルの塗りつぶしと同様です。

**4.** 条件付き書式を用いて評価4のセルに色を付けます。

①[ホーム]タブの [条件付き書式]ボタンをクリックし、[セルの強調表示ルール]をポイントして、[指定の値に等しい]をクリックします。

②[指定の値に等しい]ダイアログボックスの[値]ボックスに「4」を入力し、[書式]ボックスの▼をクリックして、[ユーザー設定の書式]をクリックします。

③[セルの書式設定]ダイアログボックスの[フォント]タブをクリックし、[色]ボックスの▼をクリックして、[テーマの色]の[白、背景1](1行目の左端)をクリックします。

④[塗りつぶし]タブをクリックし、[背景色]から[標準の色]の[青](7行目の右から3列目)をクリックして、[OK]を押します。

⑤[指定の値に等しい]ダイアログボックスの[OK]をクリックします。

**5.** 条件付き書式を用いて評価3のセルに色を付けます。

①[ホーム]タブの [条件付き書式]ボタンをクリックし、[セルの強調表示ルール]をポイントして、[指定の値に等しい]をクリックします。

②[指定の値に等しい]ダイアログボックスの[値]ボックスに「3」を入力し、[書式]ボックスの▼をクリックして、[ユーザー設定の書式]をクリックします。

③[塗りつぶし]タブにある[背景色]から[標準の色]の[薄い青](7行目の右から4列目)をクリックし、[OK]を押します。

④[指定の値に等しい]ダイアログボックスの[OK]をクリックします。

**6.** 条件付き書式を用いて評価2のセルに色を付けます。

①[ホーム]タブの [条件付き書式]ボタンをクリックし、[セルの強調表示ルール]をポイントして、[指定の値に等しい]をクリックします。

②[指定の値に等しい]ダイアログボックスの[値]ボックスに「2」を入力し、[書式]ボックスの▼をクリックして、[ユーザー設定の書式]をクリックします。

③[塗りつぶし]タブにある[背景色]から[標準の色]の[オレンジ](7行目の左から3列目)をクリックし、[OK]を押します。

④[指定の値に等しい]ダイアログボックスの[OK]をクリックします。

**7.** 条件付き書式を用いて評価1のセルに色を付けます。

①[ホーム]タブの [条件付き書式]ボタンをクリックし、[セルの強調表示ルール]をポイントして、[指定の値に等しい]をクリックします。

②[指定の値に等しい]ダイアログボックスの[値]ボックスに「1」を入力し、[書式]ボックスの▼をクリックして、[ユーザー設定の書式]をクリッ

③[セルの書式設定]ダイアログボックスの[フォント]タブをクリックし、[スタイル]ボックスの[太字]をクリックし、[色]ボックスの▼をクリックして、[テーマの色]の[白、背景1]（1行目の左端）をクリックします。

④[塗りつぶし]タブをクリックし、[背景色]から[標準の色]の[赤]（7行目の左から2列目）をクリックして、[OK]を押します。

⑤[指定の値に等しい]ダイアログボックスの[OK]をクリックします。

8. 最終行の見栄えを整えます。
①セルA130～K131を範囲選択します。
②[ホーム]タブの[罫線]ボタンの▼をクリックし、[格子]をクリックします。

9. 職種別の印刷の設定を実行します。
①[表示]タブの[改ページプレビュー]ボタンをクリックし、列番号Hと列番号Iの間にある青い点線をポイントして、マウスポインターの形が←→になっているのを確認し、列番号Kと列番号Lの間までドラッグします。
②[ページレイアウト]タブの[印刷タイトル]ボタンをクリックします。
③[ページ設定]ダイアログボックスの[シート]タブの[印刷タイトル]の[タイトル行]ボックスをクリックし、行番号3をクリックします。
④[タイトル行]ボックスに[$3:$4]と表示されていることを確認し、[OK]をクリックします。
⑤[ファイル]タブの[印刷]をクリックし、印刷プレビューで職種別に改ページされているかどうかを確認します。

10. 考察を記入します。
①シート見出しの右隣にある[新しいシート]ボタンをクリックします。
②[ホーム]タブの[書式]ボタンをクリックし、[シートの整理]にある[シート名の変更]をクリックします。
③「職種別考察」と入力して、Enterキーを押します。
④「職種別考察」シートに、以下のような職種別の考察を記述します。
【営業】
●調査7項目とも全体的に高い評価となった。
●中でも「経営」や「上司」に対する評価はいずれも平均で3.7以上と非常に高い。
●平均で最も低いのは「福利厚生」だが、それでも全社平均を上回る3.4を獲得。
【開発】
●全体的にやや厳しい評価が目立つ。
●中でも「経営」と「人事制度」に対する評価が厳しく、いずれも平均で2.5を下回る。
●一方、「仕事内容」「職場環境」「教育」に対しては平均で3以上と比較的高い評価。
【技術】
●全体的に低い評価が目立つ。
●中でも「経営」と「教育」に対する評価が低く、それぞれ平均で2.5と2.4。
●一方、「福利厚生」に対する評価は高く全社平均を上回る平均3.5という結果に。
【生産】
●全体的な評価は決して高いものではない。
●中でも「仕事内容」「人事制度」「教育」はいずれも平均で3を下回る低い評価。
●「経営」は2点以下の評価も散見されるが、平均では全社平均を上回る3.2を獲得。
【本社】
●全体的にどの項目も高い評価となった。
●中でも「仕事内容」と「人事制度」は平均が全社平均を5ポイント以上上回る高評価。
●「経営」「職場環境」「福利厚生」も平均で3.5以上の評価を与えている。

## 応用問題 45 受講履歴管理

1. 手入力のデータを削除します。
①シート「問題45受講台帳」のセルC4～F113を範囲選択し、Ctrlキーを押しながらセルH4～J113を範囲選択します。
②Deleteキーを押します。

2.
①表内のセルをクリックします。
②[挿入]タブの[テーブル]ボタンをクリックします。
③[テーブルの作成]ダイアログボックスの[テーブルに変換するデータ範囲を指定してください]ボックスに「=$A$3:$L$113」と表示されているセル範囲が正しいことを確認します。
④[先頭行をテーブルの見出しとして使用する]チェックボックスがオンになっていることを確認

します。
⑤[OK]をクリックします。

**3.** 氏名に自動入力の設定を行います。
数式：=VLOOKUP($B4,問題45社員一覧!$A$4:$F$109,2,FALSE)
①セルC4をクリックし、[関数の挿入]ボタンをクリックします。
②[関数の挿入]ダイアログボックスの[関数の分類]ボックスの▼をクリックして[検索/行列]をクリックし、[関数名]ボックスの[VLOOKUP]をクリックして、[OK]をクリックします。
③[関数の引数]ダイアログボックスの[検索値]ボックスにカーソルが表示されていることを確認し、「$B4」と入力します。
④[範囲]ボックスをクリックし、シート[問題45社員一覧]のセルA4～F109を範囲選択します。
⑤[範囲]ボックスに「問題45社員一覧!A4:F109」と表示されていることを確認し、「A」と「4」の間をクリックしてF4キーを押し、さらに「F」と「1」の間をクリックしてF4キーを押します。
⑥[列番号]ボックスをクリックし、「2」と入力します。
⑦[検索方法]ボックスをクリックし、「FALSE」と入力して、[OK]をクリックします。

**4.** 所属名に自動入力の設定を行います。
数式：=VLOOKUP($B4,問題45社員一覧!$A$4:$F$109,4,FALSE)
①セルC4をクリックし、[ホーム]タブの[コピー]ボタンをクリックします。
②セルD4をクリックし、[ホーム]タブの[貼り付け]ボタンの▼をクリックして、[数式]をクリックします。
③数式バーの「,FALSE」の前の「2」を「4」に書き換えてEnterキーを押します。

**5.** コース名に自動入力の設定を行います。
数式：=VLOOKUP($G4,問題45研修コース一覧!$A$4:$D$23,2,FALSE)
①セルH4をクリックし、[関数の挿入]ボタンをクリックします。
②[関数の挿入]ダイアログボックスの[関数の分類]ボックスの▼をクリックして[検索/行列]をクリックし、[関数名]ボックスの[VLOOKUP]をクリックして、[OK]をクリックします。

③[関数の引数]ダイアログボックスの[検索値]ボックスにカーソルが表示されていることを確認し、「$G4」と入力します。
④[範囲]ボックスをクリックし、シート[問題45研修コース一覧]のセルA4～D23を範囲選択します。
⑤[範囲]ボックスに「問題45研修コース一覧!A4:D23」と表示されていることを確認し、「A」と「4」の間をクリックしてF4キーを押し、さらに「D」と「2」の間をクリックしてF4キーを押します。
⑥[列番号]ボックスをクリックし、「2」と入力します。
⑦[検索方法]ボックスをクリックし、「FALSE」と入力して、[OK]をクリックします。

**6.** 開催日に自動入力の設定を行います。
数式：=VLOOKUP($G4,問題45研修コース一覧!$A$4:$D$23,3,FALSE)
①セルH4をクリックし、[ホーム]タブの[コピー]ボタンをクリックします。
②セルI4をクリックし、[ホーム]タブの[貼り付け]ボタンの▼をクリックして、[数式]をクリックします。
③数式バーの「,FALSE」の前の「2」を「3」に書き換えてEnterキーを押します。
④セルI4～I113を範囲選択します。
⑤[ホーム]タブの 標準 [数値の書式]ボックスの▼をクリックし、[短い日付形式]をクリックします。

**7.** 定員に自動入力の設定を行います。
数式：=VLOOKUP($G4,問題45研修コース一覧!$A$4:$D$23,4,FALSE)
①セルH4をクリックし、[ホーム]タブの[コピー]ボタンをクリックします。
②セルJ4をクリックし、[ホーム]タブの[貼り付け]ボタンの▼をクリックして、[数式]をクリックします。
③数式バーの「,FALSE」の前の「2」を「4」に書き換えてEnterキーを押します。

**8.** 勤続年数に自動入力の設定を行います。
数式：=DATEDIF(VLOOKUP($B4,問題45社員一覧!$A$4:$F$109,6,FALSE),$I4,"Y")
①セルC4をクリックし、[ホーム]タブの[コピー]ボタンをクリックします。

②セルE4をクリックし、[ホーム] タブの ![] [貼り付け] ボタンの▼をクリックして、[数式] をクリックします。
③数式バーの「,FALSE」の前の「2」を「6」に書き換えてEnterキーを押します。
④セルE4をクリックします。
⑤数式バーの先頭の「=」の後ろに「DATEDIF(」を入力し、続けて末尾に「,$I4,"Y")」を入力してEnterキーを押します。

> DATEDIF関数は、[関数の挿入] ボタンでは指定できない非公式関数ですが、2つの日付から簡単に期間を求められる便利な関数です。書式は[=DATEDIF(開始日,終了日,単位)] で、「単位」には以下の値を指定します。
> "Y"：期間内の満年数
> "M"：期間内の満月数
> "D"：期間内の日数

**9.** 年齢に自動入力の設定を行います。
数式：=DATEDIF(VLOOKUP($B4,問題45社員一覧!$A$4:$F$109,5,FALSE) ,$I4,"Y")
①セルE4をクリックし、[ホーム] タブの ![] [コピー] ボタンをクリックします。
②セルF4をクリックし、[ホーム] タブの ![] [貼り付け] ボタンの▼をクリックして、[数式] をクリックします。
③数式バーの「,FALSE」の前の「6」を「5」に書き換えてEnterキーを押します。

**10.** 未終了の研修申込のみを表示します。
①列見出し「終了」の▼をクリックします。
②[○] チェックボックスをオフにします。
③[(空白セル)] チェックボックスがオンになっていることを確認し、[OK] をクリックします。

**11.** コース名順、勤続年数順、年齢順に並べ替えます。
①表内のセルをクリックします。
②[データ] タブの ![] [並べ替え] ボタンをクリックします。
③[並べ替え] ダイアログボックスの [最優先されるキー] ボックスの▼をクリックし、一覧から [コース番号] をクリックします。
④[並べ替えのキー] ボックスに [値]、[順序] ボックスに [昇順] と表示されていることを確認します。
⑤[並べ替え] ダイアログボックスの [レベルの追加] ボタンをクリックします。

⑥[次に優先されるキー] ボックスの▼をクリックし、一覧から [勤続年数] をクリックします。
⑦[並べ替えのキー] ボックスに [値] と表示されていることを確認します。
⑧[順序] ボックスの▼をクリックし、一覧から [降順] をクリックします。
⑨[並べ替え] ダイアログボックスの [レベルの追加] ボタンをクリックします。
⑩[次に優先されるキー] ボックスの▼をクリックし、一覧から [年齢] をクリックします。
⑪[並べ替えのキー] ボックスに [値] と表示されていることを確認します。
⑫[順序] ボックスの▼をクリックし、一覧から [降順] をクリックします。
⑬[OK] をクリックします。

**12.** 定員内の研修コースの全員に○印を記入します。
①定員10人の「リーダーコミュニケーション研修」への申込者が10人であることを確認し、セルK92～K101に「○」を入力します。

**13.** 定員オーバーの研修コースの参加者を選び、○印を記入します。
①定員10人の「パソコン社内管理者研修」への申込者が12人いることを確認します。
②セルF103～F110が30代であることを確認し、セルK103～K110に「○」を入力します。
③セルE102とF102、E111とF111、E112とF112、E113とF113を見て、勤続年数の比較的長い40代前半と20代後半の社員であることを確認し、セルK102とセルK111に「○」を入力します。

# 第6章
# 文書作成

## 基礎問題 46 見積書

**1.**
①セルA1に「御見積書」と入力します。
②セルA1をクリックし、[ホーム]タブの[11▼][フォントサイズ]ボックスの▼をクリックして、[16]をクリックします。
③[ホーム]タブの[B][太字]ボタンをクリックします。
④セルA1～E1を範囲選択し、[ホーム]タブの[セルを結合して中央揃え]ボタンをクリックします。

**2.**
①セルE4に「2016/7/1」と入力します。
②セルE4をクリックし、[ホーム]タブの[標準▼][数値の書式]ボックスの▼をクリックして、[長い日付形式]をクリックします。

> 日付はさまざまな表示形式が選択できますが、社外文書や提出物に「2016/7/1」といった省略形は好ましくないので、「年」、「月」、「日」を添えたものにします。西暦と和暦のどちらを使うかは社内でルールを作っておきましょう。

**3.**
①セルA7に「株式会社JAFCO商事御中」と入力します。

**4.**
①セルE8～E11に社名、責任者名、住所、電話番号を入力します。
②セルE8～E11を範囲選択し、[ホーム]タブの[右揃え]ボタンをクリックします。

**5.**
①セルD13に「担当者」、セルE13に「責任者」と入力します。
②セルD13～E13を範囲選択し、[ホーム]タブの[中央揃え]ボタンをクリックします。
③セルD14～D17を範囲選択し、Ctrlキーを押しながらセルE14～E17を範囲選択して、[ホーム]タブの[セルを結合して中央揃え]ボタンをクリックします。
④セルD13～E17を範囲選択し、[ホーム]タブの[罫線]ボタンの▼をクリックして、[格子]をクリックします。

**6.**
①セルA19に「以下のとおり…」の一文を入力します。
②セルA20に「発行日：2016年7月1日」と入力します。
③セルA21に「有効期限：発行日より30日間」と入力します。

**7.**
①セルA22～D27、D28～D30、E22に入力例を参考にデータを入力します。
数式：=C23*D23
②セルE23をクリックし、「=C23*D23」と入力してEnterキーを押します。
③セルE23をクリックし、フィルハンドルをポイントし、マウスポインターの形が＋になっていることを確認して、セルE27までドラッグします。
数式：=SUM（E23:E27）
④セルE28をクリックし、[ホーム]タブの[Σ▼][合計]ボタンをクリックし、[=SUM(E23:E27)]と表示されていることを確認して、[Σ▼][合計]ボタンをクリックします。
数式：=INT（E28*0.08）
⑤セルE28をクリックし、[fx][関数の挿入]ボタンをクリックします。
⑥[関数の挿入]ダイアログボックスの[関数の分類]ボックスの▼をクリックして[数学/三角]をクリックし、[関数名]ボックスの[INT]をクリックして、[OK]をクリックします。
⑦[関数の引数]ダイアログボックスの[数値]ボックスにカーソルが表示されていることを確認し、「E28*0.08」と入力して「OK」をクリックします。（ここでは消費税を8%として計算しています）

> 消費税計算では小数点以下は切り捨てになるのでINT関数を使います。
> 数式：=SUM（E28:E29）

⑧セルE30をクリックし、[ホーム]タブの[Σ▼][合計]ボタンをクリックし、セルE28～E29を範囲選択し、[=SUM(E28:E29)]と表示されていることを確認して、[Σ▼][合計]ボタンをクリッ

クします。
⑨セルC23～C27を範囲選択します。
⑩Ctrlキーを押しながらセルE23～E30を範囲選択します。
⑪[ホーム]タブの[,][桁区切りスタイル]ボタンをクリックします。

**8.**
①列番号Aの右側の境界線をポイントし、マウスポインターの形が✚になっていることを確認して、左方向にドラッグします（4.00程度）。
②列番号Bの右側の境界線をポイントし、マウスポインターの形が✚になっていることを確認して、ダブルクリックします。
③列番号C～Eを範囲選択します。
④選択した任意の列番号の右側の境界線をポイントし、マウスポインターの形が✚になっていることを確認して、右方向にドラッグします（15.00程度）。

**9.**
①セルA21～E21を範囲選択します。
②Ctrlキーを押しながらセルA22～E22、A27～E27、D30～E30を範囲選択します。
③[ホーム]タブの[罫線]ボタンの▼をクリックし、[下太罫線]をクリックします。
④セルA24～E24を範囲選択します。
⑤Ctrlキーを押しながらセルD29～E29を範囲選択します。
⑥[ホーム]タブの[罫線]ボタンの▼をクリックし、[上罫線＋下罫線]をクリックします。
⑦セルA24～E24を範囲選択し、セルE24のフィルハンドルをポイントし、セルE26までドラッグして、ショートカットメニューの[書式のみコピー（フィル）]をクリックします。

**10.**
①セルA22～E22を範囲選択します。
②Ctrlキーを押しながらセルD28～D30を範囲選択します。
③[ホーム]タブの[≡][中央揃え]ボタンをクリックします。

**11.**
①セルC33をクリックして「問合せ先」と入力します。
②セルC34～C37に自社名、所属部門名・氏名、電話番号、メールアドレスを入力します。
③セルC33～E33を範囲選択します。
④Ctrlキーを押しながらセルC34～E34、C35～E35、C36～E36、C37～E37を範囲選択します。
⑤[ホーム]タブの[セルを結合して中央揃え▼][セルを結合して中央揃え]ボタンの▼をクリックして[セルの結合]をクリックします。
⑥セルC33～C37を範囲選択します。
⑦[ホーム]タブの[罫線]ボタンの▼をクリックし、[外枠]をクリックします。

## 基礎問題 47 納品書

**1.**
①シート見出し[問題47見積書]をポイントし、Ctrlキーを押しながらシート見出し[問題47見積書]を右側にドラッグし、コピー先が▼で表示されていることを確認して、マウスのボタンとCtrlキーを離します。
②シート見出し[問題47見積書(2)]をダブルクリックし、シート見出し名が反転したことを確認し、シート名を「納品書」と入力して、Enterキーを押します。

**2.**
①セルD5をクリックし、「納　品　書」と入力します。

**3.**
①セルG2をクリックし、「2016/5/21」と入力します。
②行番号3をクリックします。
③[ホーム]タブの[削除]ボタンをクリックします。

**4.**
①行番号17を選択し、[ホーム]タブの[挿入]ボタンをクリックします。
②セルB17をクリックして「このたびはご注文ありがとうございました。」と入力します。
③セルB18をダブルクリックし、入力されている文字列の「御見積」を「納品」に変更します。
④行番号19を選択し、[ホーム]タブの[挿入]ボタンをクリックします。
⑤セルB19をクリックして「今後ともよろしくお願

**5.**
①セルG22をクリックし、方向キーでセルG32まで移動して数式を確認します。
②セルF22をクリックし、「15」と入力します。
③セルF23をクリックし、「16」と入力します。

**6.**
①行番号34をクリックします。
②[ホーム]タブの[削除]ボタンをクリックします。

**7.**
①シート見出し[問題47見積書]をクリックします。

**8.**
①セルF21をクリックし、[校閲]タブの[新しいコメント]ボタンをクリックします。
②コメントボックス内にカーソルが表示されていることを確認し、「15セットに変更」と入力します。
③セルF22をクリックし、[校閲]タブの[新しいコメント]ボタンをクリックして、コメントボックスに「16個に変更」と入力します。

## 基礎問題 48 請求書

**1.**
①シート見出し[問題48納品書]をポイントし、Ctrlキーを押しながらシート見出し[問題48納品書]を右側にドラッグし、コピー先が▼で表示されていることを確認して、マウスのボタンとCtrlキーを離します。
②シート見出し[問題48納品書(2)]をダブルクリックし、シート見出し名が反転したことを確認し、シート名を「請求書」と書き換えて、Enterキーを押します。

**2.**
①セルA1をクリックし、「御請求書」と入力します。
②セルE1をクリックし、「No.B01-300」と入力します。

**3.**
①セルE2をクリックし、「2016/5/20」と入力します。

**4.**
①セルA19をダブルクリックし、入力されている文字列の「納品」を「御請求」に変更します。

**5.**
①行番号21～23を範囲選択し、[ホーム]タブの[挿入]ボタンをクリックします。

**6.**
①セルA22に「御請求金額」と入力します。
②セルA22をクリックし、[ホーム]タブの[フォントサイズ]ボックスの▼をクリックして、[14]をクリックします。
③[ホーム]タブの[太字]ボタンをクリックします。

**7.**
数式：=E33
①セルA22をクリックし、[ホーム]タブの[書式のコピー/貼り付け]ボタンをクリックして、セルC22をクリックします。
②セルC22が選択されていることを確認し、「=E33」と入力して、Enterキーを押します。
③セルC22をクリックし、[ホーム]タブの[通貨表示形式]ボタンをクリックします。

**8.**
①セルA24をクリックし、「請求明細」と入力します。

**9.**
①行番号36～37を範囲選択し、[ホーム]タブの[挿入]ボタンをクリックします。

**10.**
①セルA35をクリックし、「お振込みは下記までお願い申し上げます。」と入力します。
②セルA36をクリックし、「中央銀行南口支店　普通　1122112　名義：株式会社島村飲料」と入力します。

## 応用問題 49 請求明細書

**1.** タイトルを入力します。
①1行目（セルA1）に「御請求書」と入力します（字間に1字分ずつ全角スペースを入力します。この後、表のサイズが決まった時点で全体の中央に配

**2.** 請求明細のデータを入力します（表のサイズを先に決めたほうが行の配置をしやすくなるので、日付や宛名よりも先に請求明細の表を作成します）。
①セルA3をクリックし、「請求明細」と入力します。
②セルA4に「書籍番号」、B4に「書籍名」、C4に「単価」、D4に「数量」、E4に「金額」と入力します。
③セルA4～E4を範囲選択し、[**ホーム**] タブの ≡ [**中央揃え**] ボタンをクリックします。
④メモに従ってセルA5～D10にデータを入力します。
⑤セルC11に「小計（税込）」、C12に「送料（税込）」、C13に「税込合計金額」と入力します。
⑥セルC11～D11を範囲選択し、[**ホーム**] タブの 圖 セルを結合して中央揃え ▾ [**セルを結合して中央揃え**] ボタンをクリックします。
⑦セルC12～D12を範囲選択し、F4キーを押します。
⑧セルC13～D13を範囲選択し、F4キーを押します。

**3.** 請求明細の「金額」の数式を作成します。
数式：=C5*D5
①セルE5をクリックし、「=C5*D5」と入力して、Enterキーを押します。
②セルE5をクリックし、フィルハンドルをポイントし、マウスポインターの形が ╋ になっていることを確認して、セルE10までドラッグします。

**4.** 請求明細の「小計（税込）」の数式を作成します。
数式：=SUM(E5:E10)
①セルE11をクリックし、[**ホーム**] タブの Σ▾ [**合計**] ボタンをクリックします。
②[=SUM(E5:E10)] と表示されていることを確認し、Σ▾ [**合計**] ボタンをクリックします。

**5.** 請求明細の「送料（税込）」に送料の金額を入力します。
①セルE12をクリックし、「700」と入力します。

**6.** 請求明細の「税込合計金額」の数式を作成します。
数式：=SUM(E11:E12)
①セルE13をクリックし、[**ホーム**] タブの Σ▾ [**合計**] ボタンをクリックします。

②セルE11～E12を範囲選択し、[=SUM(E11:E12)] と表示されていることを確認して、Σ▾ [**合計**] ボタンをクリックします。

**7.** 数値データに桁区切りスタイルを設定します。
①セルC5～E10を範囲選択し、Ctrlキーを押しながらセルE11～E13を範囲選択します。
②[**ホーム**] タブの , [**桁区切りスタイル**] ボタンをクリックします。

**8.** タイトルの書式を任意に設定します。
①セルA1～E1を範囲選択し、[**ホーム**] タブの 圖 セルを結合して中央揃え ▾ [**セルを結合して中央揃え**] ボタンをクリックします。
②[**ホーム**] タブの ▦ ▾ [**罫線**] ボタンの▼をクリックし、[**下二重罫線**] をクリックします。
③[**ホーム**] タブの 11 ▾ [**フォントサイズ**] ボックスの▼をクリックし、[**18**] をクリックします。
④[**ホーム**] タブの **B** [**太字**] ボタンをクリックします。

**9.** 書籍名、単価の列幅を調整します。
①列番号Bを選択して [**ホーム**] タブの 書式 [**書式**] ボタンをクリックして、[**セルのサイズ**] の [**列の幅**] をクリックします。
②[**列幅**] ダイアログボックスの [**列幅**] ボックスに「37」と入力し、[**OK**] をクリックします。
③列番号Cを選択して [**ホーム**] タブの 書式 [**書式**] ボタンをクリックして、[**セルのサイズ**] の [**列の幅**] をクリックします。
④[**列幅**] ダイアログボックスの [**列幅**] ボックスに「9.5」と入力し、[**OK**] をクリックします。

**10.** 罫線を任意に設定します。
①セルA4～E10を範囲選択し、Ctrlキーを押しながらセルC11～E13を範囲選択します。
②[**ホーム**] タブの ▦ ▾ [**罫線**] ボタンの▼をクリックし、[**格子**] をクリックします。
③セルA3～E3を範囲選択し、Ctrlキーを押しながらセルA4～E4、A10～E10、C13～E13を範囲選択します。
④[**ホーム**] タブの ▦ ▾ [**罫線**] ボタンの▼をクリックし、[**下太罫線**] をクリックします。

**11.** 表の上に任意の数の行を挿入し、日付、宛名、差出人名などを入力します。

① 行番号3～15を範囲選択し、**[ホーム]** タブの[挿入]ボタンをクリックします。

> 余白を作成するには、セルの高さを広げる方法もあります。その場合は必要に応じて文字の配置の縦位置を上詰めや下詰めに変更します。

② セルE2をクリックし、「No.0023」と入力します。
③ セルE3をクリックし、「平成○○年11月22日」と入力します。
④ セルA4をクリックし、「株式会社アイセスシステムズ」と入力します。
⑤ セルA5をクリックし、「研修部長　竹瀬　なつみ　様」と入力します。
⑥ セルE6をクリックし、「株式会社マックスブックス事業部」と入力します。
⑦ セルE7をクリックし、「〒153-0064　東京都目黒区下目黒0-1-3」と入力します。
⑧ セルE8をクリックし、「TEL：03-0000-5704　FAX：03-0000-5705」と入力します。
⑨ セルE9をクリックし、「担当:大島」と入力します。
⑩ セルA13をクリックし、「下記のとおり御請求申し上げます。」と入力します。
⑪ セルE2～E3を範囲選択し、Ctrlキーを押しながらセルE6～E9を範囲選択します。
⑫ **[ホーム]** タブの[**右揃え**]ボタンをクリックします。

**12.** 税込合計金額欄を作成し、書式を任意に設定します。

① セルB14をクリックし、「税込合計金額：」と入力します。
② **[ホーム]** タブの[11▼] **[フォントサイズ]** ボックスの▼をクリックし、**[14]** をクリックします。
③ **[ホーム]** タブの B **[太字]** ボタンをクリックし、[**右揃え**] ボタンをクリックします。
④ **[ホーム]** タブの **[罫線]** ボタンの▼をクリックし、**[下太罫線]** をクリックします。

**13.** 「税込合計金額」の数式を作成し、書式を任意に設定します。

数式：=E26

① セルC14をクリックし、「=E26」と入力して、Enterキーを押します。
② セルC14をクリックし、**[ホーム]** タブの[11▼] **[フォントサイズ]** ボックスの▼をクリックして、**[14]** をクリックします。
③ **[ホーム]** タブの B **[太字]** ボタンをクリックします。
④ **[ホーム]** タブの **[通貨表示形式]** ボタンをクリックします。
⑤ セルC14～D14を範囲選択し、**[ホーム]** タブの[セルを結合して中央揃え▼] **[セルを結合して中央揃え]** ボタンをクリックします。
⑥ **[ホーム]** タブの **[罫線]** ボタンの▼をクリックし、**[下太罫線]** をクリックします。

**14.** 表内の文字をセルの上下中央に配置します。

① セルA17～E23を範囲選択し、Ctrlキーを押しながらセルC24～E26を範囲選択します。
② **[ホーム]** タブの**[上下中央揃え]** ボタンをクリックします。

**15.** 表に続けて、振込のための情報を入力します。

① セルA28をクリックし、「お振込は12月10日までに下記までお願い申し上げます。」と入力します。
② セルA29をクリックし、「セントラル銀行　目黒支店　普通預金　1234567　株式会社マックスブックス」と入力します。

**16.** 請求書の下に押印欄を作成します。

① セルD32に「責任者」、E32に「担当者」と入力します。
② セルD32～E32を範囲選択し、**[ホーム]** タブの **[中央揃え]** ボタンをクリックします。
③ セルD33～D35を範囲選択し、**[ホーム]** タブの [セルを結合して中央揃え▼] **[セルを結合して中央揃え]** ボタンをクリックします。
④ セルE33～E35を範囲選択し、F4キーを押します。
⑤ セルD32～E35を範囲選択し、**[ホーム]** タブの **[罫線]** ボタンの▼をクリックして、**[格子]** をクリックします。
⑥ 列番号D～Eを範囲選択し、選択した任意の列番号の右側の境界線をポイントし、マウスポインターの形が ↔ になっていることを確認して、右方向にドラッグします（11.00程度）。

## 応用問題 50 請求明細書（マクロ）

**1.** データを抽出し、請求書の印刷を行うマクロを作成します。

> ここでは、[開発] タブを表示して説明をしています。

① [開発] タブの [マクロの記録] [**マクロの記録**] ボタンをクリックします。
② [**マクロの記録**] ダイアログボックスの [**マクロ名**] ボックスの「Macro1」を削除し、「請求書印刷」と入力します。
③ [**マクロの保存先**] ボックスに [**作業中のブック**] と表示されていることを確認し、[OK] をクリックします。

**2.** オートフィルターを使用して空白行以外を抽出する操作と抽出結果の印刷を実行する操作をマクロに記録します。
① 表内の任意のセルをクリックします。
② [**データ**] タブの [フィルター] [**フィルター**] ボタンをクリックします。
③ [**単価**] 列の▼をクリックし、[**(空白セル)**] チェックボックスをオフにして、[OK] をクリックします。

> 「単価」が空白でない行だけが自動で抽出され、空白行は非表示になります。

④ [**ファイル**] タブをクリックし、[**印刷**] をクリックします。
⑤ プリンターの名前や印刷部数を任意に設定し、[**印刷**] をクリックします。

**3.** マクロの記録を終了します。
① [**開発**] タブの [記録終了] [**記録終了**] ボタンをクリックします。

**4.** 抽出結果の解除を行うマクロを作成します。
① [**開発**] タブの [マクロの記録] [**マクロの記録**] ボタンをクリックします。
② [**マクロの記録**] ダイアログボックスの [**マクロ名**] ボックスの「Macro2」を削除し、「リセット」と入力します。
③ [**マクロの保存先**] ボックスに [**作業中のブック**] と表示されていることを確認し、[OK] をクリックします。

**5.** フィルターの解除を行う操作をマクロに記録します。
① 表内の任意のセルをクリックします。
② [**データ**] タブの [フィルター] [**フィルター**] ボタンをクリックします。

**6.** マクロの記録を終了します。
① [**開発**] タブの [記録終了] [**記録終了**] ボタンをクリックします。

**7.** [**請求書印刷**] マクロを登録するボタンを作成し、マクロの登録を行います。
① [**開発**] タブの [挿入] [**挿入**] ボタンをクリックし、[**フォームコントロール**] の □ [**ボタン（フォームコントロール）**] をクリックし、セルH2～H3の上をドラッグして、セルと同じ大きさの四角形を描画します。
② [**マクロの登録**] ダイアログボックスの [**マクロ名**] ボックスの [**請求書印刷**] をクリックします。
③ [**マクロの保存先**] ボックスの▼をクリックし、[**作業中のブック**] をクリックして、[OK] をクリックします。
④ ボタンが選択されている状態で、「ボタン1」のテキストを選択して「請求書印刷」と書き換えます。
⑤ 「請求書印刷」の文字列を選択し、[**ホーム**] タブの [11 ▼] [**フォントサイズ**] ボックスの▼をクリックして、[9] をクリックします。
⑥ 任意のセルをクリックし、ボタンの選択を解除します。

**8.** [**リセット**] マクロを登録するボタンを作成し、マクロの登録を行います。
① [**開発**] タブの [挿入] [**挿入**] ボタンをクリックし、[**フォームコントロール**] の □ [**ボタン（フォームコントロール）**] をクリックし、セルH5～H6の上をドラッグして、セルと同じ大きさの四角形を描画します。
② [**マクロの登録**] ダイアログボックスの [**マクロ名**] ボックスの [**リセット**] をクリックします。
③ [**マクロの保存先**] ボックスに [**作業中のブック**] と表示されていることを確認し、[OK] をクリックします。
④ ボタンが選択されている状態で、「ボタン2」のテキストを選択して「リセット」と書き換えます。
⑤ 「リセット」の文字列を選択し、[**ホーム**] タブの [11 ▼] [**フォントサイズ**] ボックスの▼をクリック

して、**[9]** をクリックします。
⑥任意のセルをクリックし、ボタンの選択を解除します。

**9.** Excelマクロ有効ブックとして、名前を付けて保存します。
①**[ファイル]**タブをクリックし、**[名前を付けて保存]**をクリックします。
②**[名前を付けて保存]**ダイアログボックスの**[ファイルの種類]**ボックスの▼をクリックし、**[Excelマクロ有効ブック]**をクリックして、「問題50-2E」という名前で保存します。

- ■ 本書は著作権法上の保護を受けています。
  本書の一部あるいは全部について（ソフトウェアおよびプログラムを含む）、日経BP社から文書による許諾を得ずに、いかなる方法においても無断で複写、複製することを禁じます。購入者以外の第三者による電子データ化および電子書籍化は、私的使用を含め一切認められておりません。
  無断複製、転載は損害賠償、著作権法の罰則の対象になることがあります。

- ■ 本書についての最新情報、訂正、重要なお知らせについては下記Webページを開き、書名もしくはISBNで検索してください。ISBNで検索する際は - （ハイフン）を抜いて入力してください。
  https://bookplus.nikkei.com/catalog/

- ■ 本書に掲載した内容についてのお問い合わせは、下記Webページのお問い合わせフォームからお送りください。電話およびファクシミリによるご質問には一切応じておりません。なお、本書の範囲を超えるご質問にはお答えできませんので、あらかじめご了承ください。ご質問の内容によっては、回答に日数を要する場合があります。
  https://nkbp.jp/booksQA

## Excelビジネス活用ドリル［2016対応］

2016年 6月27日　初版第1刷発行
2023年 8月25日　初版第7刷発行

著　　　者：日経BP社
発　行　者：中川 ヒロミ
発　　　行：日経BP社
　　　　　　〒105-8308　東京都港区虎ノ門4-3-12
発　　　売：日経BPマーケティング
　　　　　　〒105-8308　東京都港区虎ノ門4-3-12
監　　　修：山﨑 紅
編 集 協 力：プランニング・ファクトリー サイコ（中野 明、中野 清美）
装　　　丁：折原カズヒロ
本文デザイン
制　　　作：持田 美保
印　　　刷：大日本印刷株式会社

・本書に記載している会社名および製品名は、各社の商標または登録商標です。なお、本文中に™、®マークは明記しておりません。
・本書の例題または画面で使用している会社名、氏名、他のデータは、一部を除いてすべて架空のものです。

© 2016 Nikkei Business Publications, Inc

ISBN978-4-8222-5309-7　Printed in Japan